图说资本论

DAS KAPITAL

［德］卡尔·海因里希·马克思/著　喻兰/译

北京时代华文书局

图书在版编目（CIP）数据

图说资本论 / （德）卡尔·海因里希·马克思著；
喻兰译. -- 北京：北京时代华文书局，2020.6
ISBN 978-7-5699-3683-4

Ⅰ.①图… Ⅱ.①卡… ②喻… Ⅲ.①《资本论》—
通俗读物 Ⅳ.①A811.23-49

中国版本图书馆CIP数据核字（2020）第069181号

图说资本论

TU SHUO ZI BEN LUN

著　　者｜［德］卡尔·海因里希·马克思
译　　者｜喻　兰

出 版 人｜陈　涛
责任编辑｜张彦翔
装帧设计｜末末美书
责任印制｜刘　银

出版发行｜北京时代华文书局 http://www.bjsdsj.com.cn
　　　　北京市东城区安定门外大街136号皇城国际大厦A座8楼
　　　　邮编：100011　　电话：010-64267955　64267677
印　　刷｜德富泰（唐山）印务有限公司　022-58708299
　　　　（如发现印装质量问题，请与印刷厂联系调换）
开　　本｜710mm×1000mm　1/16　印　张｜19　字　数｜300千字
版　　次｜2020年6月第1版　　印　次｜2020年6月第1次印刷
书　　号｜ISBN 978-7-5699-3683-4
定　　价｜59.80元

前　言

经济无时无刻不在影响和改变着我们的生活。大到世界范围的金融风暴，小到每一份财富的获得和积累，经济时时处处都在扮演着十分重要的角色。现如今，经济学不只是专业人士的研究对象，即使是普通人，要想顺应时代的变迁，洞悉财富的奥秘，读懂经济学也是必备的功课。

想要了解经济学，不能不读《资本论》。《资本论》是马克思政治经济学研究的高峰，同时也是马克思主义重要的百科全书，堪称全球最具影响力的经济学巨著，已被译为70多种文字出版，销量突破20亿册。它从资本的生产到资本的流通，深刻揭示了资本运行的基本原理，展现了资本的本质和力量，全面剖析了资本主义的社会经济形态。

一切解读经济现象的经济学专著乍看上去都晦涩难懂，高不可攀，以至于令许多人望而却步，《资本论》也不能例外。针对这一现象，我们采取了更为直观的图文呈现手法，引入"图说"理念，推出《图说资本论》一书，以便读者能够快速获取大量信息。

本书撷取了《资本论》的精华部分，在秉承原著观点的基础上，以现实生活中常见的商品为例，配以大量的解析图表、示意图及原理图等，更加真实、直观、全面地将经济学的各种观点和理论呈现在读者面前。涉及的内容有商品和货币、剩余价值的产生、绝对剩余和相对剩余、资本的积累、资本形态和资本周转、社会总资本的生产和流通、剩余价值和剩余价值率转化为利润和利润率，以及商品资本、货币资本和利润、生息资本和信用等。

本书力图通过全新的视角、精练简洁的文字、科学的体例和创新的版式设计等多种元素有机结合，全方位、多层面地向读者呈现这部经济学巨著，帮助读者在较短的时间内轻松掌握经济学原理，从容应对生活中的各种经济问题。

目 录CONTENTS

第九章　生息资本和信用 / 267

第一章　商品和货币

　　商品，对于我们每个人来说，都不是一个新鲜词汇。日常生活中，我们常会听到或看到"本店经营商品，如假包换""部分商品让利销售"等，还会经常接触到商品。

　　马克思用"商品"两个字来概括我们在生活中接触到的多之又多、广之又广的东西。现在提到商品，并用马克思的理论把它解释出来，就变成难懂的哲学了。

　　不过，我们可以用生活中的某一样东西来简化它。找一个简单的、生活中常见的，你有我也有，你用我也用的，比如梳头发的梳子。如果需要两个做比较，可以再加个馒头。

　　我们能否通过一把梳头发的梳子吃透《资本论》？

　　如果不喜欢，也可以试着用别的什么来替代，飞机、轮船、枪支、弹药，甚至是牙签、鞋垫，都可以解释、支持马克思的理论。

　　商品到底是什么？为什么有些东西被称为商品？

第一节　商　品

商品的二因素

资本主义生产方式占统治地位的社会财富，表现为"庞大的商品堆积"，单个的商品是这种财富的元素形式。因此，我们就先从商品开始。

商品首先是一个外界的对象，一个靠自己的属性来满足人的某种需要的物。

商品有两个因素：使用价值和价值。

物的有用性，即满足人们需求的效用称为商品的使用价值，比如梳子可以用来梳头发，这种有用性决定于商品本身的属性。因此，商品本身的使用价值可以从质和量两个角度来考察：使用价值的质是由商品本身的自然属性决定的，例如梳子可以用木头、铁等做成，馒头是用小麦磨面做出来的。它们的自然属性不同，使用价值也就不同。并且，同一种商品，又可以有多种自然属性，因而又具有多方面的使用价值。使用价值的量是以一定的规定性为前提的，商品的性质不同，计量的商品尺度也就不同，例如，一把梳子、一尺布、一吨铁等。

商品是为交换而产生的劳动产品，一切商品都具有使用价值和价值两个因素，商品是使用价值和价值的统一体，缺少其中任何一个因素，就不能成为商品。

空气、山川河流、天然湖泊等，不是劳动产品，虽然它有使用价值，但因为没有价值，所以不是商品。同样一个物尽管有用，而且也是人类劳动产品，但生产者生产它只是为了满足自己的需要，并不用于交换，那它也不是商品。如果要将它变为商品，则必须通过等价交换，把它转移到另一个人（在那里其使用价值得到体现)手里。另外,一个物虽然是劳动产品,但由于没有使用价值,也不能成为商品,如劳动生产中的报废产品。

如果你做了一把梳子,只为了自己用,那么这把梳子就只有使用价值。做梳子的工厂里,生产出来的少数不能用的报废梳子,虽然是经过劳动产生的,但是它没有使用价值,也不是商品。只有你做了梳子,而其他人用钱或物(比如馒头)和你交换,其他人拿梳子去梳头发了,这个梳子才是商品。

所以,**商品是使用价值与价值的统一**。

在一切社会形态中,使用价值总是构成财富的物质内容。而我们所要考察的社会形态中,使用价值同时又是交换价值的物质承担者。如果有 2 万把可以梳头的梳子,那这就是你的财富。如果你想要得到这笔财富,必须要通过交换来实现。

交换价值,首先表现为一种使用价值同另一种使用价值相交换的量的关系或比例。例如,如果一把梳子可以换 2 个馒头,那么 2 个馒头就是一把梳子的交换价值。一种商品可以有多种交换价值,并且,不同使用价值之间的量的比例关系在交换中会随着时间和地点的不同而不断改变。比如现在,本地 1 把梳子 =2 个馒头 =1 个练习本 =2 块糖,但是有的地方就不能按这个比例交换得到。过去呢? 1 把梳子可以换 4 个馒头或 10 块糖。将来会怎样? 就不清楚了。

不同的商品能够按照一定比例相交换,例如 1 把梳子 =1 个馒头,说明在这两种不同的物里面,存在着一种等量的东西。如果撇开商品的使用价值,商品就只剩下一种属性,那就是劳动的生产物,在它们身上都有商品生产者一定数量的劳动凝结在里面,这共同的人类劳动凝结,就是一切商品所具有的共同的东西。不同的商品之所以能在量上按一定比例相互交换,正在于它们凝结了同量的人类劳动,这种凝结在商品中的、无差别的人类劳动,就是商品的价值。你做一把梳子的劳动量,也就等于他蒸一个馒头的劳动量,而你们的劳动已经与梳子和馒头牢牢地结合在一起,分不开了,这个劳动也就是梳子和馒头的价值。

在商品交换中,商品交换价值所表现出来的共同东西,不是商品的使用价值,而是价值。商品价值由凝结在商品中的人类一般劳动形成,人类一般劳动是形成商品价值的实体。商品的交换价值只是商品价值的表现形式,商品则是商品交换价值的内容。

商品的价值由生产商品所耗费的劳动量来决定。这是否意味着一个人越懒,做梳子的技术越不熟练,做一把梳子用的时间越多,他的商品就越有价值?肯定不是。因为形成价值实体的劳动是相同的人类劳动,是同一的人类劳动力的耗费。而体现在商品价值中的社会的全部劳动力,在这里是当作一个同一的人类劳动力,虽然这个同一的人类劳动力由无数单个劳动力构成。我们知道,在现在同一社会条件下,计算一个商品价值的劳动量不是个别人的劳动时间,而是平均必要劳动时间或社会必要劳动时间。什么是社会必要劳动时间呢?社会必要劳动时间是在现有的、社会正常的生产条件下,在社会平均的劳动熟练程度和劳动强度下，制造某种使用价值所需要的劳动时间。

如果手工半小时做1把梳子，而用机器，1分钟就可以做出1把同样的梳子。过去都是手工做梳子时，社会必要劳动时间是30分钟/把，现在几乎都是用机器生产梳子，所以生产梳子的社会必要劳动时间可以看成是1分钟/把，那过去工作30分钟只相当于现在1分钟的劳动，那么，现在劳动的价值也就是原来的1/30了。

决定商品价值量的社会必要劳动时间不是固定不变的，它会随着劳动生产力的变化而变化。劳动生产力取决于多种因素，其中包括：劳动者的平均熟练程度、科学技术的发展及其在生产工艺上的应用程度、生产过程中的社会组织、生产资料规模的效应以及自然条件等。总之，劳动生产力越高，生产一种物品所需要的劳动时间就越短，凝结在物品中的劳动量就越小，该物品的价值也就越小。反之，劳动生产力越低，生产一种物品所需要的劳动时间就越长，该物品的价值也就越大。因此，商品的价值量与生产商品所耗费的社会必要劳动时间成正比，而与生产商品的劳动生产力成反比。

从马克思时代的商品原理到现代社会，商品的范围变得更大更广了，天上飞的飞机、地上跑的磁悬浮列车、海底穿梭的核潜艇……还有如电脑、互联网、DNA亲子鉴定等，都是与我们日常生活息息相关的商品形式。虽然这些商品琳琅满目,用理论说明时也变得复杂多样,但是它们仍然都具有商品的二因素属性。

首先,它们能靠自己的自然属性来满足人的某种需求,具有使用价值(通常具有多种使用价值)。飞机能够满足人们的远距离出行、运输大宗货物、快速救援等需求;电脑能够满足人们进行信息交流、文字处理和软件编辑等一系列的需求……

其次,它们都是用于交换的劳动产品,不但具有交换价值,而且也有价值,都是凝结在飞机或者电脑上的无差别的人类劳动。在这一点上,飞机与电脑是无差别的。电脑与飞机相比,外表的差异很大,但是不管制造飞机和电脑在时间上、工序上,以及工人数量上存在多大差距,决定它们价值量的因素是一样的,那就是社会必要劳动时间。每一个电脑新品、新型号的飞机或是其他商品推出时,它的价格都会很高,但是随着时间的推移,它们的价格几乎都会有不同程度的下降,为什么?

拿电脑来说吧,新产品上市前的研发过程消耗了大量的劳动时间,因此,它上市的价值不只表现生产所需的社会必要劳动时间,还得加上研发它的社会必要劳动时间。随着它的大量生产,劳动者的平均熟练程度提高,工厂会改进生产工艺,来降低生产上的社会必要劳动时间,而由于产量的加大,平均分配到每一台电脑上的研发劳动时间也降低了,最后降低了"新商品"的价值量。因为商品的价值量与生产商品所耗费的社会必要劳动时间成正比关系,表现到现实就是价格降低了。生产电脑的过程中,劳动者的平均熟练程度提高,生产工艺改进等都属于劳动生产力的提高,而商品的价值量与生产商品的劳动生产力成反比的关系,表现到现实仍是价格降低。

关键词:商品　价值　使用价值　交换价值　社会必要劳动时间　劳动生产力　价值量

劳动的二重性

商品的二因素是指由劳动产生的价值和交换后的使用过程中表现出的使用价值。其中劳动起着至关重要的作用,生产商品的劳动具有二重性,即具体劳动和抽象劳动。

以1把木梳和1个馒头为例,假设1把木梳的价值比1个馒头的价值大一倍,若1个馒头=W,那么1把木梳=2W。木梳有能够满足人们一种特殊需要(梳头)的使用价值。生产木梳,就需要进行特定专门的生产劳动。生产劳动又是由它的目的、操作方式、对象、手段和结果决定的。

这种以一定具体形式进行的有用劳动,就是具体劳动。具体劳动与物质相结合创造了使用价值。木匠生产出木梳,无论是自己用还是出售给顾客用,木梳都具有使用价值。同时,木梳和生产木梳的劳动之间的关系,并不因为木匠成为专门职业而有所改变。只要人类存在,就会有梳头发、吃饭的需要,在木匠、厨子这些职业产生以前,人们就早已使用木梳,吃上馒头了。但是,木梳、馒头以及任何一种不是天然存在的物质财富要素,总是必须通过某种专门的、适合于特殊的人类需要的、有目的的生产活动才能创造出来,即有用劳动。每个商品的使用价值都包含着一定的、有目的的有用劳动。因此,作为使用价值的创造者,有用劳动(具体劳动)存在于一切社会形态中,是人类生存的基础条件。

现在,我们放下商品的使用价值,着手对商品价值进行考察。

上例中,假如1把木梳的价值比1个馒头的价值大一倍,那么,2个馒头的价值量就等于1把木梳的价值量。从价值上考虑,木梳和馒头都是具有相同属性的实物,是人类劳动的具体体现,但做木梳和蒸馒头是两种不同形式的劳动。在有些社会状态下,同一个人可能会很多种劳动,包括做木梳和蒸馒头，这只是同一个人的两种不同劳动方式。如果把劳动的具体形式撇开，劳动就只剩下一点：人类劳动力的耗费。这种撇开具体形式的无差别的人类劳动，就是抽象劳动。抽象劳动形成商品的价值。尽管是两种或多种不同的劳动方式，但它们都是人的肌肉、神经、手等的生理耗费，从这个意义上说，二者都是人类劳动，是人类劳动力耗费的两种不同形式。

各种劳动化为当作它们的计量单位的简单劳动的不同比例，是由生产者背后的社会过程决定的。为了简便起见，我们以后把各种劳动力直接当作简单劳动力，这样就省去了简化的麻烦。

正如在分析木梳和馒头的价值时，抽去它们使用价值的差别一样，在分析创造这些价值的劳动中，劳动的有用形式的区别也被抽去。作为使用价值的木梳或馒头，是有一定目的的人类劳动同木材或小麦的结合，而作为价值的木梳或馒头，不过是人类无差别劳动的凝结。同样，这些价值所包含的劳动之所以算作劳动，并不是因为它们同木材或小麦发生了具体的劳动关系，而是因为它们是人类劳动力的耗费。正是由于这两种不同的劳动方式，它们才形成了木梳或馒头的使用价值。

一切劳动，从一方面看，是人类劳动力在生理学意义上的耗费，作为相同的或抽象的人类劳动，它形成商品价值。从另一方面看，是人类劳动力在特殊的、有一定目的的形式上的耗费，作为具体的有用劳动，它生产使用价值。

关键词：劳动的二重性　具体劳动　抽象劳动

商品的交换及拜物教

商品的交换

商品是物，不能自己到市场去，更不能自己去交换。因此，商品要进行交换，就必须找个"监护人"，即商品所有者。通过"监护人"的意愿，商品之间彼此发生关系，即交换。交换是双方的事，只有双方彼此尊重对方的意愿，才能出让自己的商品，占有别人的商品，来完成交换过程。所以，商品"监护人"必须彼此承认对方是私有者，互不侵犯对方对自己商品的占有权。这种契约式的法权关系，也是商品所有者之间的意志关系，其内容是由这种经济关系本身决定的。在这里，商品"监护人"彼此只是作为商品的代表即商品所有者存在，因此，商品的交换必须以商品所有者的行为为媒介。

17 世纪农民自由交易图。

商品所有者与商品有很大区别。最大区别在于：一个是人，一个是物。人有感觉器官，有思维；物则没有。就商品而言，每个个别的商品只是它本身的价值的表现形式，不管对方是美是丑，是方是圆，只要价值量相等，商品之间就可以互相交换。然而商品所有者与此不同，他用自己的感觉器官和思维，来弥补商品所缺乏的感知其他商品具体属性的能力。对商品所有者来说，他所占有的商品对他自己没有直接的使用价值，否则，他就不会把它拿到市场上去交换，但他的商品对别人有使用价值。在商品所有者看来，商品是交换价值的承担者，只是一种交换手段，所以，他愿意出让没有使用价值的商品，来换取另一方的对他来说有使用价值的商品。一切商品，对它们的所有者来说，都是非使用价值；而对非所有者来说，都是使用价值。因此，商品转让就形成商品交换。而商品交换则使商品之间发生价值关系并作为价值来实现。所以，商品在实现使用价值以前，必须先作为价值来实现。

商品在实现价值以前，必须证明自己有使用价值。因为耗费在商品上的人类劳动，只有耗费在对他人有使用价值的基础上，价值才能得以实现。但是，这种劳动对人是否有用、它的产品是否能够满足人们生活的需要，只有在商品交换中才能得到证明。木梳能梳头发，别人才愿意去交换；馒头能吃，才能被买走……

每个商品所有者都想出用自己的商品来换取另一种具有使用价值并能够满足本人需要的商品，从这一点看，交换只是商品所有者个人的交换过程。但是交换过程不是一个人就可以完成的，必须通过他所中意的其他任何一种具有同等价值的商品来实现，不管自己的商品是否能为另一所有者提供使用价值。就这一点说，交换又是一般社会的过程。

我们仔细观察一下就会发现，对每一个商品所有者来说，任何其他商品都是他现有商品的特殊等价物，他的商品则是其他一切商品的一般等价物。一切商品所有者都这样做，因此就没有一种商品能够成为一般等价物，商品也就不具有能够互相比较价值量的、一般的相对价值形式。所以，它们并不是作为商品，而只是以产品或使用价值的形式相互对立着。

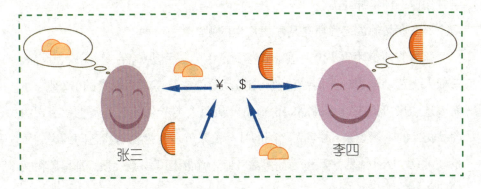

商品的本质特征通过商品所有者的天然本能表现出来。他们只有使自己的商品同任何一种可以作为一般等价物的商品相对立，才能使自有的商品以价值的形式与其他商品彼此发生关系——商品分析已经表明了这一点。只有社会的商品交换活动才能使一种特定的商品成为一般等价物。因此，在商品交换过程中，商品所有者会通过他们的社会行动使某种特定的商品从其他商品中分离出来，并通过这种商品来全面表现其他商品的价值。于是，这一商品的自然形式就成为社会公认的等价形式，而充当一般等价物就成为这个被分离出来的商品的特殊社会职能，这种商品就成为货币。

商品拜物教

从商品的使用价值来说，商品是依靠其自然属性来满足人的需要的，而这种属性是人类劳动的产品（木梳满足人梳头的需要，是人通过劳动做出来的）。由此看来，商品本是商品生产者的劳动产品，毫无神秘可言。

在资本主义商品经济条件下，人与人之间的生产关系，是通过物与物的关系，即商品与商品的关系来表现的。劳动产品受生产者支配。可是，一旦这些劳动产品成了商品，就不听生产者的支配了，因为它们是要被拿到市场上出卖的，至于能否卖掉，卖时是赔还是赚，就不由生产者决定了。相反，生产者则要受市场上一种无形力量的支配。这样，商品就成为一种独立于商品生产者之外的神秘力量，并支配着商品生产者的命运。因而商品生产者就像崇拜偶像一样崇拜商品。

那么商品的神秘性质是从哪里产生的呢？

商品的神秘性质是由商品形式本身产生的。劳动产品一旦变成为商品，一般人类劳动就表现为商品价值，用劳动时间来算劳动力耗费的劳动量，也就表现为用价值来计量商品的价值量。从而人类劳动社会关系也就表现为商品交换的生产关系，人与人之间的社会关系就表现为物与物之间的虚幻关系。可见，劳动产品一旦作为商品来生产，就带上拜物教性质，因此拜物教是同商品生产分不开的。

给劳动产品加上一件叫"商品"的外衣，神秘性质就产生了。它是来源于生产商品的劳动所特有的社会性质。所谓生产商品的劳动所特有的社会性质，是指私人劳动的社会性质。劳动产品之所以成为商品，是因为它是私人劳动的产品，并对产品实行交换。另外，在社会分工的条件下，这种私人劳动又是整个社会总劳动的有机组成部分，其总和形成社会总劳动。这种私人劳动的社会性质，在生产过程中是表现不出来的，只有发生社会经济交往，在商品交换中才能表现出来。因此，在生产者面前，他们的私人劳动的社会关系就表现为物与物的关系。

在资本主义商品经济条件下，生产商品的劳动，既具有私人性质又具有社会性质。它直接表现出来的是私人劳动，其社会性质，只有通过商品交换才能间接地表现出来。通过商品交换，商品生产者之间才发生社会联系，他们的私人劳动才在事实上转化为社会劳动的一部分。商品本是劳动者生产出来的劳动产品，现在却成为人们命运的主宰，这就必然使商品具有一种神秘的性质，商品拜物教由此产生。

关键词：交换　商品拜物教

商品的价值形式

商品是以具体形式出现的，如：木梳、馒头、铁等，都有各自的使用价值。这是它们的自然形式，因为它们既是有用物品又是价值承担者，所以它们是商品。它们表现为商品或具有商品的形式，具有二重性：以使用价值表现的自然形式，以交换价值表现的价值形式。

商品的价值不像商品的使用价值那样可以被人们感觉到，无论什么商品不管你怎样颠来倒去，也看不到它的价值。只有作为人类劳动的具体表现的时候，商品才具有价值对象性。它们的价值对象性纯粹是社会的，因此，价值对象性只能在商品交换的社会关系中表现出来。我们只有从商品的交换价值或交换关系出发，才能探索到隐藏在其中的商品价值。现在，我们回到价值的这种表现形式，来探讨商品价值关系中包含的价值表现是怎样从简单的、偶然的价值形式一直发展到货币形式。

商品的价值只有通过商品交换才能表现出来，它是虚幻的，既看不见也摸不着。因此，交换价值就是价值的表现形式或价值形式，研究价值形式的发展，就可以了解货币的起源和本质。价值形式虽然虚幻，但是在整个历史发展进程中发挥了重要的作用，贯穿了经济发展的全过程。它经历了 4 个发展阶段，以货币表现价值，是价值形式长期发展的最后结果。

简单的、个别的、偶然的价值形式

价值形式是随着商品交换的发展而发展的。最简单的价值形式就是一个商品同另一个不同种商品的价值关系。由于一切价值形式的全部秘密都隐藏在这个简单的、个别的或偶然的价值形式中，因此，分析这个形式确有一定难度。最初的商品交换只是一种个别的行为，当时并没有商品生产，人们只是偶尔把剩余的产品拿去交换。于是，一种商品的价值就偶然地、简单地表现在另一种商品上。简单的等价形式可以用下面的等式来表示：

1把木梳=2个馒头

在这个价值形式中，张三需要馒头的使用价值(吃)，但他只有木梳，所以要用木梳去找李四换馒头。这里木梳是主动的，馒头是被动的。1把木梳换2个馒头，那么它们处于等价形式上，馒头是表现木梳价值的材料。相对价值形式和等价形式是同一价值表现的两个要素，二者互相依赖、互为条件、不可分离。相对价值形式和等价形式同时又是同一价值表现的互相排斥、互相对立的两端，这两种形式总是分配在通过价值表现而互相发生关系的不同的商品上。木梳的相对价值形式通过馒头得以体现，馒头则只能充当等价物而不能同时处于相对价值形式。若要体现馒头的相对价值形式，等式则变成"2个馒头=1把木梳"，这时，等价物就是木梳而不是馒头了，主动与被动的关系也变了。因此，同一商品在同一价值表现中，不能同时具有两种形式。而且，这两种形式是作为两极互相排斥的。

一个商品究竟是处于相对价值形式，还是处于与之相对立的等价形式，完全取决于它当时在价值表现中所处的地位，就是说，取决于它是价值被表现的商品，还是表现价值的商品。

要发现一个商品的简单价值表现怎样隐藏在两个商品的价值关系中,必须撇开这个价值关系中"量"的关系。首先应该考察它的"质"的关系,不同物的"量"只有化为同一"质"的物后,才能在量上互相比较。不论"1把木梳=2个馒头"还是"1把木梳=20个馒头","木梳=馒头"是这一等式的基础,只有把等式两端的商品还原为同一性质的东西,然后才能比较它们的量。在"木梳=馒头"这一等式中,这两个被看作质上等同的商品,所起的作用是不同的。木梳的价值通过它同馒头的交换关系得以表现,而馒头则以自己的商品体充当木梳的等价物。馒头是价值的存在形式,是作为价值物出现的。

商品作为价值,是人类劳动的凝结,一个商品的价值性质通过该商品与另一个商品的交换关系而显露出来。离开了交换关系而孤立地看一个商品的价值,只能说明商品体包含着价值,并不能说明价值表现出来的形式。因此,在"木梳=馒头"这一等式中,做木梳的劳动和蒸馒头的劳动才能实际转化为共同的物,即化为抽象的人类劳动。作为一种具体劳动,做木梳的劳动和蒸馒头的劳动是有区别的,但是,它们都具有人类劳动的共同性质,由此也说明这两种劳动创造出的价值没有任何差别。只有在不同商品的等价交换中,抽象劳动凝结在商品体内的价值才能得到具体的表现。

简单的价值形式是人类社会最早的价值形式。在这种价值形式中,商品的价值表现还是很不充分、很不完全的。

扩大的价值形式

随着生产力的发展和商品生产的扩大,人们用来交换的产品增多了,交换逐渐变成一种经常的活动,这时,一种商品已经不是偶然地,而是经常地同很多种商品相交换。于是,简单的价值形式就逐步过渡到扩大的价值形式。扩大的价值形式,可以用下面的等式来表示:

1把木梳=2个馒头

　　　=1个练习本

　　　=2根棒棒糖

=1双袜子

=1个衣服架

=1只灯泡

=其他商品

在这种价值形式中，一种商品的价值不只是简单地、偶然地表现在另一种商品上，而是经常地表现在许多其他商品上。也就是说，木梳的价值不仅表现在馒头上，而且还表现在练习本、棒棒糖、袜子、衣服架、灯泡等许多其他商品上。这样，商品的价值才真正表现为无差别的人类劳动的凝结。因为形成这个价值的劳动现在非常明确地表现为一种劳动，其他任何一种人类劳动都与之等同，不管其他任何一种劳动具有怎样的自然形式(不管它是馒头、棒棒糖、袜子或是其他什么)。现在木梳通过自己的价值形式，不再只同某一种商品发生社会关系，而是同整个商品世界发生社会关系。此时，木梳的相对价值形式得以扩大。每一种商品，馒头、棒棒糖、袜子等，都在木梳的价值表现中充当等价物，而每一种商品的自然形式都成为一个特殊的等价形式。同时，由于经常进行交换，各种商品的交换比例也就和它们包含的价值更加接近。

在扩大的价值关系中，处在等价形式上的每一种商品，如馒头、棒棒糖、袜子等，都成为木梳的等价物，充当价值体。每一种充当等价物的商品，都以自己的自然形式充当特殊的等价形式，并与其他许多特殊等价形式并列。同样，各种不同的商品体中所包含的各种形式的具体劳动，就成为人类一般劳动的多种特殊实现形式(表现形式)。

扩大的价值形式存在着以下的缺点：

第一，商品的相对价值表现是未完成的。因为它的表现系列永无止境。每当有新的商品进入交换中，价值等式连接成的锁链就会延长。

第二，价值表现杂乱。因为它表现在种类不同而且互不关联的商品上。董大有木梳，想要灯泡；赵二有灯泡，想要棒棒糖；张三有棒棒糖，想要馒头；李四有馒头，想要袜子；王五有袜子，想要木梳……而现实中的情况其实比这更复杂。

随着生产力的不断发展，人们的交易活动也更加频繁。每当新的商品进入交换，价值锁链就会延长。

　　第三，每一种商品都有不同的、无穷无尽的价值表现系列，其价值表现是不统一的。有时是价值高的换个价值低的，有时是等价值的互换，还有的时候是价值低的换价值高的。

　　《安徒生童话》里有个故事：

　　小镇上住着一对老夫妇，他们有一匹马。一天，他们想用那匹马换点更有用东西，于是，老爹就牵着马去市场。

　　没走多远，老爹看见有人赶着一头乳牛，老爹觉能挤出牛奶的乳牛很不错，就用马换了这头乳牛。

　　老爹牵着牛时遇到放羊的人，他想：家里的牧草羊儿吃刚刚好，喂牛可能少了一点。于是老爹又用牛换了一只羊。

　　老爹牵着这只羊继续走，看见别人抱着一只鹅，又觉得鹅不错，于是又用羊换了那只鹅。

老爹到市集的途中，又把手中的肥鹅换了一只秃尾巴的母鸡，因为老爹心想，每天早上都有新鲜的蛋可以吃，真不错。

老爹抱着母鸡心满意足地想要回家时，遇见一个年轻人，扛着一个大袋子，老爹好奇地问："袋子里是什么呀？"

"一袋烂苹果！"年轻人回答说。

老爹心想：好久没买苹果了。于是又把鸡换成了一袋烂苹果。

这就是典型的不等价交换，从一匹马到一袋烂苹果，是很大的差距。

第四，从等价形式看，每个特殊的商品等价物中都包含着一定的、具体的、有用的劳动，都是人类劳动的特殊表现形式。由于每种商品的自然形式都是一个特殊的等价形式，因此，它们互相排斥对方。

一般的价值形式

扩大的价值形式的许多弊端我们都已经知道了，古人也不是傻子，有这么多缺点自然要改的。每种商品都有许多的价值形式，且价值形式也各不相同。商品就没有一个统一的价值表现形式吗？

由于现实需要，注定了扩大的价值形式必然要过渡到一般的价值形式。一般的价值形式可以用下面的等式来表示：

2个馒头 =1把木梳

1个练习本 =1把木梳

2块糖 =1把木梳

1双袜子 =1把木梳

1个衣服架 =1把木梳

1只灯泡 =1把木梳

x量 A 商品 =1把木梳

在这种价值形式中，各种商品的价值都通过一种商品(木梳)来表现。这时,商品的价值表现既是简单的,又是统一的,因而是一般的。既然各种商品的价值都表现为一种商品,那么各种商品的价值也就可以通过这种商品来相互比较了。这种用来表现其他各种商品价值的商品就成了一般等价物。人们用一般等价物就可以换到他所需要的任何商品。

与前两种价值形式相比,一般的价值形式有以下变化:

从相对价值形式的性质方面看,一般的价值形式将商品的价值表现从商品世界中分离出来,表现在同一种商品上,例如我们都把它表现在木梳上,因而使一切商品的价值都能通过与木梳等同而表现出来。每个商品的价值由于与木梳等同,这不仅与它自身的使用价值相区别,而且能够与一切使用价值相区别,因此,只有这种形式才真正使商品作为价值互相发生关系,或者使它们互相表现为交换价值。

在这种价值形式下,商品不仅在质上具有与木梳等同的形式,而且在量上也可以同木梳相比较。由于所有商品都用同一个一般等价物作为价值尺度,即都通过木梳来反映自己的价值量,所以各种商品的价值量也就可以互相反映。例如,2个馒头=1把木梳,1个练习本=1把木梳,因此,2个馒头的价值等于1个练习本的价值。或者说,1个馒头所包含的价值(实体劳动)等于1个练习本所包含的价值(实体劳动)的1/4。

与相对价值形式相适应,等价形式的性质也发生了变化。由商品世界分离出来,专门充当一切商品等价物的商品(木梳),获得了一般等价物性质的相对价值形式。木梳用自身的自然形态表现各种商品的价值,因此,木梳能够与其他一切商品直接交换。木梳的物体形式是一切人类劳动可以看得见的化身,是一般社会的蛹化。同时,生产木梳这项私人劳动也就从一般社会形式变成了人类劳动的一般表现形式。这样,物化在商品价值中的劳动,不仅消极地表现为它是被抽去了具体形式的抽象劳动,而且把它本身的积极的性质也清楚地表现出来了,也就是把一切具体劳动都现实地转化为它们共有的人类一般劳动了。

因此，一般价值形式是所有商品交换关系的反映，是社会公认的。它清楚地告诉我们，在这个世界中，生产商品的一切劳动都具有人类一般劳动的性质，这种人类一般劳动的性质形成生产商品劳动的特殊社会性质。

一般价值形式是价值的一种形式。充当一般等价物的商品可以是任何商品，并且这种商品并不是固定的。随着商品交换的发展，当一种商品被其他一切商品当作等价物排挤出来充当一般等价物，而其他商品都由这种商品统一地表现价值时，这种商品就成为货币商品。

随着社会生产力的发展，交换的范围和种类不断增加。这就要求一般等价物能够固定在某种商品上，于是，货币形式出现了。

货币形式

在一般的价值形式上，一般等价物还没有固定在某一种商品上，这阻碍了商品交换的进一步发展。随着社会生产力的发展，商品生产应运而生。这时，交换的商品增多了，交换的范围也扩大了，迫切要求一般等价物固定在某种商品上。当这种情况出现时，一般的价值形式也就过渡到货币形式了。货币形式可以用下面的等式来表示：

1 把木梳 = 1/82 克金（国际现货金价：约合人民币 210 元／克。）

1 个练习本 =1/82 克金

1 个棒棒糖 =1/164 克金

1 双袜子 =1/41 克金

1 个衣服架 =1/82 克金

1 只灯泡 =1/82 克金

1 件上衣 =1/2 克金

1 斤茶叶 =1 克金

1 斤小麦 =1/200 克金

1/2 吨铁 =3 克金

商品的价值形式从简单的价值形式过渡到扩大的价值形式,再从扩大的价值形式过渡到一般的价值形式,每一次过渡都发生了本质的变化。只有由一般的价值形式过渡到货币形式,没有发生本质的变化,只是金代替木梳取得了一般等价形式。金能够作为固定的一般等价物,是因为它早就作为商品与其他商品相对立。金是商品,也有价值,在以往的商品交换中,金可能在个别的交换行为中起个别等价物的作用,也可能与其他商品等价物并列,起特殊等价物的作用。一旦它在商品世界的价值表现中独占了一般等价物的地位,它就成为货币商品。

货币形式和一般的价值形式并没有本质的区别。所不同的是,在货币形式上,一般等价物已经固定由黄金或白银来充当,这种固定充当一般等价物的商品就是货币。由此可见,货币是在商品交换的发展过程中自发地产生的,是商品内在矛盾发展的结果。

价值发展的过程与人类社会发展的进程是完全相符的。

经过了漫长的进化,猿进化到了人,可以直立行走,可以制作并使用一些简单的工具。后来进入了原始社会,人类以氏族的形式生活,在氏族内部,除个人常用的工具外,所有的财产归集体公有。原始社会初期,人们生产所得的产品仅够维持氏族内部需要,因此不存在交换。随着人类使用生产工具的进步,氏族的生产有所剩余,不同的氏族生产的产品有所不同,根据不同的需要,氏族间就会发生交换,于是产生了简单的、个别的、偶然的价值形式。再经过人类不断进步,人类的生产能够满足家庭的生活的需要,于是氏族逐渐分裂。以家庭为单位的交换就变得复杂多了,不同的家庭有不同的产品,有不同的需要,于是扩大的价值形式就产生了。人们发现交换越来越多,越来越复杂,以物换物就变得非常麻烦,就在一定范围内找到一个合适的产品作为等价物,这样只需通过已有产品到等价物再到目的产品就能完成交换了,也就是一般的价值形式。人类的发展是不停止的,很快,交换突破了地区的限制,但地区间的等价物不同,所以就得找个更好的方式。这种方式既要便于运输,还要便于保存,于是货币就产生了。

关键词:扩大的价值形式　一般的价值形式　货币形式

第二节　货币的职能

货币是固定地充当一般等价物的商品。

中国的货币历史相当久远，使用时间最早而且延续时间最长的是贝类货币，直到明末清初，云南少数民族地区还在使用这种货币。中国的文字中，许多与货币意义有关的字，像财、贵、贫、贱等，都是以贝字作为偏旁。

自西周到春秋，货币主要有三大体系：布币、刀币、环钱。

秦始皇统一全国后统一币制，以黄金为上币，单位为镒，以铜钱为下币，称为"半两钱"。

汉王朝建立以后，开始铸五铢钱。

唐朝起，钱币就不再以重量为名称了，而改称"宝"，如通宝、元宝、重宝。通宝、元宝钱体系沿用了近1300年，其生命力之长久，在世界货币史上罕见。

北宋是世界上最早推行纸币流通的政权。

明朝后期，白银成为法定货币，明清时期，纸币仍在发行，但流通不广。到了近代，纸币得到了广泛流通，并逐渐代替了金属币。

五铢钱　隋
货币出现以后，成为固定地充当一般等价物的商品。

价值尺度

不同的年代，不同的国家，有很多种不同形式的货币，为简单起见，我们假定金是货币商品。

金的第一个职能，是担当一切商品表现价值的材料，或者说，是把商品价值规定为等值的量，使商品在质上相同，在量上可以比较。因此，金执行着一般的价值尺度的职能，并且主要执行这一职能，从而使金这个特殊的等价商品成为货币。

我们还是举"2个馒头=1把木梳"的例子：

2个馒头 =1 把木梳

⇩ 都是由人类劳动产生的

做 2 个馒头的劳动＝做 1 把木梳的劳动

⇩ 劳动无法衡量，但时间可以衡量

做 2 个馒头的劳动时间＝做 1 把木梳的劳动时间

⇩ 做 1 把木梳用的劳动＝ 1/82 克金

1 个馒头 = 1/164 克金

由上图我们能够了解：商品并不是因为有了货币才可以互相比较。恰恰相反，因为一切商品作为价值都是物化的人类劳动，它们本身就可以互相比较，所以它们能共同用一个特殊的商品来计量自己的价值，这样，这个特殊的商品就成为它们共同的价值尺度(或货币)。货币作为价值尺度，是商品内在的价值尺度即劳动时间的必然表现形式。

货币在执行价值尺度的职能时，只是表现价值，而不是实现价值，所以，并不需要现实的货币，只要有想象的或观念上的货币即可。比如，当商品所有者在表现他的商品价值时，并不需要把他的商品转化为金。哪怕他的商品价值数百万，也用不着丝毫的金，只用想象的或观念上的金就可以了。虽然只是想象的或观念上的货币执行价值尺度的职能，但商品的价格却完全取决于实实在在的货币材料。例如，一吨铁的人类劳动量，是通过想象，把与生产一吨铁的等量劳动用货币形式表现出来，而一吨铁的价值，则根据充当价值尺度的材料是金还是银，有不同的价格表现。如果金和银同时充当价值尺度,那么,所有商品就会有两种不同的价格表现,即金价格和银价格。

　　尽管商品体五花八门,但它内在的价值都要表现为大小不等的想象的金量。为了使各种商品的价值作为不同的金量可以互相比较、互相计量,在技术上就有必要把某一固定的金量作为商品价值的计量单位。这个计量单位本身通过进一步分成等份而发展成为标准。由于金、银、铜等在变成货币以前就已经有了重量标准,如:磅、盎司、斤、两、钱等,所以,在一切金属的流通中,原有的重量标准的名称也就成了最初的货币标准或价格标准的名称。"磅""盎司"在英国既是重量单位也货币名称。我国古代也常出现"两""钱"的用钱方式。

　　货币具有价值尺度和价格标准的职能。作为价值尺度,货币是人类劳动的社会化身,被用来使各种商品的价值转变为价格。作为价格标准,货币是规定的贵金属重量,它是计量作为货币的贵金属自身的重量。价值尺度用来计算商品的价值,而价格标准则是用一个固定的金量来计量各种不同的金量。

　　现在,我们的货币是纸币,同样原理,当我们把一份行情表上的价目倒过来读,就可以看出货币的价值量表现在各式各样的商品上。然而货币并没有价格,货币要参与其他商品的交换时,必定是作为等价物的,它已经纯粹是一种计量单位了。下面是几种商品的价格:

商　品	市场价格
海尔空调	1699元/台
宝马×5 3.0d	114万元/辆
50cm直尺	3.80元/个
香　菇	4.00元/斤
(肯德基)劲脆鸡腿堡	10.5元/个
剔骨猪肉	25元/公斤
(佳能IXUS 70)数码相机	2250元/台
欧莱雅美白防晒霜	90元/瓶

有了这些数字的出现，人们就很容易对众多的商品进行衡量，它显示了货币的**价值尺度**。每一个商品都有一个固定数值价格表示它的价值，也就是它的**价格标准**。

关键词：价值尺度　价格标准

流通手段

货币的流通手段职能是由商品的形态变化而产生的，货币流通是商品流通的反映。

商品的形态变化是W—G—W（W代表商品，G代表货币，即商品—货币—商品）的交换过程。

商品交换过程包含着矛盾的对立统一关系。商品的发展并没有消除这些矛盾，而是为这些矛盾的运动提供了解决的方法。商品交换过程是在两个互相对立、互为补充的形态变化中实现的，即从商品转化为货币，又从货币转化为商品。商品的这两个形态变化就是商品所有者的两种行为，前者是卖，后者是买。两种行为的统一就是：为买而卖。因此，商品的交换过程是在商品—货币—商品，也就是W—G—W的形式变换中完成的。从这种运动形式的物质内容来说，就是商品换商品：W—W，是社会劳动的物质变换。这种物质变换的结果一旦达到，商品交换也就结束了。

卖是从商品到货币（W—G）。这是商品的第一形态变化。这一形态变化是商品的一个惊险性跳跃，如果跳跃不能成功，商品生产者会遭受沉重的打击。有了货币，张三的木梳不用去换实物了。假设在木梳的市场上，张三在卖出木梳的过程中可能会产生了3种情况：

木梳（平均价格是4元）
- 5元卖出 大于平均价格
- 4元卖出 等于平均价格
- 3元卖出 小于平均价格

对商品生产者来说，他的商品仅仅是交换价值，只有把商品卖出后变成货币，才能取得一般的社会公认的等价形式。而货币是在别人的口袋里，为了让别人把货币从口袋里掏出来，商品就应当对货币所有者具有使用价值，就是说，用在商品上的劳动应是社会有用劳动的耗费，是社会分工的一部分。但在资本主义生产方式下，社会分工是生产者自发形成的，每一个商品生产者都无法决定商品的生产和交换，也就是不能保证商品都能变成货币。

买是从货币到商品(G—W)。这是商品的第二形态变化，也可以说是最终的形态变化。这个形态变化是比较容易实现的，因为，货币是社会公认的一般等价物，是绝对可以出让的商品。

如果考察商品的总形态变化，我们就会发现，这个总形态变化是两个相互对立、相互补充的运动。从商品所有者这一级看，是卖；而从货币所有者这一级看，是买。买卖不分家，W—G同时就是G—W。与第一形态变化卖就是买一样，第二形态变化买就是卖。因此，一个商品的最终形态变化，同时就是另一商品的开始形态变化。

商品的这两个对立的转化，是通过商品所有者的卖和买这两个相反的运动阶段来完成的。商品形态变化的两个相反的运动阶段，形成一个循环过程：首先是商品形式，然后是商品形式的抛弃即商品转化为货币，最后是商品形式的复归即货币转化为资本。每个商品的形态变化系列所形成的循环，同其他商品的循环不可分割地交错在一起，这全部过程就是商品流通。

商品流通不仅在形式上，而且在实质上也不同于直接的产品交换。商品之间直接交换，卖和买处在同一过程。而在商品流通中，商品所有者之间并不是以物易物，他们必须首先将自己的商品卖出，获得货币，然后再用货币购买自己所需要的商品。在这里，流通过程是持续的，它不会在使用价值换位和转手后就结束,货币也不会在一种商品的形态变化系列中退出后就消失,它将不断地停留在商品空出来的流通位置上。例如,在木梳—货币—馒头中,先是木梳退出流通,货币补上它的位置,然后是馒头退出流通,货币又补上馒头的位置。一个商品由另一个商品代替,而货币商品则留在第三人手中,流通不断地把货币渗出来。在这里,货币作为商品流通的中介,发挥了流通手段的职能。

各种商品不断地买卖、流通直接赋予了货币运动的形式,使得货币不断地从一个商品所有者手里转到另一个商品所有者手里,这就是货币流通。

每一个商品在流通中走第一步,即进行第一次形式变换,就退出流通,而总有新的商品进入流通。相反,货币作为流通手段却不断地留在流通领域,不断地流动。

货币好比是水,商品好比是船,有了水,船才能顺利运行;没有水,那就只能走旱船了;货币好比是润滑油,商品好比是机器,有了润滑油,机器才能正常运转,没有润滑油,那机器就工作不了;货币好比是电梯,商品好比是上下楼的人,有了电梯,人们上下楼既快又省力,没有电梯,那么就只能爬楼梯……

水的流动使船顺利航行,润滑油的润滑使机器正常工作,电梯上去下来,快捷地把人送到想去的楼层,货币的流通,使商品交换变得顺畅自然。

关键词:货币流通　买　卖

贮藏手段

货币的贮藏是因商品流通的中断而产生的。随着卖和买这两种对立的商品形态变化的不息转换,货币不断流通。但只要商品的形态变化系列中断,就是说,商品卖出之后,没有接着买,那么,货币就会停止流动。就像张三卖了木梳,却不买馒头或是其他任何商品,而是把卖木梳得来的货币保留起来。

于是,货币就会变为贮藏货币,商品出售者也就成为货币贮藏者,而张三也就有了存款。

　　商品的形态变化系列为什么会中断呢?张三为什么不拿卖木梳的钱再去买别商品?

贮藏金、银、钻石等饰品及物件,是货币贮藏的另一种形式。

　　这是因为,随着商品流通的最初发展,人们保留商品第一形态变化的产物,也就是保留货币的必要性和欲望也发展起来。人们意识到货币的神奇,知道有了货币,可以买到很多东西(商品),能满足人们很多需求。这时候,有人出售商品不是为了购买商品,而是为了取得货币。这样一来,商品的转换形态受到阻碍,货币不再发挥一般等价物或流通手段的职能。

　　随着商品流通的不断发展,人们对商品第一形态变化的产物即货币的占有欲望也不断发展。因为,用货币可以购买任何商品。货币已成为财富的社会表现,不管什么人,谁拥有的货币越多,谁拥有的权力就越大。

　　商品作为使用价值能满足人们的某种需要,是构成物质财富的特殊要素，而商品的价值则衡量着商品占有者的社会财富。对商品占有者而言，价值同价值形式是分不开的，货币的增多就是价值的增多，从商品占有者的本性看，贮藏货币的欲望是没有止境的。在质的方面，作为物质财富的一般代表，货币能直接转化成任何商品，是无限的。在量的方面，每一个现实的货币额又是有限的，只是一种作用有限的购买手段。货币这种内在的量的有限性和质的无限性之间的矛盾，促使货币贮藏者不断地去积累货币，贮藏货币。

除直接贮藏多余货币这种形式外，货币的贮藏还有另外一种贮藏形式：即收藏白银、黄金、白金、钻石，将它们做成饰品既是一种美，又是一种价值保值的方式。随着资产阶级社会财富的增长，富人为了显露财富，收藏金银饰品这种美的贮藏形式还会不断出现。

在金属流通的经济中，货币贮藏执行着种种不同的职能，其中最重要的是调节货币流通量。这一职能是在金银铸币的流通条件中产生的。由于商品流通在范围、价格和速度方面经常变动，流通中的货币量也不断增加或减少，因此，实际流通的货币量必须要有伸缩性。为实现这个目的，一个国家现有的金银量必须大于执行铸币职能的金银量，这个条件只有通过货币的贮藏形式才能实现。货币贮藏犹如蓄水池，少则蓄，满则溢，流通中的货币永远不会溢出它流通的渠道。

货币贮藏早已经是众多人不断追求的目标了。从货币的贮藏，我们可以看到人性的贪婪。法国古典主义戏剧家莫里哀的名作《悭吝人》中的阿巴贡，中国古典小说《儒林外史》中的严监生，都同样爱钱如命，悭吝而无情。阿巴贡要掐掉两支蜡烛中的一支，才称心如意，而严监生要灭掉油灯芯中的一根，才咽气罢休。还有巴尔扎克小说《欧也妮·葛朗台》中的葛朗台，当神父把镀金的十字架送到他唇边，给他亲吻基督的圣像，为他做临终法事时，他竟做了一个骇人的姿势，想把金十字架抓到手里……虽然三个人都是经艺术加工的产物，但仍从一个侧面指出了人对占有金钱的渴望。

关键词：货币的贮藏

支付手段

货币的支付手段职能是随着商品流通发展的需要而产生的。随着商品流通的发展，商品的出售同商品价格的实现不能在同一时间完成的矛盾关系也发展起来。这里我们只举出一些最简单的关系来分析。不同的商品各有不同的生产时间，一架飞机需要的生产时间自然比一把木梳的生产时间长，粮食、蔬菜等商品的生产与季节有关。另外，不同的商品，生产和销售的环境也可能不同，一些商品既在市场所在地生产，又在市场所在地销售，而另一些商品则需要运送到远方市场去销售，如海外贸易。因此，那些商品生产时间短、生产季节早、就近销售的商品所有者，总会比那些商品生产时间长、生产季节晚、远地销售的商品所有者先进入市场。这样，前者在后者成为买者之前，已经作为卖者出现了。

当同样一些交易总是在同一些人中间反复进行时，商品的销售条件就会按照商品的生产条件进行调节。于是，就会出现某些商品卖出时不能要求买者立即支付货币，而是要经过一段时间后，卖者才能收取货币。有一些商品（房屋）的销售，卖者卖出的是一定期限的使用权，买者只有在期满时才能真正取得商品的所有使用价值，因而他是先购买商品，后支付货币。一个商品所有者出售他现有的商品，而另一个商品所有者却只是作为货币的代表或作为未来货币的代表来购买这种商品，在这种交换关系中，卖者成为债权人，买者成为债务人。由于商品的形态或商品的价值形式在这里发生了变化，从而货币取得了另外一种职能——支付手段。

债权人或债务人的身份是在简单商品流通中产生的。简单商品流通形式的改变，在卖者和买者身上打上了债权人和债务人的新烙印。债权人或债务人这两种角色还可以不依赖商品流通而出现。例如，古代社会债权人和债务人之间的对立是以阶级斗争的形式进行的，在罗马，这种斗争以负债平民的破产，沦为奴隶而告终；在中世纪，这种斗争则以封建主的破产以及他们的政治权力随其经济基础一起丧失而告终。

但是，在商品流通领域中，债权人与债务人的关系则表现为具有货币关系的形式，这是更深刻的经济生活条件对抗的一种表现形式，表现在卖的过程的两极上：

第一，货币对所卖商品的价格执行价值尺度的职能。即用契约规定的所卖商品的价格来计量买者的债务，买者到期必须支付的货币额。

第二，货币执行着观念上的购买手段职能。虽然货币还只是存在于买者支付货币的承诺中，但它实现了商品的交换。只有当支付日期到来时，支付手段才真正进入流通，也就是说，从买者手里转到卖者手里。流通手段转化为贮藏货币，在此流通过程可能会出现中断，但是卖者也是需要其他商品的，这时卖者转化为买者，或是购买商品后退出流通，或是把货币作为支付手段再次进入流通……

在这里，货币不再是流通过程的媒介，它作为交换价值而绝对存在。卖者把商品变为货币，是为了通过贮藏货币来满足人们的某种需要，货币贮藏者把商品变为货币，是为了以货币形式保存商品，欠债的买者把商品变为货币，则是为了能够支付债务，否则他的财产就会被强制拍卖。现在由于流通过程本身的关系，商品的价值形态即货币就成了卖的目的本身。买者在把商品变为货币之前，就已经把货币转化为商品了，就是说，他是先完成商品的第二形态变化——买东西，然后才完成商品的第一形态变化——卖东西。而卖者的商品在转化为货币之前，已经转化为使用价值，它的第一形态变化是在后来完成的。

在流通过程的一定时期内，总需要一定量的货币来执行支付手段的职能。那么，这个量是怎样决定的呢？由于到期的债务代表着产生这些债务的已售商品的价格总额，所以，实现这一价格总额所必需的货币量，就首先取决于支付手段的流通速度。而支付手段的流通速度，又决定于两种情况：一是决定于债权人和债务人的关系的锁链，这个锁链越长，支付手段的流通速度就越快，否则就越慢；二是决定于各种不同的支付期限的间隔，间隔越短速度越快，反之则慢。

货币作为支付手段的职能包含着一个直接的矛盾：一方面，在各种支付互相抵消时不需要实在的货币，它只是在观念上执行计算货币或价值尺度的职能；另一方面，在必须进行实际支付时，又需要实在的货币，如果在支付锁链的某些环节上发生故障，就可能引发货币危机，不过，这种货币危机只有在那些一个接一个的支付的锁链和抵消支付人为制度获得充分发展的地方才会发生。

在支付锁链和抵消支付的人为制度获得充分发展的地方(如上页图)，债权人与债务人之间没有实质的货币往来，只是通过转账手段完成支付，这样避免了支付大额现金造成的麻烦，流通速度较快。但是，一旦它们其中某一个环节出错，那么整个锁链就垮了。

货币充当支付手段的职能会引发一系列的后果：

1. 产生信用货币。在商品流通中，当商品所有者作为卖者赊卖商品时所取得的债权，会因为他成为买者时把债券转让给他人而使这种债券发生流通，于是，这种债券就成为信用货币。因此，信用货币是直接从货币作为支付手段的职能中产生的，同时，随着信用事业的扩大，货币作为支付手段的职能也在扩大。作为支付手段的货币取得了它特有的各种存在形式，并以这些形式占据了大规模交易的领域，以致在大宗买卖领域，完全由信用货币如期票、汇票、支票来执行支付手段的职能，而金银铸币反而被挤到小额贸易的领域。

2. 在商品生产达到一定水平和规模时，货币作为支付手段的职能就会越出商品流通领域。原来以实物交纳的地租、赋税等，会因商品货币关系的发展而采用货币来交纳，在这里，货币充当着支付手段的职能。

3. 提前消费。我们可以先一步得到商品的使用价值，但我们也必须付出代价，那就是积累货币，以便到期偿还债务。随着资产阶级社会的发展，那种把货币贮藏作为个人致富形式的现象消失了，而作为支付手段准备金形式的货币贮藏却增长了。

社会发展了，一切也从单一向多元化发展，现在，提前消费式的购买方式已经很普遍。买车、买房等大额交易，有贷款；数额稍小，可以用信用卡；美容健身、超市购物、汽车维修等等有消费卡、会员卡……

这些消费政策给人们带来了不少的方便。但是，只要消费了，你就成了债务人，借了钱终究还是要还的。

关键词：支付手段　债权人　债务人　提前消费

第三节　货币的资本化

资本是什么？货币怎么才能转化成资本呢？

商品贸易，即商品生产和发达的商品流通。它是资本产生的前提和起点，是资本产生的历史前提。世界贸易在16世纪揭开了资本的近代生活史。

商品流通从物质内容来看，是各种使用价值的交换。如果撇开商品流通的物质内容，只考察这一过程所造成的经济形式，我们就会发现，货币是这一过程的最后产物。商品流通的这个最后产物就是资本的最初表现形式。不必回顾资本产生的历史，因为它每天都在我们眼前重演。

货币是资本的最初表现形式，但货币本身并不是资本。它只有出现在市场上(商品市场、劳动市场或货币市场)，经过一定的过程，才能转化为资本。作为商品流通的货币和作为资本的货币，其区别就在于它们具有不同的流通形式。

作为商品流通的货币，其流通形式是W—G—W，即商品转化为货币，货币再转化为商品，为买而卖。作为资本流通的货币，流通形式则是G—W—G，货币转化为商品，商品再转化为货币，是为卖而买。这两种流通形式，尽管都有买和卖两个流通阶段，但两个对立的流通阶段却具有相反的次序。

W—G—W的流通以卖开始，以买结束，货币最后转化为充当使用价值的商品。在这里，货币是作为购买手段，起商品交换媒介的作用，这是简单商品流通。而G—W—G的流通以买开始，以卖结束。买者支出货币，却是为了作为卖者收入货币。他购买商品，把货币投入流通，是为了通过出卖同一商品，从流通中再取回货币。但是，货币是同质的，用同量的货币换取同量的货币,是一种既无目的又无意义的活动,没有人会白白辛苦地完成一个无意义的流程。实质上,货币所有者把货币投入流通,是为了获取更多的货币。因此,这种流通形式的完整公式应该是G—W—G′(G′代表增值后的货币),其中的G′=G+ΔG(ΔG为货币的增值部分),即等于原预付货币额加上一个增值额。这个增值额或超过原价值的余额叫作剩余价值。这种能够带来剩余价值的货币就转化为资本,货币所有者也就变成了资本家。所以,资本就是能够带来剩余价值的价值,由于G—W—G′公式反映了各种形态的资本运动的共同目的,因而被称为资本的总公式。

那么,剩余价值是怎样产生的呢?在资本总公式中,剩余价值表现为两个流通行为的结果,看起来好像是在流通中产生的。但是,在流通中,如果交易双方实行等价交换,就决不会产生剩余价值。因为,任何人从流通中取出的价值,都不会大于他投入流通的价值,在这种情形下,就不会有剩余价值形成。如果交易双方不是等价交换,也不会产生剩余价值。一方的剩余价值,是另一方的不足价值,一方价值的增加是另一方价值的减少,流通中的价值总量并没有增大。所以,剩余价值的形成,即货币转化为资本,既不能用卖者高价出卖商品来说明,也不能用买者低价购买商品来说明。就是说,剩余价值不是从流通中产生的。

但是,剩余价值的产生又离不开流通。因为商品生产者只是在流通领域才相互发生关系。也就是说,流通是商品生产者全部商品关系的总和。那么,剩余价值能不能从流通以外的什么地方产生呢?也不能。因为在流通以外,商品生产者只同他自己的商品发生关系。就商品的价值来说,他的商品包含着自己的劳动量,这个劳动量是按一定社会规律来计量的,是商品的价值量,而价值量是以货币来计算的,因此劳动量就表现为一个价格。就是说,商品生产者的劳动可以创造商品的价值,但不能创造超过这个商品本身价值而形成的余额,不能表现为一个大于自身价值的价值。商品生产者能够用自己的劳动创造价值,但是不能创造进行增值的价值。

简单的商品流通以卖开始，以买结束，货币在其中起商品交换媒介的作用。

　　所以，在流通过程之外，不同其他商品所有者发生联系，价值是不可能进行增值的，货币也不可能转化为资本。因此，剩余价值不能从流通中产生，又不能不从流通中产生。货币所有者要使货币转化为资本，取得剩余价值，必须在流通中（市场上）找到一种特殊商品，这种商品的使用价值本身就是价值的源泉，它的实际使用不仅能够创造价值，并且能够创造出比它自身价值更大的价值。这种特殊商品就是劳动力，因此，货币转化为资本，是以劳动力变成商品为基础的。

劳动是一种商品，同时具有价值和使用价值。

劳动力也就是人的劳动能力，它存在于人的身体中，是人生产某种使用价值时所运用的体力和智力的总和。劳动力要成为商品，必须具备两个条件：

第一，劳动者是自由人。作为买者和卖者，劳动者与货币所有者在法律上地位平等，劳动者有权支配自己的劳动力，能够把自己的劳动力当作自己的商品来出卖。

第二，劳动者除了自己的劳动力外一无所有，不得不把只存在于身体中的劳动力本身当作商品出卖。

劳动力作为商品，同其他一切商品一样，也具有价值和使用价值。

劳动力的价值，是由生产和再生产劳动力的社会必要劳动时间决定的。劳动者要生存，就必须消费一定数量的生活资料，因此，劳动力的价值可以归结为一定量生活资料的价值，并且，它也随着这些生活资料的价值，即生产这些生活资料所需要的劳动时间量的变化而变化。人的生命有限，没有人生来就什么都会，所以，人在作为劳动者出卖劳动力之前还需要一定数量的生活资料。

我们总结得到，劳动力的价值包括：劳动者本人生产和再生产劳动力所必需的生活资料的价值；为使劳动力得以延续，劳动力的价值还包括劳动者养育后代所必需的生活资料的价值；为适应生产的需要，劳动者必须掌握一定的劳动技能而产生的训练和教育费用。简单地讲，劳动力价值是由生产和延续劳动力所必需的生活资料的价值来决定的。

作为商品，劳动力是一种特殊的使用价值。这种使用价值的特殊性表现在，劳动力在使用过程中，不仅能创造价值，并且能创造出比它自身价值更大的价值。资本家购买劳动力，正是看中了它的这种特殊使用价值，并通过对它的支配来生产剩余价值。

劳动力的买和卖是在流通领域或商品交换领域内进行的。在流通中，劳动者是卖者，资本家是买者。从表面上看，这种关系好像是自由、平等的，但当买卖双方一离开流通领域或商品交换领域，这种自由、平等的虚伪性就暴露无遗。劳动力的买者摇身一变,成了资本家,劳动力的卖者则成了他的工人。

我们生活中的买和卖也都有一定目的,甚至笼统地说卖就是为了买。董大卖了木梳就是为了要买灯泡;赵二卖了灯泡就是为了要买棒棒糖;张三卖了棒棒糖就是为了要买馒头……父母出卖劳动是为了购买孩子成长的物质基础,孩子长大再出卖劳动养育子女、赡养父母。不管卖了什么东西得到了多少钱,中间隔了多长的时间,终究还是会买东西的。

关键词:商品贸易　剩余价值　资本

第二章　剩余价值的产生

　　资本家是如何剥削工人的？资本家从工人那里剥削了什么？资本家通过什么方式让工人死心塌地地为其工作？工人为什么一定为资本家工作？当资本家戴着高尔夫球帽在蓝天绿地上悠闲地挥杆时，当资本家穿着礼服优雅地穿梭于晚宴、酒会时，工人可能正在为自己或家人的生计而劳动着。在资本家眼中，工人只是劳动力，是一个劳动的机器。劳动力的使用就是劳动本身，资本家购买劳动力就是为了使用劳动，而劳动力的卖者自出卖劳动力后就成为事实上的工人，资本家消费劳动力就是强迫工人进行劳动，于是，资本主义的生产过程由此开始了。资本主义生产过程具有二重性，它是劳动过程和价值增值过程的统一。

第一节　劳动过程

　　劳动过程是劳动者运用劳动资料对劳动对象进行加工，从而创造某种使用价值的过程。劳动过程的三要素是：劳动者、劳动对象、劳动资料。

　　劳动者　劳动首先是人和自然之间的结合过程，是通过人的自身活动来调整和控制人与自然之间的物质变换过程。人是自然的一部分，在劳动中，人自身作为一种自然力与自然物质相对立。为了改变物质的自然形态以满足人们生存的需要，人必须使他的臂、腿、头脑、手等身体器官运动起来。当他通过这种运动改造自然的时候，同时也改造自己。人的劳动是有意识、有目的的活动，这种活动是专属于人类的，它与动物求生的本能有着根本的区别。例如，蜜蜂建筑蜂房的本领令许多建筑师感到惭愧，但是，哪怕是最蹩脚的建筑师，在建筑以前，就已经在自己的头脑中把它建成了。这就是人比其他生物高明的地方——劳动过程结束时得到的结果，在劳动过程开始之前就已经在劳动者的头脑中形成了。他不仅使自然物体发生了形式上的变化，同时，还在对自然物体的改造中实现了自己的目的。

　　劳动对象　凡是那些通过劳动同土地脱离直接联系的物质，都是天然的劳动对象。劳动对象可分为两类：一类是自然界本身具有的，未经人的协助就作为人类劳动的一般对象而存在的。如野生的动物、原始森林中的树木、地下矿藏中的矿石和石油。另一类是经过人类劳动加工过的劳动对象，这类劳动对象称为原料，如制作家具、木梳所用的木材，纺纱用的棉花等。一切原料都是劳动对象，但并不是所有劳动对象都是原料。劳动对象只有在它已经通过人的劳动而发生了形式上的变化时，才是原料。

劳动资料　劳动资料是在劳动者和劳动对象之间，把劳动者的活动传导到劳动对象上去的物或物的综合体。劳动资料的内容非常广泛，例如，人在劳动中直接使用的自然物——石块、木头、骨头、贝壳等就是最原始的劳动资料。人利用这些自然物，拓宽了自己肢体的能力范围。人类最初只是使用土地上现成的劳动资料，但随着社会生产力的发展，人类开始使用经过加工制造的劳动资料，如现在做木梳用的车床、建筑工地挖土用的大型挖掘机、织布用的纺织机等等。除了这些可以把劳动传达到劳动对象上去的传导体——劳动资料外，在劳动过程的进行中所需要的一切物质条件，都是广义的劳动资料。这些劳动资料虽然不直接加入劳动过程，但是没有它们，劳动过程就不能进行或不能完全地进行。这类劳动资料包括土地、厂房、运河、道路等。

劳动过程是人们创造和使用价值的有目的的活动，是人类为了生存的需要而对自然界进行改造的一种活动，是一切社会所共有的、人类生活的永恒的自然条件。

工人在资本家的监督下劳动，工人的劳动属于资本家。

在资本主义条件下,劳动过程就是资本家消费劳动力的过程,它具有两个特点:

第一,工人在资本家的监督下劳动,工人的劳动属于资本家。由于工人已将劳动力作为商品出卖给资本家,劳动就不再属于劳动者本人而归资本家所有。所以,在劳动中,工人只能按资本家的要求去做。

第二,劳动产品归资本家所有,而不归工人所有。资本家购买了劳动者的劳动力,也就获得了劳动力的使用权。资本主义的劳动过程就是生产要素的结合过程。因此,这个过程的产品就必然归资本家所有。

资本家开了木梳工厂,工人是劳动者,木材是劳动对象,工人工作的厂房、做木梳时使用的工具、车床等是劳动资料。

工人将劳动出卖给了资本家,劳动产生的产品同样也就属于资本家。工人只是得到了工资,这样看上去,好像并没有什么剥削存在,但事实并非如此。

关键词:劳动者　劳动对象　劳动资料

第二节 价值增值过程

劳动过程的结果是产品,是使用价值,例如木梳、衣服等。虽然木梳、衣服能满足人们的某种生活需要,在一定意义上还构成社会进步的基础。但是,资本家并不是为了木梳、衣服而生产木梳、衣服,他们要的是无穷无尽的货币。

在商品生产中,资本家并不是喜爱使用价值本身,资本家之所以要生产使用价值,只因为使用价值是交换价值的物质承担者,能够换到货币。他们所关心的只有两点:第一,生产具有交换价值的使用价值,即用来出售的商品。第二,使生产出来的商品具有价值,并大于其预付的价值,从中获利。资本家不仅要生产使用价值,还要生产价值,更重要的是生产剩余价值。因此,资本主义商品生产过程必定是劳动过程和价值形成过程的统一。

我们假定某个做木梳的工人每天工作6小时,劳动力日价值为60元,可以做300把梳子,假设所需原料的木材价值220元,在生产过程中用的机器的磨损及其他的一些消耗共20元,这样资本家总共投入为:60+220+20=300元。

而每把木梳的价值是1元,资本家把手中的商品卖出后,就会得到:300×1=300元

资本家没赚到钱。可见,资本家预付资本的价值没有增值,单纯的价值形成过程不能产生剩余价值。事实并不是我们想得那么简单。

做木梳工人每天工作8小时,劳动力日价值仍为60元,可以做400把梳子,假设所需的木材价值300元,在生产过程中用的机器的磨损及其他的一些消耗共20元,这样资本家总共投入为:60+300+20=380元。

工作6小时价值 ＋ 原料价值 ＋ 磨损 ➡ 300把木梳

60元＋220元＋20元＝300元

工作加2小时但只给6小时价值

增加80元 ➡

增产100把木梳

＝400元

原料价值 ＋ 磨损 ➡ 300把木梳 ≠

60元＋300元＋20元＝380元

400元－380元＝20元

这样资本家就得到了20元。同时也把价值增值隐秘藏到了价值形成的过程中了，这20元的增值额就是剩余价值。

那么，价值是怎样增值的呢？价值形成过程是怎样变成价值增值过程的呢？关键在于资本家购买的劳动力商品具有独特的使用价值。

劳动力的价值和劳动力在劳动过程中创造的价值，是两个完全不同的量，资本家之所以购买劳动力，正是看中了这个价值差额。上例中，工人的劳动力日价值为60元，而工人劳动6小时就可以创造出这60元的价值，就是说，工人每天生产劳动力所必要的生活资料只需花费6小时的劳动。但是，工人在出卖劳动力后，劳动力的使用价值归资本家所有。尽管工人劳动6小时就可以生产出劳动力价值的等价，但资本家不会让工人只劳动6小时，而是要工人劳动8小时甚至更长时间。在8小时里，工人可生产400个木梳，尽管为此所耗费的生产资料价值相应地由220元增加到300元，但是，工人在8小时的劳动中却创造了新价值100元。这样，木梳的总价值就等于300元加上工人多劳动2小时创造的新价值100元，共计400元。而资本家在此之前所预付的资本仅380元，如按400个木梳的价值卖出，资本家就能赚20元。

画家笔下的资本主义工厂全景图。

我们把一个普通的生产过程拿出来细细品味，就会发现，价值增值过程不外是超过了某一定点而延长了的价值形成过程，如果价值形成过程只持续到这一定点，资本所预付劳动力价值与新创造的价值等同，那就是一般的价值形成过程。如果价值形成过程超过这一定点而延长下去，那就变成了价值增值过程。

资本家开工厂，就是要获得那部分增值的价值，工人的劳动过程，就是价值增值过程。这包括任何一种生产，不管它的生产工艺有多烦琐、需要经过多少工人的加工。

以生产镍氢电池为例，镍氢电池是早期镍镉电池的替代产品，它是目前最环保的电池，不再使用有毒的镉，可以消除重金属元素对环境带来的污染问题。首先是各种原材料如氢氧化钠、镍粉、钴粉、带状发泡镍、铜网等进入第一车间，生产电池最基本的要素正极片和负极片。然后电池生产进入第二车间进行装配，对正负极片进行卷绕、点焊，利用壳、盖、帽等辅料，将电池做成圆柱形或方型。电池成型后，进入第三车间进行检测，然后到第四车间包装。最后，一个质量合格的电池就生产出来了，该产品的价值增值过程也随之完成了。

关键词：价值增值　剩余价值

第三节　不变资本和可变资本

在生产劳动中,有各种各样的劳动方式。盖房子的建筑工人、纺织厂的纺织工人、做鞋子的鞋工、刷墙的油漆工、造纸工人、汽车厂的工人,我们生活中生产各种东西的工人。我们根据工人们劳动的各种形式,把工人的劳动过程分为两种不同的因素:人的因素(劳动力)和物的因素(生产资料)。这两种因素在产品价值的形成上起着不同的作用,区分开这两种因素,也就揭开了资本家赚钱的唯一途径,也就知道了资本家从工人那里剥削了什么……

在劳动过程中,工人把自己一定量的劳动施加到劳动对象上,也就是把劳动的价值转加到了劳动对象上。与此同时,也把消耗了的生产资料转移到新产品的价值之中。例如,木材的价值通过劳动转移到木梳的价值中。可见,生产资料(木材)的价值因其转移到产品上而得以保存。这种转移是在生产资料转化为产品的劳动过程中发生的,是以劳动为媒介的。但是,工人并不是在同一时间内劳动了两次:一次通过自己的劳动把价值转移到木梳上;另一次保存木材的旧价值。在把木材生产成木梳的过程中,工人是因为创造新价值而保存了旧价值,这种旧价值的保存和新价值的创造,是工人在同一时间内的同一次劳动中达到的两种完全不同的结果。这种结果是通过工人劳动的二重性来实现的。在同一时间内,就劳动的二重性属性来说,必然一方面创造价值,另一方面保存或转移价值。

工人只有通过将特有的生产劳动方式作用到特定的生产资料上,才能把生产资料价值转移到产品中去。如伐木工人通过伐木把树变成木材;做木梳的工人通过木工活把木材变成木梳;铁匠通过锻造把铁变成农具。就是说,工人只有通过具体劳动才能把劳动对象变为产品,变为新的使用价值,从而使这种新产品所消耗的各种生产资料的价值得以保存或转移。

工人保存被用掉的生产资料的价值，或把它们作为价值组成部分转移到新产品中去，并不是他消耗了一般劳动，而是由于这种劳动的消耗具有特殊的有用性质。

工人的劳动创造价值，并不在于他的劳动是木匠劳动还是打铁劳动，而是在于他的劳动是一般的、抽象的社会劳动。实际上，工人能够在产品中加进一定的价值量，并不是因为他的劳动具有某种特殊的有用性，而是因为他的劳动持续了一定的时间，消耗了一定量的人类一般劳动。因此，木梳工人的劳动，就其抽象的一般属性来说，作为耗费的人类劳动力，是把新价值加到新产品之中；而就它具体的特殊有用属性来说，是把生产资料的价值转移到新产品之中，从而把这些价值保存下来。由此，劳动在同一时间得到了商品的二重性。

我们已经知道，价值只存在于某种使用价值中，如果使用价值丧失，价值也就没了。但是，在劳动过程中发挥作用的生产资料则不一样，生产资料在丧失使用价值的同时并不丧失自己的价值，因为，在劳动过程中，生产资料丧失的只是原来的使用价值形态，新的使用价值已转移到产品中。尽管价值存在于何种使用价值中是非常重要的，然而，商品的形态变化表明，价值存在于哪一种使用价值中是没有关系的。所以，在劳动过程中，只有生产资料失掉它的独立的使用价值，同时也失掉它交换价值，价值才从生产资料转移到产品上。生产资料在劳动过程中所丧失的价值量，不会大于它们原有的价值量。所以，生产资料转移给产品的价值，决不会大于它在劳动过程中因自身使用价值的消灭而丧失的价值。如果生产资料没有价值可丧失,或者说,它本身就不是人类劳动的产品,那它就不可能有任何价值转移到产品中去。也就是说,它只能充当使用价值,而不能充当交换价值。自然界中,一切未经人类劳动加工就天然存在的生产资料,比如土地、风、水、地下的矿藏、原始森林中的树木等,都是这样。

实质上,在劳动过程中,对生产资料而言,被消耗的只是使用价值,正是消费了这种使用价值,劳动创造了产品,生产资料的价值才得以保存。生产资料价值之所以被保存下来,是因为它原先借以存在的那种使用价值被改造成另外一种使用价值。因此,生产资料的价值能够再现在产品的价值中。

但是,劳动过程的主观因素,即发挥作用的劳动力却与此不同。当工人通过他的有目的的具体劳动形式把生产资料的价值转移到产品上并保存下来的时候,工人劳动价值也被加入到了新产品中,即新价值。假设工人在生产出相当于他的劳动力价值的产品后就停止劳动,像我们前面说的,做木梳的工人只工作6小时,工人新创造的价值就恰好等于劳动力的价值。也就是说,工人创造的价值只能补偿资本家购买劳动力所支付的价值,这时候资本家付出的货币等于生产资料的价值与工人劳动力的价值之和,也就是新产品的价值。

因此,一个价值对另一个价值的补偿,是通过创造出新价值来实现的。如果单纯这样的话,资本家岂不是白忙活?当然不会,他们会在工人劳动价值和工人付出的劳动力之间添加"水分",从中获利。

劳动过程的不同因素在产品价值的形成中所起的不同作用,实质上说明了资本的不同组成部分在价值增值过程中执行着不同的职能。产品的总价值超过产品的形成要素的价值总额而形成的余额,就是价值已经增值的资本超过原预付资本价值而形成的余额。生产资料和劳动力不过是原有资本价值从货币形式转化为劳动过程的因素时所采取的不同的存在形式。转变为生产资料的资本,即购买原料、辅助材料、劳动资料的那部分资本,在生产过程中没有改变自己的价值量,被称为不变资本部分,简称不变资本。反之,变为劳动力的那部分资本,由于在生产过程中改变了自己的价值,生产出自身的等价物和一个超过这个等价物而形成的余额，即剩余价值。剩余价值本身是可以变化的，因此被称为可变资本部分，简称可变资本。

无产阶级在极其恶劣的条件下从事着繁重的工作，为资本家创造剩余价值。

资本这两个组成部分，从劳动过程的角度看，一个是客观因素，一个是主观因素。从价值增值过程的角度看，一个是不变资本，一个是可变资本。它揭开了资本家赚钱的唯一途径——剥削工人。

我们仍用前一节木梳的数字：做木梳工人每天工作8小时，劳动力日价值仍为60元，可以做400把梳子，假设所需的木材价值300元，在生产过程中用的机器的磨损及其他的一些消耗，共20元，这样资本家一共投入为：60+300+20=380元，获利20元。

我们把它再重新整理一下——

木梳工人的日价值就是可变资本：60元；

木梳工人产生的剩余价值：20元；

木材价值和机器磨损等为不变资本：300+20=320元。

关键词：不变资本　可变资本　剩余价值

第四节　剩余价值

剩余价值的生产及本质

剩余价值是可变资本的增值额，也就是资本家在买工人劳动力时的"水分"，剩余价值率就是剩余价值同可变资本的比率。剩余价值率是工人受剥削程度的准确表现。在资本主义商品生产中，剩余价值首先表现为产品价值超过它的各种生产要素价值总额而形成的余额(资本家挣的全部货币)。这给人造成一种假象，好像剩余价值是由资本家的预付资本C在生产过程中生产出来的。这种假象，掩盖了资本对工人的剥削，使工人被剥削得理所当然，资本家剥削得心安理得。

实际上，资本家的预付资本C分为两部分：一部分是用来购买生产资料而支出的货币额c，即不变资本价值；另一部分是用来购买劳动力而支出的货币额v，即可变资本价值。预付资本=不变资本+可变资本，即：C=c+v。例如，做木梳，预付资本500元，410元买木材、工具等，90元给工人发工资。在生产过程结束时的商品价值则是不变资本价值、可变资本价值和剩余价值之和。生产后资本家的资本变成：C′=c+v+m(m是剩余价值)。

由于不变资本的价值只是再现在产品中，因此，在生产过程中实际新生产的价值，同生产过程结束的产品价值是不同的。新生产的价值产品只是商品价值构成的一部分，它是在劳动过程中新创造的价值，这一部分价值，等于可变资本价值加剩余价值。在生产过程中，剩余价值是可变资本的价值增值，是可变资本变化的结果。

实际上，剩余价值只是可变资本转化为劳动力后资本部分发生价值变化的结果。也就是说，剩余价值只是可变资本增值的结果。但是，剩余价值生产的实质却被资本主义商品生产的表面现象掩盖了，由于可变资本的增加，全部预付资本也随着增加。全部预付资本以前是500元，现在资本到了590元。好像剩余价值不是由可变资本生产的，而是由全部预付资本生产的。因此，要对资本主义商品生产过程进行全面分析，必须把产品价值中属于不变资本价值的那一部分完全抽去。

资本家追逐的剩余价值是工人剩余劳动时间的凝结。19世纪英国毛纺织业十分发达，这幅插图展示了英国纺织厂中女工的生产情景。

假定不变资本等于零，预付资本就从c+v简化为v，产品价值c+v+m就简化为v+m。假定产品价值为180元，扣除其中90元可变资本的价值，剩余价值就是90元。这个数字是剩余价值的绝对量，而其相对量，即可变资本价值增值的比率，则由剩余价值与可变资本的比率来决定(用m/v来表示)。上例中，剩余价值的相对量是100%。可变资本的这种相对价值增值或剩余价值的相对量，叫作剩余价值率，其计算公式是：

剩余价值率＝剩余价值／可变资本。

剩余价值率还可由剩余劳动和必要劳动的比率来表示。

工人的工作日分为两部分。一部分工人只是用来生产自己劳动力的价值，或者说只是用新创造的价值来补偿资本家可变资本的价值。所以，这种价值的生产就表现为再生产，我们把这种进行再生产的工作日部分称为必要劳动时间，在这部分时间内耗费的劳动称为必要劳动。这种劳动对工人来说是必要的，因为不论什么社会形式，工人都需要再产生自己劳动力所必需的生活资料。这种劳动对资本和资本世界来说也是必要的，因为，工人的正常存在是资本世界存在的基础，没有雇佣劳动就没有资本，资本家还要用这个幌子维持他们剥削的本质。

另一部分是工人超出必要劳动的界限而工作的时间。这段时间虽然耗费工人的劳动力，但只为资本家形成剩余价值。我们将工作日的这部分称为剩余劳动时间，这段时间内耗费的劳动称为剩余劳动。这段时间的劳动，工人是得不到工资的。把剩余价值看作只是剩余劳动时间的凝结，只是对象化的剩余劳动，对于认识价值本身具有决定性的意义。因为，它在揭示剩余价值的性质和来源的同时，还指明了资本主义社会剩余劳动的特点。尽管剥削制度不同，但剥削阶级对直接生产者剥削的内容则完全相同——都是榨取剩余劳动。它们的区别也只是榨取剩余劳动的形式不同而已。奴隶社会是直接在奴隶身上榨取剩余劳动，资本主义社会则是通过剩余价值的形式在工人身上榨取剩余劳动。资本主义社会的剥削更加隐秘，更能使被剥削人(工人)接受，从而为资本家挣更多的货币。

由于可变资本的价值等于它所购买的劳动力的价值，而劳动力的价值决定工作日的必要劳动时间，剩余价值又由工作日剩余劳动时间决定，所以，由此可以得出：

剩余价值率 = 剩余价值 / 可变资本 = 剩余劳动力 / 必要劳动力。

剩余价值率的这两个比率是把同一种关系表现在两个不同的形式上：一个是物化的劳动的形式，一个是活的劳动的形式。因此，剩余价值率是资本家的剥削率，是工人受资本家剥削程度的准确表现。

工人一旦工作，就会为资本家创造剩余价值。想想那些资本家利用工人得到了多少价值？

> 关键词：剩余价值　剩余价值率　必要劳动时间　必要劳动　剩余劳动

工作日

为了更清楚地认识资本主义社会的剥削本质，我们假定劳动力是按照它的价值买卖的。劳动力的价值和其他各种商品的价值一样，是由生产它所必需的劳动时间决定的。按照这个假定，如果工人生产一天生活资料的时间为6小时，那么，工人每天就要劳动6小时来生产他的劳动力(或者说生产出他出卖劳动力所得到的价值)。这样，他的必要工作时间就是6小时，因此，在其他条件不变的情况下，必要工作时间是一个定量。但是，由此还不能确定工作日本身的量。

我们用"a—b"表示必要劳动时间(假定是6小时)，再假定劳动分别超过ab线1小时、3小时、6小时不等，我们就得到3条不同的线：

工作日1：7小时工作日　a————————b——c

工作日2：9小时工作日　a————————b————c

工作日3：12小时工作日　a————————b————————c

　　这3条线分别表示3种不同的工作日：7小时工作日、9小时工作日和12小时工作日。延长线bc表示剩余劳动的长度。其中，ab是必要劳动时间，bc是剩余劳动时间，ac为工作日。在这里，工作日随着变量bc的变化而变化。因为必要劳动时间ab是已知的一个定量，所以，bc与ab之比是可以计算出来的：工作日1中bc与ab之比是1∶6；工作日2中bc与ab之比是3∶6；工作日3中bc与ab之比是6∶6。由于这个比率决定剩余价值率，所以，知道这两条线段之比，就可以计算出剩余价值率。以上3种工作日，剩余价值率分别为16.33%、50%和100%。但是，仅仅知道剩余价值率，并不能确定工作日的长度。因此，这个剩余价值率只能表明工作日的两个组成部分（即必要劳动和剩余劳动）的比例关系，但并不表明每一部分各有多大。

　　工作日是指劳动者在一天内劳动的时间。工作日由必要劳动时间和剩余劳动时间构成。工作日是一个可变量，其中的一部分固然是由不断再生产工人本身所必需的劳动时间决定的，但是它的总长度随着剩余劳动的长度或持续时间而变化。因此，工作日（天数）是可以确定的，但是它本身（工作日的长度）是不定的，资本家可以通过改变工作日的长度来改变对工人的剥削程度。

资本主义快速发展，工人们的生活状况却更加恶化。

虽然不是固定的量，但是，工作日却只能在一定的界限内变动。

工作日的最低界限是无法确定的，当然，假定剩余劳动时间等于零，我们也可以得出一个最低界限，也是一个理想界限，即工人为维持生活的需要而在一天中必须从事必要劳动的那部分时间。资本家决不会同意自己榨取不到剩余价值。因此，资本主义制度下，工作日绝不会缩短到这个最低限度。

工作日还有一个最高界限，它绝不能超出这个最高界限。这个最高界限取决于两个方面。第一是劳动力的身体界限，即生理界限。在一天24小时内都占有雇佣工人的劳动，从生理上来说是不可能的。工人每天必须有一部分时间用来休息、睡觉、吃饭、盥洗、穿衣等，以满足身体的其他需要；第二是道德的界限，即社会界限。工人必须有一定的学习文化、照顾家庭以及参加社会活动的时间，以满足精神的和社会的需要，这种需要的范围和数量由社会的文化状况决定。因此，工作日的长度是在身体界限和社会界限之内变动的。但是，这两个界限有极大的弹性和变动余地。例如，我们看到有8小时、10小时、12小时、14小时、16小时、18小时的工作日，也就是说，工作日的长度是多种多样的，但它始终遵循着这样的规律：

最低界限＜工作日＜最高界限。

资本家按照劳动力的日价值购买了工人的劳动力，在一个工作日内，劳动力的使用价值归资本家所有。因此，资本家有权消费他购买的劳动力，即强迫工人在一日之内为他做工。什么是一个工作日呢？一个工作日肯定比一个自然生活日（24小时）短。但是，短多少呢？对于自然生活日和工作日的必要界限，资本家有他自己的看法。作为资本家，他已成为人格化的资本。资本家的灵魂只有两个字：剥削。而资本只有一种生活本能，那就是通过剥削实现增值，获取剩余价值。资本用自己的不变部分即生产资料尽可能多地剥削剩余劳动。资本是死的，它像吸血鬼一样，只有吮吸工人的劳动才有生命。资本吮吸的劳动越多，它的生命力越旺盛。因此，工人劳动的时间就是资本家消费他所购买的劳动力的时间。

工作日长度的界限弹性很大，我们暂且撇开不谈。就商品交换的本质来说，它并没有给工作日规定任何界限，因而也就没有给剩余劳动规定任何界限。作为劳动力的购买者，资本家要坚持使用他已购买的劳动力的权利，他总是最大限度地延长工作日，如有可能，他恨不得把一个工作日变成两个工作日。作为劳动力的出卖者，工人也要坚持他的权利，要求把工作日限制在一定的正常量内。于是买者的权利同卖者的权利相对抗，而这两种权利都是被商品交换规律所承认的，即二律背反。所以，在资本主义生产的历史上，工作日的正常化进程，就表现为工人阶级不断为反对延长工作日而进行的斗争，这是整个资产阶级和整个工人阶级之间的斗争。

资本并没有发明剩余劳动。只要是在生产资料被少数人垄断的地方，所有劳动者，无论是自由的劳动者还是不自由的劳动者，都必须在维持自身生活所必需的劳动时间以外，追加超额的劳动时间来为生产资料的所有者生产生活资料。

在商品经济不够发达，自给自足的自然经济在社会经济形态中占优势的时候，生产资料的垄断者是以获取使用价值为目的的，因此，剩余劳动就会受到需求范围的限制。但是，当社会经济发展到资本主义阶段，剩余劳动产品采取交换价值形式的时候，资本主义的生产性质本身就会形成对剩余劳动的无限制的追求。例如，美国南部各州盛产棉花，当生产的目的主要是为满足本地需要时，黑人劳动还带有一种温和的家长制的性质。但随着棉花以交换价值的形式出口，直接为这些州带来经济效益时，资本家追加的超额劳动就会使黑人喘不过气来，过度的劳动使有的黑人只工作几年就把生命耗尽。这个时候，资本家榨取的已经不是一定量的有用产品，而是要榨取剩余价值本身，因此，他们对剩余劳动的贪婪是无止境的。

实质上，历史上的生产资料垄断者，都是占有生产资料，强迫劳动者为他们提供剩余劳动，只不过他们榨取剩余劳动的形式不同而已。在资本主义社会，假定工厂工人的工作日由6小时必要劳动和6小时剩余劳动组成，那么，自由工人每周为资本家提供的剩余劳动就是36小时。这等于他每周为自己劳动3天，又为资本家白白地劳动3天，只是这种情形将剩余劳动和必要劳动融合在一起，工人工作一天资本家就发一天的工资，一般情况下是觉察不出来的。

资本家延长工作日，无限度地压榨剩余劳动，像狼一般的贪婪。这正如一个英国资产阶级经济学家所说的那样：工厂主贪得无厌，他们追逐利润时犯下的罪行，与西班牙人征服美洲追逐黄金时犯下的买卖黑奴、鞭笞黑奴、贩卖人肉的暴行相比，有过之而无不及。我们举几个发生在资本主义国家关于剥削的真实例子，来充分认识资本家的本性：

威廉·伍德，9岁，从7岁零10个月就开始做工，具体工作是"运模子"，就是把已经入模的坯子搬到干燥房，再把空模搬回来。每周天天早晨6点上工，晚上9点左右下工。"我每周天天都干到晚上9点钟。最近8个星期都是这样。"就是说，一个9岁的孩子每天竟要劳动15小时。

詹·默里，12岁，他说："我干的是运模子和转辘轳，我每天早晨6点钟上工，有时4点钟上工。昨天，我干了一整夜，一直干到今天早晨6点钟，我从前天夜里起就没有上过床。除我以外，还有八九个孩子昨天都干了一整夜。我一个星期挣3

这幅插图描绘了1848年在伦敦工厂干活的童工，以及正在辱骂、殴打他们的工头。

先令6便士。昨天，我整整干了一夜，也没多得到一个钱，上星期我就整整干了两夜。"

由于劳动时间过长，陶工的寿命特别短。他们一般都是身材矮小，发育不良，而且胸部往往是畸形的。他们迟钝而又贫血，常患消化不良症、肝脏病、肾脏病和风湿症，体质极为虚弱。他们最常患的还是胸腔病、肺炎、肺结核、支气管炎和哮喘病。有一种哮喘病是陶工特有的，通称陶工哮喘病或陶工肺结核，患这种病的陶工占2/3以上。

除陶器业外，英国火柴制造业压榨劳动力的情况也十分严重。自1833年发明用木梗涂磷的办法后，火柴制造业便在英国迅速地发展起来，并很快就由人口稠密的伦敦地区传到曼彻斯特、伯明翰、利物浦、布利斯托尔、诺里奇、新堡、格拉斯哥等地，它同时也使火柴工人的职业病——牙关锁闭症蔓延到各地。火柴工人中有一半是13岁以下的儿童和不满18岁的少年。火柴制造业有害健康，令人生厌，所以，工人阶级中只有那些最不幸的人，饿得半死的寡妇等，才肯把衣衫褴褛、饿得半死、无人照管、未受教育的孩子送去干这种活。1863年，在议会调查询问过的证人当中，有270人不满18岁，40人不满10岁，10人只有8岁，5人只有6岁。工作日12小时、14小时或15小时不等，此外还有夜间劳动，没有固定的吃饭时间，而且多半是在充满磷毒的工作室里吃饭……

从价值增值过程来看，不变资本即生产资料的存在，就是为了榨取劳动，还榨取一定比例的剩余劳动。有一种相对缓和的办法，可以大致满足资本家吮吸劳动者鲜血的欲望，那就是把工作日延长到自然日的界限以外——夜间。在一天24小时内都占有劳动者的劳动，一天24小时都能榨取到剩余价值。这是资本主义贪婪的本质，资本家会想方设法达到这个目的。但是一天24小时日夜不停地榨取同一劳动者，从生理条件上说是不可能的。为了榨取更多的剩余劳动，资本家找到了一个克服生理障碍的办法，那就是让白天被吸尽鲜血的劳动者和夜里被吸尽鲜血的劳动者交替换班工作。换班有多种办法，比如，让一部分工人这个星期做日班，下个星期做夜班等。这种换班制度，现在已经被世界各地不同体制的国家所接受。这样，一天24小时昼夜不停的生产过程，为资本家打破名义上的工作日界限提供了极大的方便。

　　什么是一个工作日呢？资本支付的劳动力日价值，究竟可以在多长的时间内消费劳动力呢？在劳动力本身的再生产所需要的劳动时间以外，究竟可以把工作日再延长到什么程度呢？对这些问题，资本的回答是：工作日就是一天24小时减去几小时休息时间。不言而喻，工人终身都是劳动力，按照自然和法律，工人的全部可供支配的时间都是劳动时间。也就是说，人的劳动力应该全部用于资本的自行增值。至于个人受教育的时间、发展智力的时间、履行社会职能的时间、进行社交活动的时间、自由运用体力和智力的时间，以及星期日的休息时间等等，对资本来说全都是废话。资本家贪得无厌，不管劳动力的寿命长短，只想把工人变成只会干活的机器……

　　14世纪中叶到17世纪末叶是资本主义发展的最初阶段，这一阶段，生产技术以手工劳动为特征，要大力发展生产，只有不断增加劳动量。这时，资本家主要通过延长工作日来提高剥削程度。由于资本无限度地追逐剩余劳动，像狼一样贪婪，这种贪婪，不仅突破了工作日的道德极限，而且突破了工人的身体极限。它侵占了人的身体成长、发育和维持健康所必需的时间。工作日的界限，不是由维持劳动力的正常状态所必需的休息时间来规定的，而是由对劳动力每天最大限度地压榨来规定的。这种情况下，势必缩短工人的寿命。但是，资本是不管工人寿命的，它唯一关心的是：如何在一个工作日内最大限度地消费劳动力。它通过缩短工人的寿命来达到这一目的，这与贪得无厌的地主、奴隶主没有区别。因此，资本主义生产的实质，就是剩余价值的生产，就是对剩余劳动的榨取。

　　劳动力的价值包含工人再生产或延续后代所必需的生活资料的价值。由于资本无限度地追逐剩余价值，必然使工作日延长到违反自然的程度，从而使工人的寿命缩短，使工人劳动力发挥作用的时间缩短。同时，已经消费掉的劳动力必须要迅速地进行补偿。这样，在劳动力的再生产上就要投入更多的费用。我们假设，一个人从出生、接受教育，到能够付出劳动创造价值需要10万元。在资本的无限压榨下，其寿命缩短，只工作了10年，而在一定程度上给予工人适当的休息，使其寿命延长，工作30年，那么一个工人就节省了两个人的成长所需的费用。正像一台机器，磨损得越快，每天要再生产的那一部分机器价值也就越大。因此，资本为了自身的利益，本身也需要规定一种正常工作日，来延长劳动力发挥作用的时间。但是，对于单个的资本家来说，他所关心的只是个人的发财致富，而不会关心劳动力的衰退将给资本主义生产方式带来什么样的恶果。所以，作为资本家，他决不会自动限制工作日。在资本主义社会，正常工作日的规定，是几个世纪以来工人和资本家之间长期斗争，不断为各自争取权益的结果。

资本主义进入机器大工业生产阶段后，资本家加强了对工人的剥削，最大限度地延长工作日。资本对劳动者的残酷剥削和沉重压迫，激起了工人阶级的激烈反抗。他们坚决反对过度地延长工作日，并由此开展了一系列争取正常工作日的斗争。但是，斗争的历史表明，在资本主义的成熟阶段，工人是无力反抗资本压榨的。因此，正常工作日的确立，是工人阶级同资产阶级进行长期的或隐斗或显斗的产物。这种斗争，首先开始于现代工业的发源地英国。英国工人不仅是英国工人阶级的先进战士，而且是全世界工人阶级的先进战士。

从19世纪初开始，英国工人阶级经过几十年长期的、反复的斗争，终于迫使资产阶级的议会通过了一系列工作日法案。

1848年法国二月革命中，工人提出了12小时工作日制度。在法国工人阶级的坚决斗争下，法国也颁布了缩短工作日的法令。尽管这个法令没有《英国工厂法》完备，但它是通过革命斗争方式得到的，因而具有独特的优点。这个法令给所有的作坊和工厂毫无区别地规定了同样的工作日界限，为工人的工作、休息的时间争取了相对公平的比例。

为了使自己不再通过自愿与资本缔结的契约而把自己和后代卖出去送死或受奴役，全世界工人阶级必须团结起来，作为一个阶级向资产阶级做坚决斗争，才能争得一个正常工作日。

反映 19 世纪中叶法国铁路工业发展兴盛的绘画。

经过了长期的、坚决的斗争，1886年5月1日，美国大约35万名工人举行的大罢工获得了8小时工作制的权利。

目前，世界各国普遍实行每天8小时，每周工作40小时工作制。工业发达的国家多实行小时工资制，日工作时间多短于8小时。有些国家也不同：新加坡的法定工作时间是每周44小时；法国的法定工作时间是每周35小时；加拿大的法定工作时间是一周48个小时……

尽管各个国家的法定工作时间有所不同，但是已经大大好于资本主义初期混乱的、不管工人承受能力而随便强加给工人的劳动时间，走向了一个良性发展的阶段。

> 关键词：工作日　二律背反　剩余劳动

资本主义工资

工人劳动，只有一个目的，那就是工资。工资是劳动力价值或价格的货币表现形式。但是，在资本主义社会，工资并不是直接表现为劳动力的价值或价格，而是表现为劳动的价格。资产阶级经济学家把劳动价值的货币表现叫作劳动的必要价格或自然价格。另外，资产阶级经济学家还提出，受劳动供求关系的影响，社会还会形成一个劳动的市场价格，这种市场价格围绕着劳动的必要价格而上下波动。若市场上缺少工人，资本家会相应提高工资以吸引工人；若市场上失业工人较多，工人急于找工作，则资本家就会降低工资，同样能招到工人。

实际上，工资是不可能表现劳动的价值或价格的。因为，劳动不是商品，也就无所谓价值或价格。商品的价值是由凝结在商品中的人类一般劳动形成的，商品的价值量是用生产商品所耗费的劳动量来计量的。如果说劳动是商品，有价值，那么，一个12小时的工作日价值又由什么来决定呢？如果说一个12小时的工作日价值是由12个劳动小时决定的，这是同义语反复，毫无意义。

劳动作为商品要在市场上出卖，必须在它出卖之前就已经存在。但是，如果工人能够使它的劳动独立存在，那么，工人出卖的就是物化劳动，即出卖的是商品而不是劳动。

举个例子，假定12小时工作日的货币价值为6元，如果实行等价交换，工人用12小时劳动就能够获得6元货币，工人劳动的价格就等于他的产品的价格。如果这样，工人就没有为资本家创造剩余价值，这6元货币就不能转化为资本。资本家得不到利益，就不会组织生产。如果不实行等价交换，即劳动按照低于它所创造的价值卖给资本家，则又违背了价值规律。

在商品市场上，同资本家直接对立的不是劳动，而是工人。工人出卖的是他的劳动力而不是劳动。当劳动在实际上已经开始的时候，它就不再属于工人，因而工人也不可能再出卖自己的劳动了。所以，劳动是价值的实体和内在尺度，但是它本身没有价值。

工资是劳动的价值或价格的提法虽然荒谬，但在资本主义的现实生活中，作为劳动力的价值，工资的确在形式上表现为劳动的价值或价格。

18世纪60年代，工业革命开始于英国，这场空前规模的技术革命，使英国先后建成了纺织、钢铁、煤炭、机器制造和交通运输五大工业部门，到19世纪50年代取得了世界工业和贸易的垄断地位。经济的发展促进了西方经济学的发展。

　　这是因为，劳动力的日价值是根据工人的一定寿命来计算的，而同工人的一定寿命相联系的是一定长度的工作日。假定一个普通工作日是12小时，劳动力的日价值是3元，这3元是6个劳动小时的价值的货币表现。如果工人获得3元，资本家也就获得了在12小时内执行职能的劳动力的价值。这时，如果把劳动力的日价值当作日劳动的价值来表现，就会得出这样一个公式：12小时的劳动等于3元价值。也就是说，这3元的劳动力价值，好像变成了12小时劳动的报酬，这样一来，劳动力的日价值就表现为一日劳动的价值了。

　　既然劳动的价值只是劳动力价值的不合理用语，那么，劳动的价值必定小于劳动的价值产品，因为，资本家是要从中吸取剩余价值的。在上例中，我们得到一个荒谬的结果：创造6元价值的劳动=3元的价值。其中的3元已经被资本家无情占有了，这就是资本家隐藏在生产中的、剥削工人的秘密。劳动力价值采取工资的形式，抹平了工作日分为必要劳动和剩余劳动、有酬劳动和无酬劳动的一切痕迹,工人的劳动全都表现为"有酬劳动";劳动力价值表现为工资的形式,巧妙地掩盖了资本对劳动的剥削关系。

因此,资本主义社会的雇佣劳动比封建社会、奴隶社会更有欺骗性,更容易让被剥削者从心理上接受。在封建劳动中,服徭役者为自己的劳动和为地主的劳动,在时间和空间上都有着十分明显的界限。在奴隶社会,奴隶的全部劳动都表现为无酬劳动,连奴隶用来生产自己生活资料的那部分工作日,也表现为是为奴隶主进行的劳动。而资本主义社会的雇佣劳动,则是工人的剩余劳动或无酬劳动全部表现为"有酬劳动"。奴隶社会的所有制关系掩盖了奴隶为了自己的生存而必需的必要劳动,而雇佣劳动中,货币关系掩盖了雇佣工人的无偿劳动。

在资本主义生产过程中采用工资形式,工人和资本家之间的"自由、平等、权利"之类的法权观念得到认可。资产主义生产方式的所有神秘性、资产阶级庸俗经济学家为雇佣劳动制度辩护的一切遁词,都是以这个表现形式为依据的。

> **关键词:工资 有酬劳动**

资本主义工资的两种基本形式

资本主义的工资有多种多样的形式:年薪、月薪、周薪、日薪、小时工资等;作家写一篇文章按字数领薪酬;画家画一幅画,拍卖得到报酬;吹糖人的艺人,卖出一个糖人就得到一份酬劳;裁缝做一件衣服得一份酬劳……随着时间的推移和社会的发展,形形色色的工资形式还会不断地增加、改变。这里我们就对占统治地位的两种基本形式做一个简单的说明。

资本主义工资有两种基本形式:计时工资和计件工资。

计时工资

计时工资是工资的最基本形式，我们生活中也有，最常见的是钟点工、临时工等，是劳动力价值和价格的直接转化形态。劳动力通常都是按一定时间来出卖的，这种按照劳动时间长短来支付的工资就是计时工资。出卖劳动力的时间可以是一月、一周、一日或一小时，因此，就有月薪、周薪、日薪和小时工资。这些工资是劳动力在某一段时间内价值的转化形式。

工人通过一日劳动、一周劳动所得到的货币额，形成他的名义上的"按价值计算的"工资额。但是，工作日的长短不同，工人每天所提供的劳动量不一样，因此，同样的日工资、周工资可以有不同的劳动价格，也就是说，可以对同量的劳动支付不同的货币额。所以，考察计时工资，必须先把工资总额即日工资、周工资等的总额和劳动价格区别开来。

什么是劳动价格呢？所谓劳动价格，就是工人出卖劳动力所获得的劳动报酬。劳动价格是用劳动力的日价值除以平均工作日的小时数而得出的。劳动价格是计时工资的单位尺度，日工资、周工资，就是用劳动小时为单位来计算的。这只是一个简单的乘除法：

劳动价格＝劳动日价值/平均日工作小时数

工资＝劳动价格 × 总工作小时数

要考察资本家如何利用计时工资来剥削工人，必须把工资总额、劳动价格和工作日长度三个方面联系起来。三者的关系有以下几种情况：

1. 劳动价格和工作日长度改变，日工资、周工资不变。

例如，一个普通工作日是10小时，劳动力的日价值是12元。那么，劳动价格就是1.2元/小时。如果把工作日延长到12小时，劳动价格就降到1元/小时；如果工作日延长到15小时，劳动价格就降到0.8元/小时。日工资、周工资都保持不变。

与此相反的是，在劳动价格不变甚至下降的情况下，日工资或周工资可以提高。还是同样上面的例子，劳动价格是1.2元/小时。如果把工作日延长到12小时,工人日工资就会增加到1.2元/小时 × 12小时=14.4元,但劳动价格没有发生变化。

因此,在提高日工资或周工资的同时,劳动价格可以保持不变或者下降。

2. 在增加日工资、周工资的情况下,如果延长工作日,劳动价格只能保持原来水平。

如果劳动价格或劳动小时的价格不变,而延长工作日的长度,这种情况就会发生。

劳动价格1.2元/小时不变,日工资增加到14.4元,劳动时间也从原来的10小时延长到12小时,资本家延长工人的工作日,尽管提高了工人的日工资总额,但是劳动价格却没有发生变化,就是说,工人受剥削的程度没有减轻。

3. 在增加日工资、周工资的情况下,如果延长工作日,劳动价格还会降低到它的正常水平以下。

例如,日工资由12元增加到12.6元,但劳动时间由12小时延长到14小时,劳动价格就由1.2元/小时下降为0.9元/小时。

这说明,资本家延长工人的工作日有一个界限,如果超过这个界限,即使提高工人的日工资,劳动价格不但不会提高反而还会下降。

欧文认为劳动才是衡量价值的真正尺度,并在1832年推出"劳动兑换券"。这样,商品的买卖价格就由制造该产品具体所花费的时间而定,但该计划就不久就宣告失败。

计件工资

计件工资是计时工资的一种转化形式，就像计时工资是劳动力的价值或价格的转化形式一样。

在实行计件工资的地方，容易产生这样一种假象：好像工人出卖的使用价值不是他的劳动力，而是已经物化在产品中的劳动，并且，这种物化劳动的价格也不像计时工资那样是由劳动价格来决定，而是由劳动者的工作效率来决定。这一假象掩盖了计件工资是计时工资的转化形式的真相。

实际上，计件工资的形式同计时工资的形式一样，都是不合理的，它们只是两种不同的工资形式而已。计件工资和计时工资不但可以在同一行业中同时并存，而且还可以同时并存于同一行业的同一种劳动中。计件工资和计时工资都是以劳动时间来计量的，不同的是：计时工资是用直接的劳动持续时间来计量；而计件工资则是间接地通过一定时间内生产的产品的数量来计量(即：小时/件)。就是说，计件工资是用工人的日工资除以工作日内完成的产品件数而得出的。因此，计件工资是计时工资的转化形式。

计件工资有以下特点：

1. 实行计件工资，产品质量成为支付计件价格的前提。

用来计量的产品必须具有平均的质量，也就是一个统一的标准，这样，计件价格才能得到完全的支付。在实行计件工资的地方，资本家常以工人生产的产品达不到质量要求而任意克扣工人工资。因此，从这个方面说，计件工资是克扣工资和进行资本主义欺诈的最丰富的源泉。

2. 计件工资为资本家提供了一个十分精确的计算劳动强度的尺度。

在生产过程中，资本家预先规定一个劳动时间作为社会必要劳动时间，并以这种劳动时间来计算报酬。如果工人没有平均的工作效率，也就不能提供最低限度的日劳动，工人就会被解雇。

3. 劳动质量和强度是由工资形式本身来控制的，资本家省去了大部分对劳动监督工作的资本消耗。因此，计件工资既形成了现代家庭劳动的基础，同时也为在资本家和雇佣工人之间的中间剥削者的形成奠定了基础。

4. 实行计件工资，将会使工人为了获得更多的报酬而拼命工作，提高工作效率，这使资本家很容易就能达到提高劳动强度和延长工作日的目的，从而榨取更多的剩余价值。

工人是永远算计不过资本家的。延长工作日是可以提高工人的日工资或周工资，同时也会引起我们研究计时工资时已经指出过的反作用，即在计件工资保持不变的情况下，工作日的延长本身就包含着劳动价格的下降。

所以，我们可以得出这样一个结论：计件工资是最适合资本家剥削工人的工资形式。

无论是计时工资，还是计件工资，工人都摆脱不了被资本家剥削剩余价值的命运。

> 关键词：计时工资　计件工资　劳动价格

工资的国民差异

我们已经知道，工资是劳动力的价值或价格的外在表现形式，工资的运动规律就是劳动力的价值或价格的运动规律。

但是，在不同的国家，或在同一国家的不同时期，决定劳动力价值的因素也是各不相同的。因此，比较资本主义各国工资的差异，必须考虑决定劳动力价值变化的一切因素。这些因素包括：在社会历史发展过程中形成的各种自然因素，劳动者必需的生活资料的价格和范围、工人受教育的费用、妇女和儿童参加劳动所产生的作用、劳动生产率的发展状况以及劳动的外延量和内涵量……我们常听说的最低工资标准，简单说，就是能够维持工人生活的最底线，这条线是多少？我们举个例子来了解：欧盟成员国之间最低工资标准相差有17倍之高。保加利亚月最低工资收入为92欧元；卢森堡则高达1 570欧元，是前者的17倍。实际上，在保加利亚、捷克到爱沙尼亚的东欧国家，最低工资水平均不超过300欧元，越往西，从爱尔兰到荷兰，最低工资则接近1 200欧元。

19世纪英国工业发展迅速。

　　所以，哪怕是做一个最肤浅的比较，首先也应该把不同国家同一行业的平均日工资转化为长度相等的工作日。除此而外，还必须把计时工资转化为计件工资，因为不同的国家，或在同一国家的不同时期的生产力不尽相同。如：一把木梳，在A国的社会必要劳动时间是10分钟，B国很可能就是15分钟，那么单位时间内的劳动力价值就一定不同，所以，只有计件工资才是计算劳动生产率和劳动内含量的尺度。

　　一个国家的不同工厂生产同一物品（木梳）的生产力不同，所用的劳动时间也不尽相同，但是每一个国家都会以国内中等劳动强度的平均数作为计算尺度，只有高于中等劳动强度的社会必要劳动时间才决定商品的价值。在中等劳动强度以下的劳动，所耗费劳动时间要多于社会必要劳动时间，因而不能把它作为正常质量的劳动。在一个国家内，只有超过社会中等劳动强度以上的劳动强度，才能够改变单纯按劳动的持续时间来进行的价值计量。

但世界市场则与此不同。每个国家都有一个中等的劳动强度，国家不同，劳动的中等强度也就不一样。国际市场上商品的价值是以世界中等劳动强度的平均数作为计算尺度的。因此，在同一时间内，强度较大的国民劳动将比强度较小的国民劳动生产出更多的价值，即能够获取更多的货币。

但是，价值规律在国际上的应用，不仅受劳动强度的影响，还受到劳动生产率的影响。只要劳动生产率较高的国家没有因为竞争而降价，特别是没有把商品的出售价格降低到和商品价值相等的程度，那么，生产效率较高的国民劳动在世界市场上仍被认为是强度较大的劳动。

在资本主义社会，一个国家的生产越发达，它的国民劳动强度和劳动生产率就越超过国际水平。因此，不同国家在相同的劳动时间内所生产的同种商品的数量会不同，可以有不同的国际价值，就是说，可以表现为不同的价格，即按各自的国际价值而表现为不同的货币额。举例来说，假定生产某一商品的社会必要劳动时间为2小时，国际价值表现为2元货币。如果发达国家12小时能生产6件商品，而不发达国家12小时只能生产3件商品，那么，在世界市场上，发达国家可以获得12元货币，而不发达国家只能获得6元货币。这说明，同一劳动时间生产的商品，发达国家可以表现为较多的货币，不发达国家只能表现为较少的货币。所以，就货币的相对价值来说，前者小于后者。由此可以得出结论：资本主义发达国家的名义工资比不发达国家高，但绝不是说，实际工资也是这样。在资本主义社会，实际工资可能高，也可能不高。所谓实际工资，既包括实际工资的绝对量，还包括实际工资能否补偿劳动力消耗的那部分价值。由于资本主义发达国家劳动强度和劳动生产率较高，工人的日工资、周工资比不发达国家要高，而劳动价格，即同剩余价值和产品价值相比较的劳动价格却比较低。

资本主义发达国家工人的名义工资虽然看起来较高，但由于劳动强度和劳动生产率高，说明资本家占有的剩余价值也就更多。如下是世界各国及地区居民人均工资一览表。

世界各国及地区居民人均工资

国家及地区	居民人均工资	国家及地区	居民人均工资
美国	36 000美元	阿根廷	3 700美元
英国	25 000英镑	巴西	3 000美元
德国	25 000欧元	沙特阿拉伯	8 500美元
越南	430美元	墨西哥	6 000美元
肯尼亚	360美元	蒙古	430美元
新加坡	60 000新币（约37 500美元）	韩国	1200万韩元（约12 000美元）
中国台湾	360 000台币（约12 000美元）	日本	350 000日元（约35 000美元）
中国	8 000人民币（约1 000美元）	俄罗斯	36 000卢布（约1 200美元）
马来西亚	15 000马币（约4 000美元）	印度	22 000卢比（约500美元）

关键词：工资　计算尺度　实际工资

第五节　剩余价值率和剩余价值量

假定劳动力的价值，即再生产或维持劳动力的必要劳动时间，是一个已知的不变量。

根据这个假设，就知道剩余价值率，同时也就可以知道一个工人在一定的时间内为资本家提供的剩余价值量。例如，一天工作6小时，如果必要劳动为3小时，表现为金额1元，那么，1元就是一个劳动力的日价值，或者说，是购买一个劳动力所预付的可变资本。如果剩余价值率是100%，那么，这1元的可变资本就可以生产1元的剩余价值量，或者说，工人每天提供3小时的剩余劳动量。

可变资本是资本家购买全部劳动力的总价值的货币表现。如果一个劳动力的日价值是1元，那么。每天雇用100个劳动力，就必须预付100元的资本，如果要雇用n个劳动力，就必须预付n元的资本。所以：可变资本价值＝劳动力平均价值 × 劳动力总数。

在劳动力价值定量的情况下，可变资本的量同雇用的工人人数成正比。如果1元的可变资本是一个劳动力的日价值，每天可生产1元的剩余价值。

那么：

可变资本	剩余价值
1元	$1 \times 1 = 1$元
100元	$1 \times 100 = 100$元
n元	$1 \times n = n$元
…	…

这幅名为《剥削者》的壁画描绘了资产阶级对工人阶级的残酷剥削，以及工人的艰难处境。

所以：剩余价值＝一个工人在一个工作日生产的剩余价值×工人总数。

另外，在劳动力价值作为定量的情况下，一个工人生产的剩余价值量是由剩余价值率决定的。由此可以得出第一个规律：剩余价值＝预付的可变资本量×剩余价值率。

或者说，剩余价值等于一个劳动力的剩余价值乘以这个资本家同时剥削的劳动力的总数。从这个规律中，可以得出如下结论：生产一定量的剩余价值时，一种因素的减少可以由另一种因素的增加来补偿。如果可变资本减少，剩余价值量则可由剩余价值率按同一比例提高而保持不变。上例中，假设一个资本家每天要雇用100个工人，就必须预付100元，如果剩余价值率是50%，那么，这100元的可变资本就可生产50元的剩余价值，或100×1.5个劳动小时的剩余价值。用时间来计算也是一样：工人每天提供6小时的剩余劳动量，剩余价值率是100%；那么1.5小时的剩余劳动量，剩余价值率就是50%。

如果剩余价值率提高一倍，或者工作日从6小时延长至9小时，尽管可变资本由100元减少到50元，但这50元的可变资本仍可生产50元的剩余价值。

可变资本的减少，可以用提高劳动力受剥削程度的比例来补偿。或者说，雇佣工人人数的减少,可以用按比例地延长工作日的方式来补偿。所以,在一定范围内,资本所能榨取的剩余价值,并不完全取决于劳动力人数的多少。反之,如果剩余价值率降低了,只要增加可变资本的数量,或者按比例增加雇佣工人的人数,所生产的剩余价值量仍然不变。

但是,靠提高剩余价值率或延长工作日来补偿工人人数的减少,是有一定界限的。

无论劳动力的价值如何,无论必要劳动时间是2小时还是10小时,一天的时间是固定的,一个工人每天的劳动时间总是小于24小时,而且,工人的劳动时间也不可能全是剩余劳动时间。上例中我们假定,3小时的劳动等于一个劳动力的日价值,或者说,要补偿购买劳动力所预付的资本价值,每天需要劳动3小时。如果资本家将工作日延长到6小时,在剩余价值率为100%的条件下,资本家用500元的可变资本,使用500个工人,每天可生产500元的剩余价值,或3×500个劳动小时的剩余价值。如果资本家将工作日延长到9小时,尽管剩余价值率变为200%,但资本家将工人从500人减少为100人,这时工人只能生产200元的剩余价值,或6×100个劳动小时的剩余价值。资本家不可能将工作日延长到24小时,从而使剩余价值率将提高到700%,即使可能,工人也只能生产700元的剩余价值,还比不上原来500个工人在6小时生产的1000元的剩余价值。

因此,在一个工作日内,从一个工人身上榨取的剩余价值量,总有一个不能超越的最高界限,资本家想要得到更多的剩余价值,就只能是增加工人人数,即增加可变资本的数量。这样,就形成剩余价值量的第二个规律:雇佣工人人数的减少可以由劳动力受剥削的程度的提高来补偿。

从以上两个规律可以引申出第三个规律:在剩余价值率和劳动力价值已定的情况下,所生产的剩余价值量同预付的可变资本量成正比。因为剩余价值量取决于剩余价值率和可变资本量。如果剩余价值率已定,劳动力价值或必要劳动时间量已定,那么,可变资本越大,所生产的剩余价值量也就越大。

如果工作日的界限及其必要劳动时间已定，那么，一个资本家在生产中获得的价值量和剩余价值量，则取决于他所推动的劳动量。但根据以上假设，资本家推动的劳动量又取决于他所剥削的劳动力的数量，即他所剥削的工人人数，而受他剥削的工人人数又是由资本家的预付可变资本量决定的。

在剩余价值率和劳动力价值已定的情况下，剩余价值量同预付的可变资本量成正比，也就是与劳动力总数成正比。但是，资本家把他的资本分割为两部分，一部分用来购买生产资料，这是他的不变资本，另一部分用来购买劳动力，这一部分形成他的可变资本。在不同生产部门中，尽管生产方式相同，但资本划分为不变部分和可变部分的比例却是不同的。在同一生产部门内，这一比例是随着生产过程中科学技术发展的变化而变化的。但是，无论怎样变化，无论资本是分为不变资本还是可变资本，无论后者与前者之比是多少，上面这个规律都不会受到影响。因为，不变资本的价值虽然再现在产品价值中，但它并不形成产品的新价值。在生产过程中，1000个木梳工人所需的木材、工具、场地，当然比100个木梳工人耗费得多。但是，不管这些追加的生产资料的价值是提高、降低，还是不变，也不管是大是小，都不会对劳动力的价值增值过程有任何影响。

因此，上面这个规律就具有这样的形式：在劳动力价值已定和劳动力受剥削的程度相同的情况下,不同的资本所生产的价值量和剩余价值量,同这些资本的可变部分(劳动力部分)的量成正比。

从剩余价值量的变化规律中可以得出结论:雇佣工人的人数是决定剩余价值量的一个重要因素。雇用一定数量的工人,就需要预付一定量的资本。因此,货币转化为资本,就必须有一个最低限额,预付资本只有达到这个最低限额,货币才能转化为资本,货币所有者才能成为资本家。

剩余价值率可以用下面的公式来表示:

$$\frac{剩余价值\,m}{可变资本\,v} = \frac{剩余价值\,m}{劳动力价值} = \frac{剩余劳动}{必要劳动}$$

其中,前两个比是价值的比率,第三个比是生产剩余价值所需要的时间的比率,它们都是用来表示剩余价值率的,因此,它们可以互相替代,但在概念上则有着严格的区分。实质上,这些公式早在古典政治经济学中就已经制定出来,只是,当时并不是有意识地制定的,在古典政治经济学中,我们看到的是下列派生的公式:

$$\frac{剩余劳动时间}{工作日} = \frac{剩余价值}{产品价值} = \frac{剩余产品}{总产品}$$

这里,同一个比率交替地表现在劳动时间的形式上,在劳动时间借以体现的价值形式上,这些价值借产品的形式得以表现。当然,这里所说的产品价值只能理解为工作日的价值产品,它不包括产品价值的不变部分。

在第二个公式中,剩余价值率表现为一种虚假现象。举例分析,我们假定工作日为12小时,根据我们前面例子的其他各项假设,它实际的劳动剥削程度就可以表现为如下的比率:

$$\frac{6\,小时剩余劳动}{6\,小时必要劳动} = \frac{3\,元剩余价值}{3\,元可变资本} = 100\%$$

但是,根据公式二我们得出的比率却表现为:

$$\frac{6\,小时剩余劳动}{12\,小时工作日} = \frac{3\,元剩余价值}{6\,元产品价值} = 50\%$$

　　这两个派生的公式实际上表示：工作日或其价值产品是按什么比例在资本家和工人之间进行分配的。如果把这些公式看作是资本自行增值的直接表现，就会得出这样一个虚假结论：剩余劳动或剩余价值绝不可能达到100%。因为在一个工作日中，剩余劳动始终只能是其中的一个部分，而剩余价值也始终只能是价值产品的一部分，只有在剩余劳动同工作日相等的情况下，才能达到100%的比率。就是说，剩余劳动要占据整个工作日（这里指一周劳动或一年劳动等的平均日），必要劳动就必须为零。但是，如果必要劳动消失了，剩余劳动也就不复存在了。剩余劳动只是必要劳动的函数。因此，在这个派生公式中，剩余价值率永远不可能达到100%的界限，更不能提高。

　　把价值产品分为剩余价值和劳动力价值两个部分，是资本主义生产方式的一种表现方式。这种表现方式掩盖了资本关系的特殊性质，即掩盖了可变资本与活劳动力的交换，以及与此相适应的工人与产品的分离。资产阶级用一种协同关系的假象，掩盖了资本关系的本质。仿佛工人和资本家在这种协同关系中地位平等，都是按照产品的不同形成要素的比例来分配自己产品的。

　　实质上，公式二在任何时候都能转化成公式一。举例说明，假定6小时剩余劳动，12小时工作日，那么，必要劳动时间则等于12小时工作日减掉6小时剩余劳动，即：

$$\frac{6\text{小时剩余劳动}}{6\text{小时必要劳动}} = 100\%$$

我们得出的第三个公式是：

$$\frac{\text{剩余价值}}{\text{劳动力价值}} = \frac{\text{剩余劳动}}{\text{必要劳动}} = \frac{\text{无酬劳动}}{\text{有酬劳动}}$$

　　通过前面的分析，我们可以得出无酬劳动就是剩余劳动，有酬劳动就是必要劳动，它们只是这个公式的一种通俗表述。

　　资本家用支付劳动力价格的价值购买工人的劳动,在交换中取得对活劳动力本身的支配权。他把这种劳动力的利用分为必要劳动和剩余劳动两个时期。在必要劳动期间,工人只生产相当于他的劳动力价值的等价物。这样,资本家预付出购买劳动力的资本后,就得到一个价格相等的产品。这就好像是资本家在市场上等价购买现成的产品。而在剩余劳动期间,工人生产的产品全部归资本家所有,而资本家却无须付出任何代价。资本家无偿地获得了对这种劳动力的利用。从这个意义上说,剩余劳动就可以称为无酬劳动。

　　因此,资本家的本质就是对无酬劳动的支配和占有。一切剩余价值,不论它后来是以利润、利息、地租等形式表现,还是以其他的特殊形式表现,它在实质上都是无酬劳动的化身。资本自行增值的秘密,归结起来就是资本家对别人的一定数量的无酬劳动的支配和占有。

　　知道了剩余价值率,工人就可以通过资本家付给的工资来计算资本家从自己身上榨取了多少剩余价值量,也就认清了资本家的贪婪本质。

关键词: 剩余价值率　剩余价值量　可变资本　劳动力价值　剩余价值

第三章　绝对剩余和相对剩余

资本家从工人那里剥削的是剩余价值，只要工厂多生产一天，资本家就多剥削工人一天。资本主义社会里，工人被剥削的命运是改变不了的，资本家一心想从工人那里榨取更多的剩余价值。于是，资本家开始采取各种方法……

第一节　绝对剩余和相对剩余

工人每个工作日中有一部分劳动是维持其正常生活所必需的,为必要劳动,是生产资本所支付的劳动力价值的等价物,这一部分是不变量。但在必要劳动时间之外,工人还要劳动若干小时,剩余价值率的高低和工作日的长度,就取决于这个必要劳动时间之外的劳动时间延长的量。如果说必要劳动是不变量,那么,工作日则是可变量。假定有一个工作日,它的劳动时间总长度为12小时,其中必要劳动时间为10小时,剩余劳动时间为2小时。

即使工作日的总长度已定,剩余劳动仍然可以延长。不过,这种延长不是超过工作日总长度的终点向前延伸,而是通过缩短必要劳动时间来相应延长剩余劳动时间。如果在12小时的工作日中,将必要劳动由10小时缩短到9小时,那么,剩余劳动就相应的从2小时延长到3小时。这样,在12小时工作日总长度不变的前提下,剩余劳动增加了一半。必要劳动的缩短要与剩余劳动的延长相适应,就是说,工人要把一直为自己工资耗费的劳动时间中的一部分,转化成为资本家的剩余价值耗费的劳动时间。这里,改变的不是整个工作日长度,而是工作日中必要劳动和剩余劳动的长度界限。

在生产过程中,要缩短必要劳动时间,就需要降低劳动力价值,也就是降低劳动者必要生活资料的价值量。劳动力的价值就是生产劳动力所必要的劳动时间。工人劳动力的价值是由劳动力再生产所必需的生活资料价值决定的。知道生活资料的价值,也就可以知道工人劳动力的价值。资本家可以采用把工人的工资压低到劳动力价值以下的方法,来扩大剩余劳动的范围,但这种方法侵占了必要劳动时间的范围,因而应该被排除掉。我们假定一切商品、劳动力,资本家都是按照十足价值购买的。既然做了这样的假定,必要劳动时间就不能因为工人的工资低于他的劳动力的价值而减少，而只能在劳动力价值本身降低时才减少。

工人劳动力价值的降低取决于他每天必需的生活资料价值的降低，生活资料价值的变动又与劳动生产率的发展分不开，所以，要降低劳动力价值，就必须提高劳动生产率。劳动生产率的提高，是指劳动过程中的一种变化，这种变化能缩短生产某种商品所需要的社会必要劳动时间，从而用较小的劳动量获得较大的使用价值。

这幅墨西哥壁画用夸张的手法，描绘了早期的资本家为了追求利益而不惜使用一切手段进行贸易掠夺的场景。

要提高劳动生产率，就必须变革劳动过程中的技术条件和社会条件，只有对生产方式进行改革，才能提高劳动生产力；只有提高劳动生产率，才能降低劳动力的价值；只有降低劳动力的价值，才能缩短社会必要劳动时间。

要降低劳动力的价值，必须提高那些制造或提供必要生活资料的产业部门的劳动生产率。因为这些部门的产品决定劳动力的价值，它们或者属于生活资料，或者能代替生活资料。另外，商品的价值不仅取决于最终形成商品的劳动力的量，而且还取决于形成该商品的生产资料所包含的劳动量。例如，木梳的价值不仅取决于木梳工人的劳动，还取决于生产木梳所需的木材、砂纸等材料的价值。所以，那些为生活资料提供不变资本物质要素的产业部门生产力的提高，以及相关产品价格的降低，也会降低劳动力的价值。但是，那些既不提供必要生活资料，也不为制造必要生活资料部门提供生产资料的产业部门生产力的提高，则不会影响劳动力的价值。

通过延长工作日总长度而生产的剩余价值，叫作绝对剩余价值。与此相反，通过缩短必要劳动时间、相应地延长剩余劳动时间而生产的剩余价值，叫作相对剩余价值。

如果从整个劳动过程的结果来考察，劳动资料和劳动对象的具体表现就是生产资料，劳动本身则表现为生产劳动。但是，这个生产劳动的定义，是从简单劳动过程的观点出发而得出的，在资本主义制度下的生产劳动中，这个定义是远远不够的。随着资本主义劳动过程的不断发展，在生产过程中，脑力劳动和体力劳动逐渐分离，到后来则处于一种互相对立的状态。产品也从单个劳动者的个人产品转化为社会产品，转化为总体工人的共同产品。这样，随着劳动过程的协作性的发展，生产劳动和生产工人的概念也就扩大了。在从事生产劳动时，劳动者不一定要亲自动手完成整个操作过程，作为总体工人中的一个，他只要能完成其中某一部分操作就够了。以上从物质生产本身得出的关于生产劳动的最初定义，对于作为整体来看的总体工人来说，始终是正确的，但对于总体工人中的每一个成员来说，就不再适用了。脑力劳动者通过用脑简化生产步骤，减少体力劳动强度，与体力劳动者相互配合共同完成生产过程。因此，体力劳动者是生产工人，脑力劳动者也是生产工人。

资本主义的生产不仅是商品生产，它在本质上是剩余价值的生产。工人不是为自己生产，而是为资本生产。工人只是一般的生产已经不够了，他必须生产剩余价值，只有为资本家生产剩余价值的工人，才能被资本家接收成为生产工人。因此，生产劳动的概念缩小了。

生产劳动，绝不仅是工人和劳动产品之间的关系，它还包含一种特殊社会的、历史产生的生产关系，这种生产关系把工人变成生产剩余价值的直接手段。在资本主义社会，生产剩余价值是生产工人的本质特征。

绝对剩余价值的生产，是把工作日延长到超出工人只生产自己劳动力价值的等价物的那个点，并由资本占有工人的全部剩余劳动。它是资本主义制度的基础。相对剩余价值是以绝对剩余价值生产为起点的。

相对剩余价值的生产，一开始就把工作日分为必要劳动和剩余劳动两个部分，资本家为了延长剩余劳动，就必须通过提高劳动生产率或革新劳动技术等方法来缩短必要劳动时间。因此，绝对剩余价值的生产只同工作日的长度发生关系，而相对剩余价值的生产则使劳动的技术过程和社会组织发生巨大的变化。

如果说绝对剩余价值的生产只是使劳动者在形式上从属于资本，那么，相对剩余价值的生产则使劳动者在实际上从属于资本。

在资本主义发展初期，资本家主要是进行绝对剩余价值的

由于越来越多地利用机械进行大规模粮食生产，农业工人的工资越来越低。

生产。这时,生产方式是以手工劳动为基础的,工人有一定的生产经验和劳动技能,离开资本家后,工人仍可独立谋生。所以这一时期,劳动者还是形式上从属于资本。但是,当资本主义发展到机器大工业时期,工人只是专门从事机器的某一操作,成了机器的附属物,如果工人离开机器和工厂,就无法独立进行生产活动。这时,劳动者就发展到实际上从属于资本了。于是便形成了特殊的资本主义生产方式。在资本主义社会,无限度地延长工作日,是机器大工业的特有产物。因此,机器大工业既是生产相对剩余价值的手段,同时也是生产绝对剩余价值的手段。当特殊的资本主义生产方式一旦掌握某一生产部门,特别是一旦掌握所有决定性的生产部门后,它就会成为社会生产过程中占统治地位的形式。

绝对剩余价值与相对剩余价值是对立统一关系,二者既有联系又有区别。

从形式上看,二者具有同一性。相对剩余价值是绝对的,因为它是以工作日绝对延长到超过工人的必要劳动时间为前提。绝对剩余价值是相对的,因为它以劳动生产率的发展为条件,以把必要劳动时间限制为工作日的一个部分为前提。但是,如果仔细观察剩余价值的运动,这种表面上的同一性就消失了。在资本主义生产方式一旦确立并占统治地位的情况下,只要涉及剩余价值率的提高,就可以发现绝对剩余价值和相对剩余价值之间的区别。假设劳动力按其价值支付,在劳动生产力和劳动强度已定的情况下,剩余价值率就只有通过工作日的绝对延长才能提高;如果工作日的长度已定,剩余价值率就只有通过缩短必要劳动从而相应延长剩余劳动才能提高,而这种变化是在工资不低于劳动力价值的条件下,又以劳动生产率或劳动强度的提高为前提。

绝对剩余价值和相对剩余价值的对立统一关系说明,资本家一方面用延长工作日的方法榨取剩余价值,另一方面又用缩短必要劳动时间的方法榨取剩余价值,追求价值增值是资本家的本性。

在资本主义商品生产中,相对剩余价值的生产过程是从个别到一般的过程,即从个别资本家追逐超额剩余价值到所有的资本家普遍获得相对剩余价值的过程。个别资本家提高劳动生产率,直接目的是为了获得超额剩余价值,当个别资本家通过提高劳动生产率从而使商品便宜的时候,他绝不是抱着降低劳动力的价值、减少必要劳动时间的目的,但只要当他实现了自己商品的价值,他也就促成了一般剩余价值率的提高。当个别资本家因采用新方法而减少了生产商品的劳动时间后,他的商品个别价值就会低于社会价值。但是,商品的现实价值是它的社会价值而不是它的个别价值,就是说,它的现实价值不是用生产者的个别劳动时间来计量,而是用生产商品所必需的社会必要劳动时间来衡量。因此,采用新方法的个别资本家在出售商品时,就不仅可以获得剩余价值,还可以获得超额剩余价值。

超额剩余价值实质上属于相对剩余价值的生产,因为剩余价值生产的增加也是靠缩短必要劳动时间,相应延长剩余劳动来实现的。

假定必要劳动时间是10小时,剩余劳动时间是2小时,劳动力的日价值等于3元。如果采用新的生产方式,12小时可生产24件商品,价值24元,其中12元用来补偿消耗掉的生产资料即不变资本,其余12元是工人创造的新价值,即1小时创造1元的新价值。因为劳动力价值等于3元,所以,工人劳动3小时就可以补偿3元的可变资

英国北部纽卡斯尔船坞,展现了该地区旺盛的工业活动。

本,剩余的9小时就是剩余劳动,这时,剩余价值率=剩余劳动时间 ÷ 必要劳动时间 × 100%。即9小时 ÷ 3 小时 × 100%=300%。

如果其他资本家在12小时内只能生产12件商品,也就是用12元只能创造6元的新价值,即2小时创造1元的新价值。那么,工人必须劳动6小时才能补偿3元的可变资本,剩余的6小时是剩余劳动。这时,剩余价值率为6小时 ÷ 6 小时 =100%。

可见采用新生产方式的资本家,提高了生产力,可以在工人的一个工作日中占有比同行业的其他资本家更多的剩余劳动时间。个别资本家所做的,就是所有资本家在生产相对剩余价值时所追求的。当新的生产方式被普遍采用,生产出来的商品个别价值同它的社会价值之间的差额消失的时候,这个超额剩余价值也就消失了。随着社会生产力的普遍提高,劳动力的价值必然下降,资本家也将获得更多的相对剩余价值。资本家永无止境的贪欲促使他们狂热地追求超额剩余价值。

价值由劳动时间决定的这个规律会使采用新方法的资本家意识到，要获得超额剩余价值，必须在出售商品时使自己的商品价值低于商品的社会价值。这个规律又会作为竞争的强制规律，迫使其他的竞争者也必须采用新的生产方式。因此，只有当劳动生产力的提高扩展到必要生活资料部门，从而使构成劳动力价值要素的商品便宜时，一般剩余价值率才会最终受到这一整个过程的影响。

由上面的分析，我们得出：

1. 商品的价值与劳动生产力成反比。劳动生产力水平越高，单个商品所占有的劳动时间就越少，商品的价值也就越小。

2. 劳动力的价值与劳动生产力成反比。劳动力的价值是由商品(工人的生活资料)价值决定的。因此劳动力的价值与商品价值同步。

3. 相对剩余价值与劳动生产力成正比。生产力提高，在单个商品上所用的时间小于社会必要劳动时间，相对剩余价值随之而提高。同理，相对剩余价值也随着生产力下降而下降。在货币价值不变的情况下，一个12小时社会平均工作日总是生产价值6元的产品，不管这个价值额怎样分割为劳动力价值的等价物和剩余价值。但是，如果由于生产力的提高，每天的生活资料价值以及劳动力的日价值从5元下降到3元，那么剩余价值就会从1元上涨到3元。与此同时，再生产劳动力的价值，就会由从前需要的10个劳动小时，减少为现在的6个劳动小时，这样，这多出来的4个劳动小时就并入了剩余劳动的范围。因此，通过提高劳动生产率来使商品便宜，从而使工人本身便宜，是资本内在的冲动和经常的趋势。

生产商品的资本家并不关心商品的绝对价值本身，他关心的只是凝结在商品中的、出售时才实现的剩余价值。剩余价值的实现，本身就包含着对预付价值的补偿，因为，相对剩余价值的增加和劳动生产力的发展成正比，商品价值的降低和劳动生产力的发展成反比。也就是说，同一过程既使商品便宜，又使凝结在商品中的剩余价值提高。这就揭开了这样一个谜团：为什么只关心生产交换价值的资本家,总是力求降低商品的交换价值。

在劳动生产力提高的条件下,工人在1小时内会生产出相当于过去10倍的商品,从而生产每件商品的劳动时间也只是他过去劳动时间的1/10。但是,这却改变不了他仍旧要劳动12小时的状况。在生产力提高的情况下,工人要在12小时内生产120件商品,而不是以前的12件商品。甚至,工人的工作日还可能延长,如果工人的工作日延长2小时,那么,他就要在14小时内生产140件商品。

可见,在资本主义生产条件下,资本家通过提高劳动生产率来减少劳动,其目的不是为了缩短整个工作日,而是为了缩短生产商品的必要劳动时间,延长剩余劳动时间,以便榨取更多的相对剩余价值。

劳动生产力提高,随之而来的就是劳动生产率的提高。我们可以从日本丰田汽车公司的成长历程,了解到提高生产力对资本家的重大意义。

丰田公司在1937年成立的时候,是个年产量只有4000辆的手工作坊式的工厂。当时整个日本汽车市场都是美国的通用和福特的天下。尤其是在1949年,日本转入战后经济恢复期,丰田更面临着极大的生存危机,当时日本汽车业的劳动生产力低下,生产率还不到美国的1/9。丰田生产方式的创始人认为,并不是美国人付出了日本人10倍的体力,而是日本人在生产中存在严重不合理现象,只要消除了这些现象,劳动生产率就会马上提高10倍。到了1982年,与美国通用汽车相比,劳动生产率的比例完全颠倒过来了,这一年,通用人均生产6辆汽车,而丰田却达到了55辆;通用汽车人均利润是1400美元,而丰田汽车人均利润是14000美元。现在的丰田继续保持着良好的发展势头,2006年的盈余高达140亿美元,比美国三大汽车公司赢利总和还高。

关键词:绝对剩余价值　相对剩余价值　超额剩余价值

第二节　劳动力价格和剩余价值量的变化

劳动力是工人产生的，那么它的价值就由工人所必需的生活资料的平均价值决定。虽然这些生活资料在形式上可能有变化，但在一定的社会时代，它们的量是不变的，变化的只是这个量的价值，即工人需要付出多少劳动，才能得到自身所必需的生活资料。当然，工人付出的劳动的价值实际上应比生活资料的价值多。

剩余价值生产体现着雇佣劳动和资本的对立关系，这个关系的量的表现就是劳动力价格和剩余价值量的对比。我们假定商品按其价值出售，同时劳动力的价格不低于它的价值。那么，劳动力价格和剩余价值的相对量变化，取决于3个因素：工作日的长度、正常的劳动强度、劳动生产力。这3个因素可以有各种各样的组合，每一种组合又可能有不同的变化规律。以下分析几种最主要的组合及其变化规律。

第一种组合：工作日的长度和劳动强度不变(已定)，劳动生产力可变。劳动力价值和剩余价值量的变化由3个规律决定：

1. 不管劳动生产率如何变化，也不管产品量和单个商品的价格如何变化，一定长度的工作日总表现为相同的价值产品。即一定长度的工作日所生产的产品价值总量与劳动生产率的变化无关。例如，一个12小时的工作日可生产6件商品，每件商品价值1元，总价值为6元。如果提高劳动生产率，12小时可生产12件商品，每件商品价值下降为0.5元，这样，总价值仍为6元。

2. 劳动生产力与劳动力价值成反比，与剩余价值成正比。即劳动生产力提高，劳动力价值下降，剩余价值提高；劳动生产力下降，劳动力价值提高，剩余价值下降。

3. 在工作日长度已定和新创造的价值不变的情况下，劳动力价值的增加或减少决定剩余价值的减少或增加，即在劳动力价值和剩余价值的反向变化中，劳动力价值起着决定性的作用。

以上3个规律表明，不管劳动生产力如何变化，工人在一定劳动时间内只能创造一定的价值量。一旦劳动生产力变化，必将引起劳动力价值的变化，从而使剩余价值量相应发生变化。因此，劳动力价值的变化是剩余价值量变化的根本原因。

第二种组合：工作日和劳动生产率不变，劳动强度可变。

提高劳动强度，就会增大劳动消耗。因此，在相同时间内，劳动强度较大的工作日会比劳动强度较小的工作日提供更多的产品。在工作日长度相同的条件下，提高劳动强度和提高劳动生产率都能增加产品数量。

提高劳动生产率，就会减少在一定时间内生产商品所耗费的劳动时间，那么，随着产品数量的增加，产品的价格就会下降。而提高劳动强度，在一定时间内生产的产品要比过去耗费更多的劳动，因此，产品的数量增加了，但它的价格却没有下降。就是说，在工作日长度不变的情况下，提高劳动强度，就能生产更多的产品，在货币价值不变的情况下，也就能获取更多的货币。

当就业变得相当困难时，虽然工厂里的工作十分辛苦，也要靠不断的努力才能得到。

商品的价值量是由生产产品所必需的社会必要劳动时间来决定的，而平均的劳动强度,是决定社会必要劳动时间的一个重要因素。在工作日长度不变的情况下,生产的产品价值会随着工作日的劳动强度的变化而变化。因此,同一个工作日的产品价值,就由不变量变成了可变量。而这个产品价值的两个部分,即劳动力价值部分和剩余价值部分,则可以根据劳动强度的增减,以相同的或不同的程度增减。但是,劳动力价格的提高并不是一定要超过它的价值。与此相反,当劳动力价格的提高不能补偿因劳动强度的提高而使劳动力加速消耗时,劳动力价格还可能降低到劳动力的价值以下。

第三种组合:劳动生产力和劳动强度不变,工作日可变。

1. 缩短工作日:假定劳动生产力和劳动强度不变,缩短工作日不会使劳动力价值和必要劳动时间发生变化,但它会使剩余价值的绝对量和相对量下降。资本家为了避免损失,只有把劳动力价格压低到它的价值以下。因此,资本家会用各种借口反对缩短工作日。但是,我们是以劳动生产力和劳动强度不变为前提的,实际上,在资本主义社会,每当在工作日缩短以前或以后,劳动生产力和劳动强度总会发生变化。

2. 延长工作日:如果劳动力价格不变,延长工作日就会增加剩余价值的绝对量和相对量。虽然劳动力价值的绝对量没有变化,但劳动力价值的相对量却降低了。

随着工作日的延长,劳动力的价格尽管能保持不变甚至还稍有提高,但它还是可能降到劳动力的价值以下。因为,劳动力的日价值是根据劳动者的平均寿命来计算的。劳动力的消耗不能超过一定的限度,在这个限度内,如果劳动力的消耗增加,可以用增多的报酬来补偿。但是,如果超过这个限度,就不可能用任何报酬来补偿了。所以,延长工作日将会加重对劳动者的剥削。

第四种组合:劳动的持续时间、劳动生产力和劳动强度同时变化。

前面3种组合都是假定3个因素中两个不变,其中一个因素变化而产生的情况。第四种组合综合分析3个因素同时变化所出现的情况。下面只简单地谈谈两种重要的情况。

1. 降低劳动生产力,延长工作日。

劳动生产力的降低,是指那些产品决定劳动力价值的劳动部门,由于产品价格上涨而使劳动力的价值提高,从而引起劳动生产力的降低。

例如,一个工作日是12小时,它的价值产品为6元,其中3元补偿劳动力的价值,另3元形成剩余价值,12小时工作日分为6小时必要劳动和6小时剩余劳动。假定由于产品的涨价,劳动力的价值由3元提高到4元,那么,必要劳动时间也应该由6小时增加到8小时。而剩余劳动就会从6小时减少到4小时,剩余价值也就相应地从3元降低到2元。如果把剩余劳动延长2小时,即把工作日从12小时延长到14小时,那么,剩余劳动还是6小时,剩余价值仍然是3元,但是剩余价值量同劳动力价值相比却下降了。如果把工作日从12小时延长到16小时,那么,无论是剩余价值和劳动力价值的比例量,还是剩余劳动和必要劳动的比例量都不会改变,只是剩余价值却由3元增加到4元,剩余劳动也由6个劳动小时增加到8个劳动小时。

工作日	产品价值		劳动时间		剩余率
	补偿劳动力	剩余价值	必要劳动	剩余劳动	
12小时	3元	3元	6小时	6小时	100%
14小时	4元	3元	8小时	6小时	75%
16小时	4元	4元	8小时	8小时	100%

因此,在劳动生产力降低的同时延长工作日,即使剩余价值的比例量降低,它的绝对量仍可保持不变;即使剩余价值的绝对量增加,它的比例量仍可保持不变。如果把工作日延长到一定的程度,剩余价值的比例量和绝对量都可能增加。

2.提高劳动生产率和劳动强度,缩短工作日。

劳动强度的增加和劳动生产力的提高,都会在一定时间内使生产的产品总额增加。因此,它们都能缩短工人生产自己的生活资料所必需的工作日部分。工作日的绝对最低界限,总是由工作日中这个必要的但能缩减的部分形成。但是，如果把整个工作日缩小到这个必要的部分，那么剩余劳动就消失了，资本主义也就不复存在了。所以，在资本主义制度下，这种情况是不会发生的。只有消灭了资本主义生产方式，才可能把工作日限制在必要劳动上，但在那时，必要劳动将会扩大自己的范围：一方面，因为工人的物质文化生活日益丰富，生活需求也日益增长。另一方面，随着社会的发展，剩余劳动中的一部分将会列入必要劳动，也就是说，这种必要劳动是为社会创造社会准备基金和社会积累基金。

资本家用尽各种方法，提高的就是剩余价值率。剩余价值率越高，资本家得到的就越多。

关键词：工作日长度　劳动强度　劳动生产率

第三节 剩余价值的量变到质变

资本家获得剩余价值与生产力有直接的关系。生产力提高，剩余价值也能更高。

根据生产力、生产方式的不同，我们把资本主义生产人为的分成了3个阶段：协作阶段、工场手工业阶段、机器大工业阶段。每进入一个阶段，资本家得到的剩余价值，都会突飞猛进地增长……

协作阶段

什么是协作？

在同一生产过程中，或在不同的但互相联系的生产过程中，许多人集中在一起，有计划地协同劳动，这种劳动形式就叫作协作。在同一生产过程中，如果从事协作劳动的劳动者之间没有进行分工，就叫简单协作。简单协作是资本主义生产的起点。

资本主义生产是在同一个资本下，同时雇用较多的工人，将劳动规模扩大，从而生产出较大量的产品。较多的工人同时在同一场所劳动，在同一资本家的指挥下生产同一种商品，这在历史上和逻辑上都是资本主义生产的起点。

初期的资本主义生产在生产方式上，与行会手工业只有量的区别，没有质的区别。

假如一个12小时工作日物化为6元，那么1200个这样的工作日就物化为7200元。在前一种情况下，产品的价值表现为12个劳动小时，在后一种情况下，1200个工作日则表现为2400个劳动小时。在价值生产上，总数是由许多个数构成的，因此，1200个工人无论是单独进行生产，还是在同一资本指挥下联合进行生产，都没有什么本质区别。

不过，初期的资本主义生产和行会手工业在一定限度内还是会发生变化。物化为价值的劳动，是社会平均劳动，也就是平均劳动力的表现。但是，平均量始终只是同种的许多不同个别量的平均数。在产业部门，每个独立的个别工人，多少都有些偏离。在数学上，这种偏离叫作"误差"。只要把较多的工人聚集在一起，这种偏离就会互相抵消。事实上，同时雇用的许多工人的总工作日除以工人人数，本身就是一天的社会平均劳动。

例如，假定一个人的工作日是12小时。那么，同时雇佣12个工人的工作日就构成144小时的总工作日，虽然这12个工人中，每个人的劳动都或多或少偏离社会平均劳动，每个工人做同一件工作所用的时间也有多有少，但

原始社会人们的狩猎活动就是一种简单的协作。

作为144小时总工作日的1/12,每个工人的工作日都具有社会平均性质。反之,如果这12个工人分为6个组,每两人为一组被小业主雇用,那么,这6个小业主能否生产同样的价值量,能否实现一般剩余价值率,就很难预测了。即使能实现一般剩余价值率也带有偶然性,这就是个人偏离的原因。如果一个工人生产一种商品所花费的时间多于社会必需的时间,他的个人必要劳动时间明显地偏离社会必要劳动时间或平均劳动时间,那么,他的劳动就不能当作平均劳动,他的劳动力就会因为不是平均劳动力而根本卖不出去,或者,只能以低于劳动力的平均价值出卖。平均劳动时间要有一定的、最低限度的劳动熟练程度作为前提,资本主义生产找到了衡量这个最低限度的办法,不过,这个最低限度是会偏离平均水平的。

所以,对单个生产者来说,只有当他作为资本家进行生产,并同时雇用许多工人,从而一开始就推动社会平均劳动的时候,价值增值规律才会完全实现。

即使劳动方式不变,由于协作同时使用较多的工人,这就会在劳动过程的物质条件上引起变化。例如,容纳许多人同时做工的厂房,储藏原料的仓库,供许多人同时使用或交替使用的容器、工具、器具等。总之,有一部分生产资料过去是由工人单独使用,现在则是在劳动过程中由许多人共同消费。

商品交换时,其交换价值丝毫不会因为它们的使用价值被充分利用而有所增加。另外,协作同时使用较多的工人,会使生产资料的规模扩大,比如,20个织布工人用20台织机劳动的房间,必然比一个独立织布者做工的房间要大得多。但是,建造一座容纳20个人的作坊比建造10座只能容纳两个人的作坊所耗费的劳动要少。因此,尽管协作扩大了生产的规模,但大量积聚的并且共同使用的生产资料的价值一般不会与规模及其效果成比例地增加。同理,共同使用的生产资料转移到单个产品上去的价值组成部分变小了。

许多人在同一生产过程中,或在不同的但互相联系的生产过程中有计划地一起协同劳动,协作产生了一种比单个劳动者力量的机械总和强大得多的集体力。同样，单个劳动者的力量的机械总和，与许多人联合在一起所发挥的社会力量有本质的差别。协作劳动所产生的效果，要么是个人劳动根本不可能达到的，要么需要耗费更长的时间，要么只能在很小的规模上达到。就是说，通过协作，不仅提高了个人生产力，而且创造了一种生产力——这种生产力本身必然是集体力。

在劳动过程中，随着资本主义生产规模的不断扩大，协作使许多劳动者在一起劳动，单是社会接触，就会激发起他们的竞争心和特有的精神振奋，从而能够提高个人工作效率。因此，12个人在144小时的共同工作日中提供的总产品，比12个劳动者每人单独劳动12小时，或者一个劳动者连续劳动12天所提供的产品要多得多。

协作可以使许多人同时完成同一或同种工作，但是，作为总劳动的一部分，每个人的个人劳动仍可以代表劳动过程本身的不同阶段。由于协同劳动，劳动对象可以更快地通过这些阶段。

例如，瓦匠站成一排，把砖从脚手架的下面传到上面，虽然每个人做的都是同一件事，但这些单个操作则构成了一个总操作的连续部分，就是说，每一单个操作都成为每块砖在劳动过程中必须通过的各个特殊阶段。因此，在劳动中用24只手同时传砖，比单独的劳动者个人用两只手搬着砖上下脚手架要快得多。

在协作中，许多劳动者之间可以互相补充，因为这种最简单的共同劳动的形式，即使在最发达的协作形态中也起着重大作用。如果劳动过程是复杂的，只要是许多人在一起的共同劳动，就可以把不同的工作分给不同的人，从而可以使许多人同时进行这些工作。这样，就可以缩短制造总产品所需要的必要劳动时间。

在一些生产部门遇到紧急情况时，或由劳动过程的性质本身所决定，有些工作在一定的时间内必须完成。在这种情况下，产品的数量和质量取决于这种工作能否在一定的时间内开始并在一定的时间内结束。例如：

一个工作日 12 小时

1 人做	12 小时的工作
10 人协作	120 小时的工作
100 人协作	1 200 小时的工作

　　劳动期限的缩短，可以通过增加劳动人数来实现。因此，能否不失时机地获得成果，取决于协作的程度。

　　协作可以节约生产资料。一方面，协作可以合理地使用生产资料，但生产资料的交换价值丝毫不会因为它的使用价值被充分利用而有所增加。另一方面，共同使用生产资料会使生产规模扩大，但是所需要增加的生产资料的价值，不会和生产资料的规模及其效果成比例地增加。比如，建两个厂房要比建一个原来面积 2 倍的厂房所用的价值多很多。但是明显扩大了的厂房比两个厂房所花费的价值小。

　　协作使劳动具有连续性。许多人同时协同完成同一工作时，作为总劳动中的一部分的个人劳动，仍可代表劳动过程中的不同阶段。协作使工作效率提高，从而使劳动对象可以更快地通过这些阶段。协作还可以利用集体的力量，扩大劳动的空间范围。某些大型工程不通过协作根本就不能完成，例如拦河筑坝、灌溉农田、开凿运河、修筑公路、铺设铁路等。另外，协作可以相对地缩小生产领域、扩大劳动的作用范围和缩小劳动的空间范围，从而节约非生产费用。

　　总之，与同样数量的人、工作日的总和相比较，因协作而结合的工作日可以生产更多的使用价值，因而可以减少生产商品的必要劳动时间。资本主义简单协作可以创造出新的生产力，这种生产力是社会化劳动所特有的，是由协作本身产生的。

扩建厂房是一种生产协作的手段，可以节省生产资料。

如果劳动者不集合在一起，就不能直接地共同工作，如果同一个资本家不同时雇用工人，即同时购买他们的劳动力，雇用工人就不能进行协作。因此，一定数量的资本积聚是产生资本主义协作的前提，而协作的人数和生产的规模则取决于一个资本家能支付多大资本量来购买劳动力，取决于一个资本家能拥有多大规模的工人必需的生产资料，取决于可变资本和不变资本的积聚程度。协作加强了资本对劳动的指挥。

最初的资本指挥劳动只是表现为一种形式：工人不是为自己而是为资本家劳动，工人是在资本家的支配下进行劳动，资本对雇佣劳动的指挥，是资本剥削雇佣劳动所产生的一种职能。随着许多雇佣工人的协作，资本的指挥发展成为劳动过程中的必要条件，成为实际的生产条件。

在协同劳动中，工人发挥的生产力，是为资本家创造剩余价值的生产力，即是资本的生产力。工人的劳动被资本家买走以前是不能发挥这种生产力的，一旦劳动被资本家购买，劳动进入生产，就转变成劳动的社会生产力，产生剩余价值。因此，劳动的社会生产力好像是资本天然具有的，是资本内在的生产力。

101

简单协作是同规模较大的生产结合在一起的,但是,它并不是资本主义生产方式的固定形式。在那些大规模运用资本而分工和机器还没起重大作用的生产部门,简单协作始终是占统治地位的形式。甚至在工场手工业或机器大工业时期,简单协作仍然可以与比它更先进的形式一起并存。

因此,协作是资本主义生产方式的基本形式。

协作的生产方式,在我们生活中很常见,也很好让人理解。比如做一件衣服,可以分成甲乙丙丁四步,或更详细。甲负责缝前襟儿,乙负责装袖子,丙负责上领子,丁最后缝扣子,这样就完成了一件衣服制作。甲乙丙丁4人之间就是协作关系。还有很多现实生活中的例子,修桥、铺路、烤制面包等等,都有协作的影子。

> 关键词:简单协作　协作

工场手工业阶段

资本主义工场手工业是指以手工操作和雇佣工人的分工为基础的协作。作为资本主义生产过程的特殊形式,从16世纪中叶到18世纪末,工场手工业一直在欧洲占据统治地位。

工场手工业的产生方式有两种:

一种方式是资本家把那些不同种的、独立的手工业工人组织在一个工场里,经过分工协作,联合生产出一个产品。例如,资本家把木匠、雕刻工匠、打磨工人等手工业者联合在一起，组成木梳工场手工业，通过对这些工人分工后，联合完成木梳的生产。

另一种方式是资本家把许多从事同一类工作或同一行业的手工业者集中在一个工场里（开始是简单协作，后来，为了在一定期限内完成大量的商品，就对劳动进行了分工），把制造一件产品的各种操作分割开来，并把每一种操作分配给一个手工业者，最后，共同完成一种产品。木梳的例子也满足这种方式，在其中，各种操作分工有时候可以很详细，比如木匠把木材截成多大的形状，雕刻工匠刻木梳上的某一个图案……

工场手工业产生的两种方式，使单个的手工业者在生产过程中只能从事局部操作，随着分工越来越细，这种局部操作逐渐成为特殊工人的专门职能。因此，工场手工业在生产过程中引进并发展了分工，又把过去分开的手工业结合在一起。不管它的出发点如何，它的最终形态都是一样的——把人变成生产机构的一个器官，使人依赖于工场，如果没了工场，工人所掌握的技能无处使用。

工场手工业具有鲜明的特点。

首先，手工业在生产过程的分工是同手工业活动分成各种局部操作完全一致的。工场手工业还是属于手工业性质，因而，它的生产完全取决于工人使用工具的技艺和手工操作的熟练程度，它的基础仍然是手工业。就是这种狭隘的技术基础，使生产过程不能得到真正的科学分解。

其次，在工场手工业的生产中，每个工人都只从事一种局部的手工劳动，他的劳动力就转化成为终身从事这种局部职能的器官。

最后，工场手工业是一种特殊的协作，这种协作分工有许多优越性，但仍然是通过简单协作产生。

在工场手工业中，由于工人终身只从事同一种专门的简单操作，这就使他们把自己的整个身体逐渐转化成了适应这种专门操作的、自动的、片面的器官，工人只把注意力集中在这有限的动作上，就比较容易在实际工作中总结和积累经验,提高生产效率。之前,生产同一商品的劳动者在生产这个产品时,会有几种或几十种不同的操作,使用不同的工具,这样,工人就会因变更位置、调换工具而打断劳动流程,从而使他的工作日出现某种空隙。而在工场手工业生产中,由于局部工人整天不断地从事同一种操作,从而避免了因为变更位置、调换工具而造成的时间浪费,工作日的空隙就会缩小或随着工人操作变化的减少而趋于消失。这样,在一定时间内增加了劳动的支出,减少了劳动力的非生产耗费,劳动生产率得以提高。

工场手工业的组织有两种基本形式:混成的工场手工业和有机的工场手工业。这两种基本形式来源于制品的本身性质,一种是由各个独立的局部产品纯粹机械地组合而成,如电视机、电脑、钟表等,另一种是依次经过一系列相互联系的操作过程而取得完成的形态,如烧制瓷器。

组装

各个独立的局部产品纯粹机械地组合而成。

烧制

依次经过一系列相互联系的操作过程而完成。

有机的工场手工业是工场手工业的完成形式,这种工场手工业生产的制品要经过一系列相互联系的发展阶段。有机的工场手工业把原来分散的手工业结合在一起,这样就缩短了制品的各个特殊生产阶段之间的空间距离和转移时间,从而用在这种转移上的劳动也相应减少。这样,同手工业相比,工场手工业的劳动生产力有了很大的提高,这种提高是由工场手工业的一般协作性质而产生的。

工场手工业的分工,使工人按照他们的特长进行分类,一些局部工人便终身从事某一操作。由于操作有简单和复杂之分,所以这些局部工人需要的教育程度也极不相同,不同的教育程度使他们的劳动力价值也不相同。这样,工场手工业就出现了劳动力的等级制度,以及与之相适应的工资等级制度(在等级制度的阶梯旁边,工人被简单地分为熟练工人和非熟练工人)。这两种情况,都会使劳动力的价值降低。这种由学习费用的减少或消失所引起的劳动力的相对贬值,实际上是资本的更大增值,因为,凡是缩短劳动力再生产的必要时间,都会扩大剩余劳动的领域。

另外,劳动生产率的提高,不仅取决于劳动者的技艺,而且还取决于劳动者工具的完善程度。劳动工具的分化和专门化,是工场手工业的重要特征。劳动工具的分化使每一种特殊工具获得了适合于每种特殊用途的固定形式,劳动工具的专门化则使每种特殊工具只有在专门的局部工人手中才能发挥作用。同时,它也使劳动工具简化、改进和多样化,从而为机器的产生创造了物质条件。

我们已经考察了工场手工业的起源及其简单要素——局部工人和工具,考察了它的总机构。现在我们再简单分析一下工场手工业的分工和构成商品生产的一般基础的社会分工之间的关系。

就劳动本身来说,社会生产可以分为农业、工业等大类,这种分工叫作一般的分工。如果把这些生产大类再分为种和亚种(比如:农业往下分为农、林、牧、副、渔,工业又可分重工业、轻工业)就叫作特殊的分工。而工场手工业内部的分工,则叫作个别的分工。

商品生产和商品流通是资本主义生产方式存在的前提,因此,工场手工业的分工要求社会内部的分工达到一定的发展程度。工场手工业的分工还具有反作用,这种反作用发展并增加社会分工。随着劳动工具的分化,生产这些工具的行业也日益分化。一旦工场手工业的生产发展到这个阶段，以前那种由主要行业或辅助行业与其他行业联系在一起，并由同一生产者经营的行业，就会发生分离和互相独立的现象。一旦工场手工业的生产扩展到某种商品的一个特殊的生产阶段，该商品的各个生产阶段就会变成各个相互独立的行业。比如：做木梳需要把木材切成薄片，但是不仅是木梳工厂需要薄木板，所以出现了独立的木板厂，专门为各种工厂生产不同厚度的木板，做木梳的工厂就可以直接购买现成的木板了。

在工场手工业时期，世界市场的扩大和殖民制度的产生，为社会内部的分工提供了丰富的材料。社会内部的分工和工场内部的分工存着本质的区别，但也有许多相似之处和联系。在那些通过内在联系把不同的生产部门连接起来的地方，这种相似之处表现得最为明显。例如，社会内部的分工为：伐木工生产原木，木匠把原木制成木板，做木梳的工人把木板制成木梳。在这里，伐木工、木匠、做木梳的工人，每个人所生产的都只是一种中间制品，

1800 年英国中部贝德华斯镇的一个绒线厂。

而最后完成的形态则是他们特殊劳动的结合产品。那么,使伐木工、木匠、做木梳的工人的独立劳动发生联系的是什么呢?那就是他们各自生产的产品都是作为商品而存在。也就是说,伐木工、木匠、做木梳的工人生产的产品都是商品。

工场手工业分工则与此不同,在工场手工业中,局部工人生产的产品不是商品,变成商品的只是局部工人生产的共同产品。社会内部的分工是以不同劳动部门的产品交换为媒介的,工场手工业内部各局部劳动之间的联系,则是不同的劳动者把他们的劳动力出卖给同一个资本家,而这个资本家把它们作为一个劳动力整体来使用。

工场手工业分工以生产资料积聚在一个资本家手中为前提,而社会分工则以生产资料分散在许多互不依赖的商品生产者中间为前提。

在工场手工业中,不同的生产领域力求保持一种平衡。这是因为,一方面,每一个商品生产者都必须生产一种使用价值来满足一种特殊的社会需要。而这种需要的量是不同的,生产者提供商品,消费者需要这种商品,当这种提供和需要达到平衡时整个社会才会平衡。另一方面,商品的价值规律决定社会在它所支配的全部劳动时间中能够用多少时间去生产每一种特殊商品。

但是,这种在不同生产领域中保持平衡的趋势,只不过是对这种平衡经常遭到破坏的一种能动反映。工场内部的分工是事先就有计划、有目的的,而社会内部的分工只是在事后由一种自然必然性来发挥着作用——通过市场价格晴雨表的变动,当某种行业已经表现出需要或不需要时,才能被调整生产或不生产。这种自然必然性在一定程度上可以克服商品生产者的任意行动。

工场手工业同时也具有一定的历史局限性,它阻碍着资本主义的发展。在工场手工业时期,由于工人的反抗,资本始终不能占有工场手工业工人可供支配的全部劳动时间。工场手工业是以手工技术为基础的,它既不能掌握全部社会生产,又不能从根本上改造整个社会生产。因此,当工场手工业发展到一定程度后,其狭隘的技术基础就会和它本身创造出来的生产需要发生矛盾,这样,工场手工业就必然向机器大工业过渡。

　　处于工场手工业的行业很多,比如造船业,需要把铁匠、木匠、制帆匠、画匠、漆匠等上百种手工业者联合起来,将他们之间的社会分工逐渐变为手工工场的内部分工,组成了一个造船厂。随着社会的进步,当工厂手工业慢慢不能完全适应船只发展的需要时,工场手工业就发展到机器大工业阶段了。

关键词:工场手工　工场手工业　分工

机器大工业阶段

机器的发展

　　机器大工业是资本主义生产方式进入成熟阶段的标志。资本家使用机器,并不是为了减轻工人的劳累和辛苦。同提高劳动生产率的其他方法一样,资本家使用机器的目的,就是为了缩短工人生产自己劳动力价值的必要劳动时间,从而延长资本家无偿占有的剩余劳动时间。机器是生产相对剩余价值的一种手段。

　　资本主义生产方式的变革,在工场手工业中是从劳动分工开始的,就是说,是以劳动力为起点。而在大工业中则是从手工工具转变成为机器开始的,即以劳动资料为起点。因此,研究资本主义机器大工业,首先应该研究劳动资料是怎样从工具转化为机器的,或者说,机器同手工工具有什么区别。

　　机器同手工工具有什么区别呢?

　　工具是简单的机器,机器是复杂的工具。

　　从经济学的观点来看,机器同手工工具之间并无本质区别。任何机器都是由简单的机械力如杠杆、斜面、螺旋、楔等组合而成的。所以,要了解资本主义机器生产的剥削实质,就必须分析资本家使用机器的历史要素。

　　所有发达的机器都是由发动机、传动机构、工具机或工作机三个本质不同的部分组成的。

发动机 为整个机构提供动力，它或者自己产生动力(如蒸汽机、电磁机等)，或者接受外部某种现成的自然力的推动(如水车受落差水推动、风车受风推动等)。

传动机构 调节和改变运动的形式，并将运动传送到工具机上。比如，电磁机。

工具机 在整个机构中，只有工具机直接作用于劳动对象。发动机和传动机的作用，都仅仅是把运动传送到工具机上，由此工具机才能抓住劳动对象，并按照一定的目的来改变它。

工具机是18世纪工业革命的起点，每当手工业或工场手工业向机器生产过渡时，都以工具机作为起点。因为，在劳动过程中，能够同时使用的工具的数量，受到人体器官数量和劳动强度的限制。可是，自从创造工具机后，工人同时使用工具的数量摆脱了人类器官的限制。例如，织袜机可以同时使用几千枚织针。

由于使用工具机要消耗大量的动力，这使17世纪末发明的蒸汽机成为必然。因此，从制造工具机开始，资本主义生产从工场手工业过渡到机器大工业。

以人的劳动力作为主要动力的人和作为机器操作工人的人之间的区别，在对手工工具的使用上表现得格外明显。在工场手工业时期甚至更早的时候，人们就采用牲畜、水、风作为动力，把人从某些繁重的劳动中解放出来。这些工具中的一部分就已经发展成为机器，但并没有引起生产方式的革命。19世纪，英国有人把铁匠用的那种极不完善的普通风箱的把手与蒸汽机连接，从而变成蒸汽机推动的机械风箱。17世纪末工场手工业时期发明的，一直到18世纪80年代初都还存在的蒸汽机，并没有引起工业革命，但工具机的出现，则使蒸汽机成为革命的必要。

工作机规模的扩大和工具数量的增加，需要较大的动力机构。而这个机

1805年，史蒂芬森利用蒸汽机发动机制造出机车"火箭号"。下图是个复制品，它有活塞，也有汽缸，体现了后来制造机车的设计原理，也是19世纪前期蒸汽动力技术的一个标志。"火箭号"在1850年试车的成功掀起了修筑铁路的浪潮。

构要克服它本身的阻力，就必须要有比人力更强大的动力。

作为动力，风力太不稳定，而且不易掌控；水力则受一定地理位置的限制，此外，因为摩擦力等原因，这些动力并没有大规模的发展。直到瓦特发明第二种蒸汽机，即双向蒸汽机后，人们才找到了一种原动机。这种原动机消耗煤和水而自然产生动力，它的能力完全受人控制，它既可以移动，同时又是动力推动的一种手段。这种原动机可以在城市广泛使用，不像水车那样只能在农村使用。1784年4月，伟大的天才发明家瓦特取得了蒸汽机的专利；1851年，瓦特的后继者博耳顿—瓦特公司在伦敦工业展览会上展出了专门用于远洋轮船的最大的蒸汽机；1832年发电机发明。动力机在不断更新，以满足社会不断的需要。

在工具由人的机体工具变为机械装置即工具机的工具以后，发动机才摆脱了人力的限制取得了完全独立的形式，于是，我们所考察的单个的工具机，就成为机器生产的一个简单要素。现在，一台发动机可以同时带动多台工作机，随着被同时带动的工作机数量的增加，发动机也在增大，而传动机构也跟着扩展成为一个庞大的装置。这就是不断发展的机器大工业。

机器的价值向产品转移

我们知道，由协作和分工产生的生产力，即社会劳动的自然力，是不耗费分文资本的。同样，用于生产过程的自然力，如蒸汽、水之类，也不会让资本耗费分文。但是，正像人呼吸需要肺一样，人要在生产上消费自然力，就需要人用手来创造。比如，要利用水的动力，就要有水车；要利用蒸汽的压力，就需要蒸汽机。利用自然力是这样，科学研究也是这样。

机器大工业时期，工具并没有被机器排挤掉，只是由人的机体的小工具，通过扩大规模、增加数量已发展成为由人创造的机构的工具。现在，资本已经不需要工人用手工工具去做工，而是要工人使用能够自行操纵工具的机器去做工。机器大工业把巨大的自然力和自然科学并入生产过程，从而极大地提高劳动生产率，这是毫无疑问的。但是，生产力的这种提高并不是通过增加劳动消耗换来的。作为不变资本的一个组成部分，机器本身并不创造价值，但当它把自身的价值转移到它所生产的产品上时，机器的价值就会得到体现。机器不是使产品的价值变小，而是按照它自身的价值使产品增值，虽然使用机器后产品的价格降低了，但那是因为花费在单个商品上的必要劳动时间降低了。显然，作为机器大工业时期特有的劳动资料的机器，其价值要比手工业生产和工场手工业生产时期的劳动资料大得多。

在生产过程中，机器总是全部地进入劳动过程，但它的价值则是部分地进入价值增值过程。它加在产品中的价值，决不会大于它因为磨损而丧失的价值。资本家不是傻子，他们不会花大价钱买个机器，结果使用机器后增加的价值反而使生产商品的平均耗费增大。因此，只有机器的价值比机器定期转移到产品中的那一部分价值低很多，资本家才会使用它。

但是，使用和磨损这两种差别，在机器上比在工具上大得多，因为机器是由比较坚固的材料制成的，寿命较长，同时，机器是严格遵照科学规律进行使用的，它能够更多地节省各个组成部分和消费资料的消耗。另外，机器的生产范围比工具的生产范围更加广阔。如果我们不计算机器和工具每天使用的平均费用，即不计算它们每天的平均损耗和因机油、煤炭等辅助材料的消费而附加到产品上的那些价值，那么，机器和工具的使用是不需要花费代价的，这同使用未经人类加工就已经存在的自然力完全一样。与工具相比，机器生产作用的范围越大，它无偿服务的范围也就越大。不过，只有在机器大工业时期，人们才能够学会并让已经物化的劳动产品像自然力那样无偿地、大规模地发生作用。

在机器生产中，一个工作机的许多工具可以共同消费同一个工作机，而且许多工作机可以共同消费同一个发动机，或共同消费同一个发动机的某一部分传动机构。如果机器的价值和机器转给产品的日价值之间的差额已定，那么，因为这个价值部分而使产品增值的程度就取决于产品的数量。如果工作机的作用范围已定，即工作机的工具数量已定或工具的规模已定，那么，产品的数量就取决于工作机工作的速度。如果机器转移给产品的价值比率已定，那么，这个产品价值的大小就取决于机器本身价值的大小。就是说，机器本身包含的劳动越少，它转移到产品上的价值也就越小，它转移的价值越小，它的生产效率也就越高，其服务也就越接近自然力的服务。就机器的规模和作用而言，如果用机器生产机器，会使机器的价值相对降低。

这是蒸汽锤的发明者詹姆斯·内史密斯画的油画。蒸汽锤的原理很简单，就是利用蒸汽压力来推动往下移动的巨型铁块。它的发明使重工业革命化，英国的钢铁产量剧增。

　　比较一下手工业或工场手工业与机器大工业生产同一种商品的价格,可以得出这样的结论:在机器大工业中,产品由劳动资料转移而来的价值组成部分的相对量增大了,但它的绝对量却减少了。就是说,如果生产一台机器所费的劳动,与使用该机器所节省的劳动相等,那么,生产这个商品所需要的劳动总量并没有减少。即,劳动生产力并没有得到提高,这只不过是一种劳动形式的变换。

　　机器的生产率是由它代替人类劳动力的程度来衡量的。但是,机器所耗费的劳动与它所节省的劳动之间的差额,或机器生产率的高低,并不是由机器本身的价值和它所代替的工具的价值之间的差额来决定的。只要机器所耗费的劳动(即机器附加到产品上的价值部分)小于工人用自己的工具追加到劳动对象上的价值,这种差额就会一直存在。

　　例如,做木梳的工人一天工作10小时,每小时生产两把木梳,一天生产20把木梳。使用了车床后,1小时可以生产100把木梳,工人一天工作10小时则生产1000把木梳,是原来的50倍。现在1个工人的工作量相当于原来50个工人一天的工作量,效率是原来的50倍。无论这一劳动是按什么比例形成工人的工资和资本家的剩余价值,都可以得出结论:即使机器的价值和它所代替的劳动力价值相等,物化在机器中的劳动总是比它所代替的活劳动要少。

机器生产对工人的直接影响

　　资本主义机器生产,加强了对工人阶级的剥削。但同时,机器生产也替代了人们的一些强度体力劳动,使本来一个成年人干的活,一个小孩也能轻松地完成。因此,资本主义使用机器的第一个口号是让妇女和儿童参加劳动。同时,妇女和儿童又比较温顺驯服,资本家延长工作日遇到的反抗相应就减小了。

　　大量的女工和童工投入到劳动中后,资本扩大了剥削范围。过去,直接受资本剥削的只有成年男工,而现在,工人家庭全体成员,不分男女老少都要受资本的直接统治，受其剥削。机器导致可用的雇佣工人的范围增大、人数增加。资本家实行的强制劳动，不仅夺去了儿童的游戏时间，而且夺去了家庭本身需要的家庭范围内的自由劳动时间。

另外，机器的使用还提高了资本的剥削程度。原先，劳动力的价值不光是由维持成年男工个人所必需的必要劳动时间决定，它还包括维持工人家庭所必需的劳动时间，也就是说，成年男工的劳动力价值除自己外还包括全家的生活费用。但是，机器把工人家庭的全体成员都抛到劳动市场后，这种费用就分摊到全家许多劳动力价值上，机器使男劳动力"贬值"了。

例如，一个工人家庭中的，维持正常生活需要10元。原来家里只有一个劳动力，资本家即使剥削工人，也要维持其家人生活，发给他10元。而现在有了机器，家庭中有4个劳动力，这样资本家维持工人的生活，仍是发给他们总共10元。即，在机器生产前1个工人的工资是10元，机器生产后的4个工人工资是10元。因此，机器在增加人身剥削材料、扩大资本剥削领域的同时，还提高了剥削程度。

机器是提高劳动生产率，缩短生产商品的必要劳动时间的最有力手段。那么，机器作为资本的承担者，通过强有力的手段把工作日延长到超过一切自然界限的阶段。机器既创造了延长工作日的新条件，又创造了延长工作日的新动机，使资本增强了对别人劳动的贪欲。

机器的生产率同机器转移到产品上的价值大小成反比。机器工作的时间越长，转移到单个商品上的价值就越小，机器再生产时间也就越短。我们假设一台机器在7.5年内每天工作16小时所包含的生产时间和加到总产品上的价值，与同样一台在15年内每天只工作8小时的机器所包含的生产时间和加到总产品上的价值是相等的，但是在第一种情况下，机器价值的再生产要比第二种情况下快一倍，而资本家用这台机器在7.5年内就可以吞下第二种情况下15年内才能吞下的剩余劳动。因此，为了让机器在较短的时间内生产较多的产品，从而榨取更多的剩余价值，资本家总是尽可能地延长工作日。

机器是生产相对剩余价值的手段。机器的使用，不但直接造成劳动力贬值，它还会因劳动力再生产所必需的生活资料的价格下降，从而间接地使劳动力的价格下降。机器在最初被偶尔采用时，会把工人的劳动变成高效率的劳动，而把产品的社会价值提高到它的个人价值以上，使资本家获得超额剩余价值。因此，在机器生产还处于垄断阶段的过渡时期，利润特别高，高额的利润必然激起资本家对更多利润的贪欲，而资本家也总是尽量延长工作日来彻底利用这个获取超额剩余价值的黄金时期。

随着机器在社会生产部门的普遍应用，机器产品的社会价值就会降低到它的个别价值的水平。于是，以下规律就会发生作用：剩余价值不是来源于资本家用来代替劳动力的机器，而是来源于资本家雇来使用机器的劳动力。剩余价值只是来源于资本的可变部分，同时我们已经知道，剩余价值量则取决于两个因素，即剩余价值率和同时使用的工人人数。在工作日长度已定的条件下，剩余价值率取决于工作日分为必要劳动和剩余劳动之间的比例，而同时使用的工人人数则取决于资本的可变部分和不变部分之间的比例。

因此，不管机器生产怎样提高劳动生产力，即通过减少必要劳动来扩大剩余劳动，只有在减少一定资本所使用的工人人数后，才能达到这样的目的。

机器生产使以前的可变资本中的一部分，即曾作为活劳动力的资本的一部分转化为机器，也就是说，转化为不生产剩余价值的不变资本。但是，在两个工人身上榨不出与24个工人同样多的剩余价值。24个工人只要在一天12小时的工作日中，每人提供1小时的剩余劳动，就可以提供总数为24小时的剩余劳动，而两个工人一天的全部劳动也只有24小时。所以在利用机器生产剩余价值会产生这样一个内在矛盾：一定量资本所提供的剩余价值包含两个因素，一个是剩余价值率，一个是雇佣工人人数。为了提高剩余价值率，就必须把更多的资本投在机器设备上，而用来雇用工人的资本就会相对减少，从而雇用工人的人数也就会相应减少。因此，机器要提高一个因素，就必须减少另一个因素，即要提高剩余价值率，就必须减少雇用工人人数。一旦机器生产的商品价值随着机器的普及而成为所有同类商品的起调节作用的社会价值时，这个内在的矛盾就会暴露出来。但资本家并没有意识到这个矛盾，为获取更多的剩余价值，资本家只有拼命延长工作日，并重新采用既增加相对剩余劳动，又增加必要剩余劳动的老方法，来弥补雇用工人人数的相对减少。

总之，资本主义使用机器，一方面创造了无限度地延长工作日的新动机，并且由于劳动方式的改变(工人已成为机器的附属物)造成大量工人失业，从而迫使工人不得不听命于资本强加于他们的法律。这样，机器就消灭了工作日的一切道德界限和自然界限。机器本来是缩短劳动时间的最有力手段，但在此时，却成了延长工人劳动时间的最可靠手段。

采用新机器，对那些首先成为机器竞争对象的旧有手工业和工场手工业中的工人带来灾难性的影响，使工人沦为工厂的奴隶。

机器大工业发展到一定的阶段，在工厂极度扩张的同时，工厂的工人人数不仅可能会相对地减少，而且还有可能绝对地减少。由于有了机器，生产效率高了，以前需要很多人做的事，现在仅要一个人就可以了。

1860年，根据议会的命令，调查委员会对英国所有的工厂进行过一次专门调查，在郎卡郡、柴郡和约克郡地区属于工厂视察员罗·贝克管辖的工厂区中，共有652家工厂。其中570家工厂一共拥有蒸汽织机85622台、纱锭6819146个、蒸汽机27439马力、水车1390马力、雇用工人94119人。但是5年之后，这些工厂却拥有织机95163台、纱锭7025031个、蒸汽机28925马力、水车1445

珍妮纺纱机

英国人哈格里夫斯尽管目不识丁，但他发明的自动纺纱机（珍妮机）却给纺纱业带来了前所未有的进步。

马力、雇用工人88 913人。就是说，从1860年到1865年，这些工厂的蒸汽织机增加了11%、纱锭增加了3%、蒸汽马力增加了5%，而雇用的工人却减少了5.5%。从1852年到1862年，英国的毛纺织业获得了显著的发展，然而所使用的工人人数却几乎没有变化。这表明，新采用的机器很大程度上取代了以前各时期的劳动。根据一些已经验证的事实，工厂工人就业人数的增加大多都是一种表面现象，就是说，这种增加并不是因为以大机器生产为基础的工厂扩大了，而是因为工厂的附属部门被逐渐合并。工厂扩大而工人并没有相应增加，是由于过去用人力推动的织毯机、织带机、织麻布机被蒸汽机所代替。以蒸汽机为动力的工厂中，一个工人的工作量相当于几个甚至几百个以肌肉为动力的工人的工作量。因此，这些工厂工人的增加只是表明就业工人总数的减少。

尽管机器生产排挤了大量的工人，但随着工厂数量的增多或现有工厂规模的扩大，工厂中就业工人的人数最终将比被机器排挤的工人人数多。假定每月使用500元资本，若采用旧的生产方式，不变部分将占2/5，可变部分占3/5，也就是说，200元用于生产资料，300元用于劳动力，1元雇1个工人，可以雇300人。现在由于采用机器生产，总资本的构成就会发生变化。假定这500元资本分为：不变部分4/5，可变部分为1/5，那么，用于劳动力的就只有100元。如果这样，过去雇用的工人中有200个工人将被解雇。如果工厂的生产规模扩大到原来的3倍，在其他条件不变的情况下，总资本由500元增加到1500元，那么，现在就需要雇用工人300个。

新的生产方式下：如果资本增加到2 000元，就需要雇用工人2 000×1/5=400人。

旧的生产方式下：如果资本增加到2 000元，就需要雇用工人2 000×3/5=1200人。

新的生产方式，比原来扩大了4倍，比旧的生产方式需要雇用的工人在人数上增加了100人，但同预付总资本相比，却减少了800人。由此可见，就业工人人数的相对减少和绝对增加是并行不悖的。

机器生产刚刚出现时，借助机器生产而获取的高额利润具有决定性意义，这些利润不仅成为加速资本积累的源泉，而且还把很大一部分新生的、正在寻找新的投资场所的社会追加资本吸引到有利的生产领域。初创时期的这种特殊利益，不断地被采用大机器生产的工厂重视。但是，一旦工厂制度达到一定的广度和成熟度，特别是一旦机器本身也用机器来生产，煤、铁的采掘技术，金属加工技术和交通运输业都得发生革命。总之，一旦与机器大工业相适应的社会生产条件形成之后，这种生产方式就会获得一种突然的跳跃式的扩张能力。此时，它只受原料和销售市场的限制。这是因为，一方面，机器直接引起原料的增加，例如，木梳数量的增加。另一方面，机器产品的便宜和交通运输业的发达为夺取国外市场提供了有力武器。机器产品摧毁了国外市场的手工业产品，迫使那些市场变成了机器产品的原料产地。例如，许多国家成了木材的产出国。

工业大国的工人不断"过剩"，大大地促进了向国外移民和把外国殖民地化。被殖民地化的国家许多都变成了宗主国的原料产地。例如，澳大利亚就变成了英国的羊毛产地。于是，一种与大机器生产相适应的新的国际分工产生了，它使地球的一部分地区成为主要从事农业生产的区域，以服务于另一部分主要从事工业生产的地区。

工厂制度跳跃式的巨大扩展能力和它对世界市场的依赖，必然造成生产像患热病似的高烧不退，从而造成市场商品充斥；而当市场收缩时，生产又出现瘫痪状态。整个生产过程按照活跃、繁荣、生产过剩、危机、停滞这几个顺序不断转换。

由于大机器生产的这种周期变换，使工人在就业和生活上遭遇无保障和不稳定状态，而且这种状态在资本主义社会中成为一种正常的现象。

除繁荣时期外，资本家与资本家之间总是进行着十分激烈的斗争，他们不断争夺各自在市场上的地位。这种地位同产品的便宜程度成正比。竞争造成资本家竞相改良机器降低产品的价格。为了追求商品价格便宜，资本家总是强制地把工资压低到劳动力价值以下。可见，工人人数的增加是以投入工厂的总资本在比例上迅速增加为条件的。但是，这个过程只有在机器生产的高潮和低谷之间实现。并且，它还时常被进步的技术所打断，这种进步，潜在地代替了工人。机器生产中这种质的变化，造成对工人需求量的减少，使资本家不断地把工人逐出工厂，或者把新生的劳动力拒之门外。但是，工厂的量的扩大不仅把被驱逐的工人吸收进来，而且还把新生的劳动力吸收进来。工人就这样不断地被排斥又被吸引，被招募来的人在性别、年龄和熟练程度上也不断变化。

只要粗略地了解一下历史上英国棉纺织业的命运，就可以非常清楚地了解工厂工人的命运。

1770～1815年，英国棉纺织业几乎垄断了整个世界市场。1815～1821年，英国棉纺织业处于不振状态。1822年和1823年，进入繁荣阶段。1824年废除《禁止结社法》后，工厂普遍大扩展。1825年又处于危机状态。1826年，棉纺织业工人因极端贫困而发生暴动。1827年情况开始好转。1828年，蒸汽织机大量涌现，棉纺织产品的输出量大增。1829年，棉纺织产品的输出量，特别是向印度的输出超过历年。1830年，随着生产过剩而出现市场商品充斥，境况艰难。1831～1833年，不振状态持续3年，东印度公司对印度和中国贸易的垄断权被取消。1834年，英国棉纺织业又进入活跃、繁荣阶段，工厂和机器大增，工人严重不足，资产阶级颁布《新济贫法》促进农业工人向工厂区流动，各郡的儿童被劫掠一空。1835年，棉纺织业出现大繁荣，但与此同时，手工织布工人饥饿待毙。1836年，出现大繁荣，但1837年和1838年，又处于危机和不振状态。1839年，开始复苏。1840年，又是严重萧条，工人发生暴动，政府出动军队干涉。1841年和1842年，大量的工人穷愁潦倒。1842年，为迫使废除《谷物法》，工厂主将大批的工人解雇，成千上万的工人涌向街头抗议，被政府军队镇压。

19世纪早期英国煤矿使用蒸汽机的情景。工业革命的成果促进了英国经济的发展。

　　资本主义运用机器，一方面创造了无限度地延长工作日的新的强大动机，并使劳动方式本身和社会劳动体的性质发生很大变化。另一方面，由于机器的广泛使用，一部分工人被机器排挤而失业，形成过剩的劳动人口，这些人不得不听命于资本强加给他们的规律。于是，在近代工业史上就产生了这样的现象：机器消灭了工作日的一切道德界限和自然界限。机器本来是缩短劳动时间的最有力手段，现在却成为把工人及其家属的全部生活时间变成增值资本价值的劳动时间、最大限度地为资本家创造剩余价值刽子手。

　　关键词：机器大工业　机器　生产过剩　危机

第四章　资本的积累

资本积累需要两个条件。

第一个条件是：假定资本家能够卖掉自己的商品，并把由商品转化而来的绝大部分货币再转化为资本。一定量的货币要执行资本的职能，必须经历3个阶段：

第一个阶段，在流通领域内，一定的货币额转化为生产资料和劳动力，即货币资本转化为生产资本。

第二个阶段，把由一定的货币额转化而来的生产资料和劳动力投入生产过程，从而生产包含原预付资本加上剩余价值的商品，在这一阶段，生产资本转化为商品资本。

第三个阶段，这些生产出来的商品再投入流通领域，通过商品的出售，把它们的价值实现在货币上，使这些货币又重新转化为资本。

第二个条件是：直接从工人身上榨取无酬劳动的资本家是剩余价值的所有者。直接从工人身上榨取无酬劳动并把剩余价值固定在商品上的产业资本家，是剩余价值的第一个占有者，但绝不是剩余价值的最后占有者：商品要拿去给商业资本家出售；若生产的货币资本不足，就得向借贷资本家借；工厂的厂房用地得向土地所有者租赁或购买。因此商业资本家、借贷资本家、土地所有者等共同瓜分剩余价值。所以，剩余价值还要转化为利润、利息、商业利润、地租等各种不同的形式并归各类不同的人所有。

　　我们一方面假定生产商品的资本家是按照商品的价值出售商品的。另一方面，我们把资本主义的商品生产者当作全部剩余价值的所有者，或者，把他当作所有参加分赃的人的代表。总之，我们只是抽象地考察积累，即把积累看作直接生产过程的一个要素。

　　只要积累在进行，资本家就是在出售所生产的商品，并把由商品转化而来的货币再转化为资本。尽管剩余价值分为各种不同的形式，但丝毫也不会改变它的性质以及使它成为积累要素的那些必要条件。不管资本家自己拥有的或分给别人的剩余价值的比例如何，资本家总是最先占有剩余价值。

第一节　　简单再生产

维持人生存的最低标准就是吃饭,不吃就会饿死。所以只要人存在,就无法停止消费。不论社会形式如何,人类必须连续不断地、周而复始地进行生产才能维持自己的需求。物质资料的生产是人类社会存在和发展的前提和基础。这样周而复始、不断更新的生产过程,就是再生产过程。

生产的条件同时也就是再生产的条件。生产需要生产资料和劳动力,再生产也需要生产资料和劳动力。任何一个社会,都必须持续地把它的一部分产品转化为生产资料或新的生产要素,否则,就不能进行再生产。如果其他条件不变,社会在一年里所消费的生产资料,即劳动资料、原料和辅助材料,能够被社会在一年中生产的数量相等的新物品所替换,那么,社会就可以在原有的规模上进行再生产或保持自己的财富。这些新物品,要从当年生产的产品总量中分离出来用于消费或贮存,在下一年重新并入生产过程,否则,就不能进行简单再生产。

资本主义的生产过程就是再生产过程。生产是资本主义性质的生产,再生产也是资本主义性质的再生产。

我们知道,资本主义生产是劳动过程和价值增值过程的统一,劳动过程只是价值增值过程的一种手段,同样,再生产也只是把预付资本作为能够自行增值的价值来生产的一种手段。某个人之所以能成为资本家,只是由于他的货币能够不断地执行资本的职能,能够不断地获取剩余价值。剩余价值作为资本的周期产物,具体表现为资本的收入形式。

如果资本家把这种收入只是作为他的消费基金,或者说,他在一个生产周期获得并在一定时期把它消费掉了,那么,在其他条件不变的情况下,这就是简单再生产。例如,某资本家投资10000元,工人一年中生产的剩余价值为2000元,但资本家把这2000元的剩余价值全部吃喝玩乐消费掉。这样,在生产中发挥作用的资本仍然是10000元,第二年的生产就会按原来的规模进行。

虽然简单再生产只是在原来生产规模上的重复,但是,这种重复会赋予生产过程某些新的特征。表面上好像仍是资本家每年投入一定的资本,可是实际上资本家早就花光了他们的那一点点最初的生产资本,后来投入的都是工人生产的剩余价值,这就是把资本主义生产作为孤立过程来考察时所产生的虚假特征。

可变资本的再生产

资本主义的生产过程是以购买一定时间的劳动力作为开端的,当劳动力的售卖时间到期后,资本家就必须重新购买。但是,工人只有在劳动力发挥了作用,即把劳动力价值和剩余价值实现在商品上之后,才能得到工资。因此,工人既为资本家生产了剩余价值,同时也生产了作为他自己报酬的基金,即可变资本。可变资本部分是在工人取得工资以前就已经生产出来,只是它被资本家占有了,工人只有不断地再生产剩余价值,资本家才可能雇用他。

在生产过程中,当工人把一部分生产资料转化为产品时,他以前生产的产品又重新转化为货币。就是说,工人今天劳动取得的报酬是用他以前的劳动来支付的。只要我们不是单独地考察一次生产过程,而是把资本主义生产当作一个连续不断的再生产过程来考察,工人的工资是资本家自己拿钱预付的假象立即就会消失。

可变资本不过是工人为维持劳动力再生产所必需的劳动基金的一种特殊表现形式，不管在什么社会，这种基金都必须由劳动者本人来生产和再生产。劳动基金之所以不断以工资支付的形式流动到工人手里，是因为工人自己生产的产品不断以资本的形式离开工人。但是，劳动基金的这种特殊表现形式并没有改变这样一个事实：资本家把工人自己的物化劳动预付给工人，就是说，资本家用来预付工人工资的可变资本，是工人在前一个时期所创造的新价值的一部分。

全部资本的再生产

只要把资本主义生产当作一个连续不断的再生产过程来考察，就会消除可变资本是资本家预付的假象。但是，资本主义的生产过程总要从某时某地开始。即使资本家最初的货币资本，不是依靠占有他人无酬劳动而获得，而是通过自己的原始积累而产生，但是，这些资本一旦进入资本主义的生产过程，就会发生根本的变化。这些变化不仅对可变资本有影响，而且影响整个资本。

工人创造剩余价值和可变资本，同时创造全部资本。

例如,有1000元的资本,每年能创造剩余价值200元。如果这些剩余价值每年都被资本家全部消费掉,那么,5年之后,资本家所消费掉的剩余价值总额就是1000元,这和他原有的资本价值总额相等。如果这些剩余价值只被资本家消费一半,那么,10年以后,资本家消费掉的剩余价值总额等于1000元,这也同他的原预付资本价值相等。就是说,资本家原有的资本实际上已经被他全部消费掉了,而现在的1000元货币资本,是由他在生产过程中无偿占有的剩余价值转化而来的。因此,撇开所谓的原始积累不说,单纯的生产过程或者简单再生产,经过一个或长或短的时期以后,必然会使任何资本都转化为积累的资本或资本化的剩余价值。哪怕这些资本在进入生产过程前是资本使用者本人挣得的财产,也迟早都会完全变成无偿占有的剩余价值,成为别人无酬劳动的货币形式或其他形式的化身。

总之,在资本主义的再生产过程中,工人不仅创造了剩余价值和可变资本,而且还创造了全部资本。

资本主义生产关系的再生产

资本主义简单再生产既是物质资料的再生产,同时也是生产关系的再生产。

要把货币转化为资本,除了商品生产和商品流通外,还需一个重要的条件:买卖双方的互相对立,即一方是拥有生产资料和生活资料的资本家,另一方是除了劳动力之外一无所有的雇用工人。所以,生产资料和劳动者的分离,是资本主义生产过程的起点和基础。

在资本主义生产过程中,通过简单再生产,作为起点的东西又作为结果不断重新生产出来。

一方面,生产过程不断地把物质财富转化为资本,转化为资本家榨取剩余价值的手段。另一方面,工人进入生产过程是一无所有的无产者,走出生产过程还是一无所有的无产者。工人在进入生产过程以前,他自己的劳动已并入资本而归资本家所有了,在生产过程中,工人的劳动以物化劳动的形式转化在他生产的产品中。因为资本主义的生产过程同时也是劳动力的消费过程,所以,工人生产的产品不但要不断地转化为商品,而且还要转化为资本,转化为能够实现自身增值的价值,转化为劳动者必需的生活资料和生产必需的生产资料。由此可见,工人是把客观财富当作资本,当作压迫他、统治他和剥削他的权利来生产,而资本家同样是把劳动力当作与生产资料相分离的、存储在工人身体中的财富源泉来生产,或者说资本家把工人当作生产剩余价值的机器,钱的机器。工人的这种不断再生产是资本主义生产的必不可少的条件。

资本主义的再生产,同时也是劳动力的再生产。工人的消费是劳动力再生产的一个重要因素。工人的消费有两种:生产消费和个人消费。生产消费是指在生产过程中,工人通过自己的劳动来消费生产资料,并把生产资料的价值转化为高于预付资本价值的产品。这同时也是资本家对他购买的劳动力的消费。个人消费就是工人用资本家支付的货币来购买生活资料,个人消费是为了满足个人生活需要。

孤立地看,工人的生产消费和个人消费是两种完全不同的消费。工人的生产消费是属于资本家的。在生产消费中,工人起着资本动力的作用,生产消费的结果是资本家悠哉悠哉地生存在社会的顶层。而工人的个人消费则是属于工人自己,这种消费发生在生产过程之外,个人消费的结果是:工人维持自己的生存。从表面上看,工人的消费似乎是与资本家无关的纯粹个人的事情,但从资本主义再生产过程来看,情况就不同了。工人个人的消费,只不过是为了维持自己劳动力的正常运转,如同牲畜要吃料,机器要上油一样,是再生产过程的一个要素。在这里,工人的个人消费实质上是一种直接的生产消费,但表面上却表现为一种与资本主义生产过程无关的无谓消耗。

把资本主义生产过程联系起来考察,或者把资本主义生产过程作为再生产过程来考察就会发现,资本主义的再生产就是资本主义生产关系的再生产。它不仅生产商品和剩余价值,而且还生产和再生产资本主义生产关系本身。资本主义再生产的实质,就是资本家和工人的不断相互对立。

关键词:剩余价值　生产消费　个人消费

第二节　扩大再生产

资本主义扩大再生产，是指在规模扩大的基础上不断更新的生产。资本家把得来的剩余价值作为资本，购买生产资料等重新投入生产，这就是资本积累，同时，也达到了扩大再生产。

例如，木梳厂厂主预付了4000元的资本，其中3000元作为不变资本，用来购买木材机器等，另外1000元作为可变资本，用来支付工人的工资。假定剩余价值率为100%，剩余价值就是1000元。如果要把新增加的1000元剩余价值再转化为资本，那么，在其他条件不变的情况下，他就必须从中取出 $1000 \times (3000 \div 4000) = 750$ 元作为购买木材、机器的预付资本，另外250元用来购买新的木梳工人的劳动。于是，在生产过程中，这1000元的新资本又能生产250元的剩余价值。

黑奴贸易是资本原始积累的重要手段。

作为单个的资本家，商品能在市场上流通，是因为他把自己的商品投入市场，其他资本家也把自己的商品投入市场，而这些商品在进入市场以前，就已经存在于由社会总资本一年内生产的各种物品总额中了，每个资本家都只能占有其中的一个相应部分。通过市场交换，产品从一个人的手里转到另一个人的手里。这种交换既不能增大年生产的总额，也不能改变产品的本来性质。所以，全部年产品用途，不是取决于它的流通，而是取决于它本身的构成。但是，年产品中的一部分必须用于补偿一年中已经消耗掉的生产资料和生活资料，扣除这一部分后，剩下的就是年剩余产品。如果这些年剩余产品只能满足资本家的个人消费，那它们只能加入资本家的消费基金中。由于剩余价值被挥霍一空，资本家就只能进行简单再生产，没办法扩大了。

要积累，就必须把一部分剩余价值转化为资本。但是，如果没有奇迹出现，能够转化为资本的就只是劳动过程可以使用的生产资料和生活资料。总之，剩余价值之所以能够转化为资本，是因为剩余产品已经包含了新资本的物质组成部分。要使新资本的物质组成部分真正执行资本的职能，资本家还需要追加劳动，如果不能从劳动的外延和内涵方面增加对工人的剥削，那必须追加劳动力。资本主义的生产方式为劳动力的追加提供了条件。资本家只要把用追加的剩余价值购买的生产资料和劳动力结合起来，剩余价值就转化为资本了。简单地说，积累就是资本规模不断扩大的再生产。

在上例中，木梳厂主用 4000 元原有资本获得了 1000 元的剩余价值，这 1000 元的剩余价值转化成资本。新的 1000 元资本又带来 250 元的剩余价值，这 250 元的剩余价值转化成第二个追加资本，又可以带来 $250 \times (250 \div 1000) = 62.5$ 元的剩余价值……

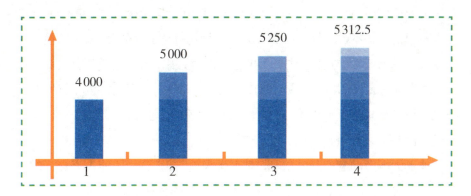

木梳厂主的原有资本是由预付的 4000 元货币形成的。那么，资本家的最初预付资本是从哪里来的呢？资产阶级经济学家认为是通过资本所有者本人和祖先的劳动得到的，这似乎是唯一符合商品生产规律的。其实，最初的预付资本也是通过掠夺他人劳动而积累起来的，这里暂且不论。而追加的1000元剩余价值就完全不同了，它已经彻底资本化，从一开始它就是由工人的无酬劳动产生的。资本家为扩大再生产而追加的生产资料和生活资料，都是剩余产品中不可缺少的组成部分，即资本家从工人阶级那里夺取的"贡品"中不可缺少的组成部分。如果资本家用这些"贡品"中的一部分来购买追加劳动力，哪怕是用十足的价格来购买，也会暴露出剥削者的老把戏，这就是：用从被剥削者那里掠夺来的货币去购买被剥削者的商品。不管怎样，工人阶级总是用他们这一年的剩余劳动创造了下一年的追加资本，这就是所谓的"资本生资本"。现在，对无酬劳动的占有，已成为扩大生产规模的唯一条件。资本家积累得越多，得到的剩余价值就越多，越能更多地积累。

既然资本家的追加资本是用他在工人身上榨取的剩余价值购买劳动力进行再剥削的结果，那么，以商品生产和商品流通为基础的私人占有规律，通过它自身的矛盾运动不可避免地要转变为自己的直接对立物。工人和资本家最初在劳动力买卖上表现出来的等价交换原则，已经变得只剩下形式了。第一，用来购买劳动力的那一部分追加资本，本身就是通过不等价交换占有的工人劳动产品的一部分。第二，这部分资本不仅要让它的生产者（工人）来补偿，而且还要加上新生产的剩余价值。这样一来，工人和资本家之间的劳动力等价交换关系，仅仅成为一种表面形式，其中隐藏着资本主义丑恶的内容：资本家用他总是不付等价物而占有的工人物化劳动的一部分，来不断换取工人更大量的活劳动。这样，在扩大再生产的过程中，商品生产所有权就变成了资本家的占有权。本来，所有权是以自己的劳动为基础的。因为买卖的双方，都是权利平等的商品所有者，只有让出自己的商品，才能占有别人的商品，而自己的商品又只能由自己的劳动创造。但是，对资本家来说，所有权表现为占有他人无酬劳动和产品的权利；对工人来说，却表现为不能占有自己的产品。所有权和劳动的分离，是资本主义生产发展的必然结果。

关键词：扩大再生产　资本积累

第三节 资本和收入

　　资本家剥削了工人的剩余价值,可以将其投入到再生产中,从而得到更多的剩余价值。但是,资本家也不是机器人,如果把剥削得来的剩余价值都用于再生产,那他吃什么? 喝什么? 玩什么?

　　资本家可绝不会委屈自己,事实上,剩余价值不仅仅是消费基金,也不仅仅是积累基金,而是二者兼而有之。剩余价值中的一部分由资本家作为个人收入而消费掉,另一部分则被作为资本积累起来。在一定量的剩余价值中,其中的一部分越大,另一部分就越小。在其他条件不变的情况下,消费基金和积累基金分割的比例决定着资本积累的数量。但这种分割是由剩余价值的所有者——资本家来控制的。因此,这是资本家的个人意志。至于资本家在他所征收的剩余产品中所积累的那一部分,按资本家的说法,是他"节约"下来的,因为他没有把所有的剩余价值都吃光用尽。就是说,作为资本家,他执行了自己的职能,即致富的职能。资本家只有作为人格化的资本,才具有历史的价值,也只有这样,资本家个人生产的必然性才包含在资本主义生产方式的必然性中。因此,资本家的动机,也就不是使用价值和享受,而是交换价值和交换价值增值。资本家狂热地追求价值的增值,肆无忌惮地迫使工人为生产而生产。也只有这样的条件,才能为一个更高级的、以个人全面而自由的发展为基本原则的社会形式奠定现实基础。

　　资本家只是作为资本的人格化才受到尊敬。作为资本的人格化,资本家同守财奴一样,具有强烈的致富欲望。不过,守财奴的致富欲望表现为个人狂热地贮藏更多的货币,而资本家的致富欲望则在社会机构中起着主动轮的作用。正是这个主动轮,推动资本家去追求更多的剩余价值,进行更多的资本积累。另外，资本主义生产的发展，使投入工业企业的资本有不断增长的必要，而竞争使资本主义生产方式的经济规律以强行的方式支配着每一个资本家。为了避免在竞争中被淘汰，资本家只有不断地扩大自己的资本，而扩大资本的办法只能靠不断地积累。所以，就资本家的一切行动都是通过资本的职能而言，资本家的私人消费也就成了对他的资本积累的掠夺。积累是对社会财富世界的征服。资本家只有拼命地积累，不断地扩大被剥削的工人人数，才能扩大其直接或间接统治。

这幅壁画反映了在不平等的资本主义社会里，穷人更穷，富人更富，许多人没有社会保险，无家可归，而富人却花越来越多的钱消费那些华而不实的东西。

在资本主义社会，原罪到处发生作用。随着资本主义生产方式、积累和财富的发展，资本家不再仅仅是资本的化身。资本家既要积累，也要享受。在资本主义生产方式的历史初期，资本家的致富欲和贪欲是作为绝对的欲望占统治地位，但是，为了积累，资本家只有"节制"自己的享受欲，每个资本主义的暴发户都不同程度地经过这个历史阶段。但随着资本主义生产的进步和资本剥削范围的扩大，随着投机和信用事业的发展，资本不仅创立了一个新的享乐世界，还开辟了千百个突然致富的途径。在这个发展阶段上，挥霍财富已经习以为常，并作为炫耀富有从而取得信贷的一种手段，甚至成了资本家营业上的一种必要，奢侈也被列入了资本的交际费用。

资本家财富的增长，不像货币贮藏者那样同自己的个人消费和节约成比例,而是同他榨取工人剩余劳动的多少和迫使工人放弃一切生活享受的程度成比例。因此,尽管资本家的挥霍不像放荡的封建地主的挥霍那样直截了当,但在资本家的挥霍背后总是隐藏着最肮脏的贪欲和最"精明"的盘算。由于资本主义生产的发展和财富的不断增长,在资本家进行挥霍的同时,积累也在增加,这就避免了挥霍和积累的冲突,一方决不会妨害另一方。

美国作家罗伯特·弗兰克在他的新书《富豪之地:美国财富暴增与新富豪生活之旅》中指出,"美国现已成为生产百万富翁的世界领袖"。目前在美国,身家100万~1000万美元的共有750万户,家财1000万~1亿美元的有200万户,另有数以千计超级富豪更拥有1亿~10亿美元的财产。在2004年,这些美国百万富翁共拥有30万亿美元财富,比中国、日本、巴西、俄罗斯和全欧洲的国内生产总值加起来还要多。对于这些新贵富豪来说,香车、美女、游艇、豪宅当然是他们字典里不可或缺的字眼。弗兰克在书中介绍,游艇商从这些美国新贵那里接订单都接到手软,若将订造的所有游艇连起来,足有24公里长。除此之外,经营富豪圈、加入高档俱乐部,也不失为富豪们彰显身份,结交朋友的好办法。这些超级富豪们可以在俱乐部找到背景相似的人,一起谈论如何投资以及怎样处理自己庞大家产等问题。

威尼斯瓷器镶楼梯

63岁的曼哈顿富豪巴齐内,靠售卖陶器小饰物赚1亿美元,是曼哈顿最大手花钱的富翁之一。巴齐内的5层豪宅内有一道旋转楼梯,竟然全部镶有人手雕刻的威尼斯瓷器,尽显主人的奢侈浮华。不过巴齐内似乎对这座豪宅仍不满意,打算搬进更大更阔的住宅。另外,巴齐内养的两只宠物猫也堪称无价宝,这两只名叫尼科拉斯和内森的小家伙来头不小,属于极其珍稀的欧西猫种,样子看上去就像两只小豹子。

女友每年10万脂粉费

55岁的顾问界大腕乔治·克卢切,身家高达6000万美元,他每年都要在佛罗里达的富人聚居地棕榈滩优哉游哉地度假。仅是女友的衣服和珠宝两项，克卢切每年就要花10万美元。

豪宅如酒店，佣仆上百人

木材和地产大亨提姆·布利克斯塞思拥有两部价值32万美元的顶级劳斯莱斯Phantom豪华房车。布利克斯塞思的豪宅则俨如酒店度假村，其中连客房都建成独立别墅，整整10栋。另外还有超大型的地下舞厅，后院配有私人高尔夫球场，豪宅前的喷水池仿照拉斯维加斯Bellagio赌场的喷水池建成，而长长的车道用的是法国香榭丽舍大道同类的街灯。布利克斯塞思雇用了105人为自己专门打理豪宅庭院，饮食起居，其中厨师就请了10个。豪宅里使用的毛巾、浴袍以及职员制服上都印上专属于布利克斯塞思的标志。

弗兰克在书中写道，据专为富豪定制马桶的埃利克·罗什透露，他就曾经接到一个订单，要求其将马桶坐垫用美洲鳄鱼皮制作，结果罗什真的将两块鳄鱼皮缝在一起做成坐垫，花掉5000美元。弗兰克还参观过一个面积约为40平方米的巨型衣帽间，主人居然给衣帽间安装上了干洗店式的传输带，以便她可以存放数不清的晚装，并可方便快捷地找到想穿的衣服。亿元富豪俱乐部的门槛通常高得吓人，比如曼哈顿私人俱乐部MetCircle就只考虑身家在1亿美元以上的人物。

英国古典经济学家亚当·斯密曾经说过："勤劳提供物资，而节俭把它积累起来。"所谓节俭，就是把尽可能多的剩余价值或剩余产品重新转化为资本。为积累而积累，为生产而生产，这是古典经济学为资本主义生产列定的公式，这个公式表达了资产阶级时期的历史使命。在古典经济学看来，无产者不过是生产剩余价值的机器，而资本家则是把这剩余价值转化为追加资本的机器。古典经济学对待资本家的历史职能非常严肃，就是为了使资本家的内心摆脱挥霍和积累的冲突。

英国古典政治经济学的代表李嘉图认为，为了让工人更勤勉地劳动，必须尽可能地把工人的工资减到最低限度。他们直言不讳地说，生财之道就在于占有更多的无酬劳动。

决定剩余价值积累量的几种情况：

第一，如果剩余价值中资本和收入的比例已定，那么，资本的积累量就取决于剩余价值的绝对量。

假定剩余价值中80%作为资本，其余的20%被消费掉，那么，积累的资本的数额，就取决于剩余价值的总额是多少。也就是说，决定剩余价值量的那些因素，同时也影响着资本积累的数量。我们知道，剩余价值率首先取决于劳动力的剥削程度。政治经济学非常重视剥削程度的这种作用，以至于有时把因提高劳动生产率而形成的积累的加速，与因对工人的剥削程度加重而形成的积累的加速等同起来。在论述剩余价值生产的时候，我们是假定工资与劳动力的价值相等。但是，把工资强行压低到劳动力的价值以下，这在资本的运动中有着极为重要的作用。在一定限度内，把工资强行压低到劳动力的价值以下，实际上是把工人的必要消费基金转化为资本的积累基金。

那么，直接掠夺工人生活必需的消费基金，对于剩余价值的形成，以及

李嘉图认为使用价值是交换价值的前提，虽然修建铁路及火车的建造需要投入很多，但由于其巨大的实用性，铁路系统不断扩展。图为1862年伦敦火车站拥挤的人群。

资本的积累基金的形成,究竟起着一种什么样的作用呢?

在前面我们已经说过,在所有的工业企业中,由劳动资料构成的那一部分不变资本,必须足够供一定数量的工人使用,不过,这一部分不变资本可以不按它所使用的劳动量比例增加。我们假设某工厂有100个工人,每个工人一天劳动8小时,100个工人一天就劳动800个小时。如果资本家想把这800个劳动小时再增加一半,他可以再雇用50个工人,但这样一来,他不仅要在工资上增加新的预付资本,而且还要在劳动资料上增加新的预付资本。如果他把原有的100个工人的劳动时间由8小时延长到12小时,那么,他现有的劳动资料就足够使用了,只是损耗得快一些罢了。由此可见,提高劳动力的紧张程度而获得的追加劳动,即使没有相应增加它的不变资本部分,也可以增加剩余产品和剩余价值,即可以增加积累的实体。

在采掘工业中,例如采矿,其原料不是预付资本的组成部分,它的劳动对象也不是过去劳动的产品,如金属矿石、矿物、煤炭、石头等都是由大自然无偿赠予的。在这里,不变资本几乎全部由劳动资料组成,因此,它们可以很容易地容纳增加了的劳动量,比如工人日夜换班。在其他条件相同的情况下,产品数量和价值的增加与它所使用的劳动成正比。在这里,形成产品的原始要素,也就是形成资本物质成分的要素——人和自然是同时起作用的。由于劳动力具有伸缩性,因此,即使事先没有增加不变资本,积累的领域也能扩大。

在农业中,如果不事先预付追加种子和肥料,就不可能扩大耕地。但是,一旦预付了追加的种子和肥料,只要原有数量的工人付出的劳动量比以前更多,更好地做好庄稼的管理工作,也会对产量的提高产生奇迹般的作用。那么,即使不预付新的劳动资料,也可以提高产量,获得更多剩余价值。这就是人对自然的直接作用。这种作用即使没有新资本的介入,也会成为扩大积累的直接源泉。

在具有真正意义的工业中,任何追加的劳动消耗都要求相应的追加原料的消耗，但不一定要追加劳动资料的消耗。因为，采掘工业和农业为加工工业提供了它本身需要的原料和劳动资料，所以，采掘工业和农业不需要追加资本就能生产追加产品，这对加工工业是非常有利的。总的结论是：资本一旦合并形成财富的两个原始要素，即劳动力和土地后，它便获得了一种扩张的能力，这种能力可以扩展资本的积累要素，并超出由它本身大小而确定的范围，即超出体现资本存在的生产资料的价值和数量所确定的范围。

第二，社会的劳动生产率水平。

随着劳动生产力的提高，体现一定量的价值和剩余价值的产品量也会提高。在剩余价值率不变或者下降的情况下，只要剩余价值率下降的速度低于劳动生产力提高的速度，剩余产品量就会增加。单个商品的剩余价值率=单个商品的剩余价值÷做单个商品的可变资本(即工资)。一定的资本下产生的是多个商品，所以以单位时间内产生的剩余价值是单个商品的剩余价值与单位时间内生产商品数量的乘积。生产力提高，单位时间内产生的商品数量也相应提高。因此，在剩余产品中，作为收入和追加资本部分的比例保持不变，资本家的消费就可以增加，而且，积累基金也会同比例增加。

$$单个商品的剩余价值率=\frac{单个商品的剩余价值}{生产单个商品的可变资本（即工资）}$$

$$单位时间内生产的剩余价值 = 单个商品的剩余价值 \times 单位时间内生产商品的数量$$

生产力提高单位时间内产生的商品数量也相应提高

剩余价值率的速度　　劳动生产力提高的速度

积累基金的相对量可以通过牺牲消费基金来增加，同时，由于商品变得便宜,资本家享用的消费并没有减少,甚至比过去还要多。但我们知道,工人变得便宜和剩余价值率的增加,是同劳动生产率的提高同时进行的,即使在实际工资提高的情况下也是如此,因为实际工资的提高从来都不会和劳动生产率的提高按同一比例增加。这样,同一可变资本价值就可以推动更多的劳动力,从而也就可以推动更多的劳动;同一不变资本价值就可以体现在更多的生产资料上,即体现在更多的劳动资料、劳动材料和辅助材料上,从而可以为产品和价值的形成提供更多的要素,或者说,可以为产品和价值的形成提供更多的劳动要素。因此,在保持追加资本的价值不变甚至降低追加资本的情况下,积累仍然可以加快。这样,不仅在物质上扩大了再生产的规模,而且剩余价值的生产也比追加资本的价值增长得更快。

另外,劳动生产力的发展还会对原资本或已经处于生产过程中的资本产生反作用。一部分执行职能的不变资本是由劳动资料如机器等构成的,只有经过一个较长的时期,这些劳动资料才会被消费掉。但是,随着生产这些劳动资料的生产力的不断发展,那些旧的机器、工具、器具等就会被效率更高的、价格更便宜的所代替。撇开现有劳动资料在细节上不断改进不说,旧的资本也会以生产效率更高的形式被再生产出来,而不变资本的另外一部分(即原料和辅助材料)也会在一年当中被不断地再生产出来。因此,每采用一次改良方法,都会对追加资本和已在执行职能的资本同时产生影响。

举个例子说明:做木梳用的车床买时价格是4000元/台。但是,生产车床的工厂生产力提高,价格下降,现在是2000元/台。继续使用原来的车床,转入到单个商品中的价值就是新产车床的2倍。这就导致生产成本的提高,商品的市场竞争力下降。

化学上的每一个进步不仅能增加有用物质的数量和已知物质的用途,随着资本的增加和投资领域的扩大,它还可以教会人们如何把生产过程和消费过程中的废料重新投回到再生产过程的循环中去。这样,不需要预先支出资本,就可以创造出新的资本材料。就像只要提高劳动力的紧张程度,就可以加强对自然财富的利用一样，科学技术使执行职能的资本具有一种不以它的意志为转移的扩张能力。同时，这种扩张能力对原资本中已进入更新阶段的那一部分资本也会发生反作用。资本的新形式无代价地合并了它的旧形式，从而实现了一种社会的进步。但是，这种生产力的发展同时会使正在执行职能的资本部分贬值，只要这种贬值通过竞争被资本家清楚地意识到后，他们会以各种名义将其悄悄地转移到工人身上，资本家总是力图用加强对工人剥削的办法来弥补自己的损失。

劳动一方面把它所消费的生产资料的价值转移到产品上去，另一方面，一定量的劳动

工业革命的发展，需要资本不断投入，图为1770年前后英国发明的水力纺织机。

所推动的生产资料的价值和数量是同劳动生产效率的提高成比例地增加的。因此，同量的劳动虽然只是给自己的产品增加同量的新价值，但是，随着劳动生产率的提高，由劳动转移到产品上的旧资本的价值仍然会增加。

恩格斯告诉我们："在1782年的英国，由于缺少工人，前三年剪下的羊毛全部都没有加工，假若不是新发明的机器帮忙，把所有的羊毛都纺出来的话，这些羊毛还得这样搁下去。"在机器生产中，物化劳动虽然没有直接创造出任何一个人，但它使为数不多的工人通过追加相对少的活劳动，就能不仅可以把羊毛消费掉并加进新的价值，而且还能以毛纱的形式保存它的旧价值。同时，它还为羊毛的扩大再生产提供了必要的刺激手段。在创造新价值的同时又保存旧价值，这是活劳动的自然恩惠。随着劳动生产资料的效能、规模和价值的增长，随着劳动生产力的发展而形成积累增长，劳动在不断更新的形式中把不断膨胀的资本价值永久保存下来。劳动的这种自然能力表

现为资本所固有的自我保存能力。正如劳动的社会生产力表现为资本的属性一样，资本家对剩余劳动的不断占有表现为资本的不断自行增值。劳动的一切力量都表现为资本的力量，正如商品价值的一切形式都显现为货币的形式一样。

随着资本的增长，使用资本和消费资本之间的差额也在增大。就是说，劳动资料如建筑物、机器、排水管，以及各种器具的价值量和物质量都会增加，这些劳动资料在一个或长或短的时期里，在不断循环反复的生产过程中，为达到某种效果，它们本身却是逐渐损耗的，即一点点儿地把自己的价值转移到产品中去。如果劳动资料只是作为产品形成要素发生作用而不把价值加到产品中去，也就是说，如果劳动资料是整个被使用而只是部分地被消费，那么，它们就像我们在上面说过的自然力如水、蒸汽、空气、电力等那样，为资本提供无偿的服务。这种无偿服务，会随着积累规模的扩大被积累起来。

在劳动力的剥削程度已定的情况下，同一资本所创造的剩余价值量就取决于被剥削的工人人数，而工人人数和资本的量是相适应的，虽然它们的比例是变动的。资本由于连续积累增加得越多，分为消费基金和积累基金的价值额也就越多。所以，资本家既能使生活过得更优裕，又能更加"禁欲"。最后，随着预付资本量的扩大，生产的规模也不断扩大，生产的全部发条也就开动得越是有力。

关键词：剩余价值　剩余价值积累

第四节 资本主义积累的一般规律

在资本的积累过程中,资本的增长对无产阶级的命运会产生非常重大的影响。资本积累不仅引起资本量的变化,而且引起资本构成上的变化。资本积累不但引起无产者在数量方面的增加,而且还造成相对过剩人口,形成产业后备军,从而使无产阶级贫困化。

资本积累对工人工资水平的影响

资本的增长将对工人阶级的命运产生非常不利的影响,产生这种影响最重要的因素就是资本的构成和它在积累过程中所起的变化。

资本的构成要从双重的意义上来理解。从价值方面来看,资本的构成是由资本分为不变资本和可变资本的比率(分为生产资料的价值和劳动力的价值即工资总额的比率)来决定的。从在生产过程中发挥作用的物质方面来看,每一个资本都分为生产资料和活的劳动力,这种构成是由所使用的生产资料量和为使用这些生产资料而必需的劳动量之间的比率来决定的。前一种构成叫作资本的价值构成,后一种构成叫作资本的技术构成。二者之间有密切的相互关系。为了表达这种关系,我们把由资本技术构成决定并且反映技术构成变化的资本价值构成,叫作资本的有机构成。

因此,资本主义的生产机构可以自行排除它暂时造成的障碍,劳动价格也就能够重新降到适合资本增值需要的水平,而不管这个水平现在是低于、高于或者等于工资提高前的正常水平。

由此可见,第一种情况并不是劳动力或工人人口的绝对增加(相对增加)的减缓引起资本的过剩,相反却是资本的增长引起可供剥削的劳动力不足。

第二种情况也并不是劳动力或工人人口的绝对增加(相对增加)的加速引起资本的不足,相反是资本的减少造成可供剥削的劳动力过剩,或者说使劳动力价格过高。这些资本积累的绝对运动,是可供剥削的劳动力数量的相对运动的反映,因此,从表面上看,它好像是由后者自身的运动引起的。用一句数学术语来说:积累量是自变量,工资量是因变量,工资量随积累量的变化而变化。同样,在工业周期的危机阶段,商品价格的普遍降低表现为货币相对价值的提高,而在繁荣阶段,商品价格的普遍提高则表现为货币相对价值的降低。所谓的通货学派就是从这里得出结论,他们认为物价高是因为流通的货币太多,物价低则是流通的货币太少。这种无知造成对事实的完全误解。一些经济学家可以与这些通货学派相互"媲美",他们把上述积累的现象解释为:第一种情况是雇用工人太少,而第二种情况则是雇用工人太多。

对于所谓"自然人口规律"基础的资本主义生产规律,可以做一个这样的简单归纳:资本、积累同工资率之间的关系,不过是转化为资本的无酬劳动和为推动追加资本而必需的追加劳动之间的关系。因此,资本量和工人人口数量绝不是两个彼此独立的量,与之相反,这只是同一工人所提供的无酬劳动和有酬劳动之间的关系。如果这个由工人阶级提供而由资产阶级所积累的无酬劳动量增长得十分迅速,以至于只有大大追加有酬劳动才能转化为资本,那么工资就会提高。而在其他条件不变的情况下,无酬劳动就会相应减少。一旦这种减少达到某一点,致使滋养资本的剩余劳动不再有正常数量的供应地,反作用就会发生,即收入中作为资本的那一部分就会减少。资本家当然不允许积累削弱,他们会采取降低工资的手段来保持积累的数额。可见,劳动价格的提高被限制在一定的界限内。

被神秘化的资本主义积累规律的本质,实际上不过是绝不允许劳动剥削程度的任何降低或劳动价格的任何提高危及资本关系的不断再生产和它的规模不断扩大的再生产。在资本主义生产方式下,不是物质财富为工人的发展需要而存在,而是工人为现有价值的增值需要而存在。

资本积累与相对过剩人口

资本积累最初只是表现为量的增加,但随着积累的不断扩大,资本构成也不断提高。资本构成的这种变化,是通过减少可变资本来增加不变资本而实现的。在资本主义生产方式下,随着劳动生产力的发展,资本有机构成也不断发生变化。一般说来,资本有机构成的提高要快于资本的积累和社会财富的增大。因为随着科学技术的进步,不变资本和可变资本的比例会发生变化。社会对劳动力的需求,不是由总资本的大小决定,而是由可变资本的大小决定。这样,可变资本就会随着总资本的增长而递减,与此相适应,社会对劳动力的需求也必然相对地减少。当然,随着总资本的扩大,劳动力的绝对量也会增加,但增加的比例会越来越小。可是,可变资本随着总资本的增长而相对减少,并且可变资本降低的速度总是快于总资本增长的速度,在资本主义社会却表现为一种相反的现象,好像工人人口的增长总是快于工人就业手段的增长。事实上,资本积累按其能力和规模总是不断地生产出相对过剩人口。

从社会总资本的角度来考察,资本积累运动是周期性变化的。在某些生产部门,由于单纯的集中,尽管资本的构成发生变化,但资本的绝对量没有增加,那么,这些部门对劳动力的需求就会绝对减少。有些生产部门,资本的绝对增长同劳动力的绝对减少同时并

工人排队领取救济金。

存，还有一些生产部门，资本时而在原来的构成上持续增长并按其比例来追加劳动力，时而又改变它的构成，并以此来排斥工人。但是，不管什么生产部门，可变资本的增长以及就业工人人数的增长，总是同过剩人口的形成与变化结合在一起的。随着资本积累的增长，生产规模的扩大和工人人数的增加，以及资本主义社会劳动生产力的发展和社会财富的增长，资本对工人既吸引又排斥的规模也不断扩大，资本有机构成的提高和资本技术构成的变化速度也将加快，那些时而同时、时而交替卷入这些变化的生产部门的数量也会不断增加。因此，工人在生产出资本积累的同时，还以日益扩大的规模生产出使自己成为相对过剩人口的手段。所以，资本积累的规律，就是相对过剩的人口规律。

相对过剩人口是资本积累或资本主义财富发展的必然产物，同时，这种相对过剩人口又反过来成为资本积累的杠杆，成为资本主义生产方式存在的一个条件。因为，相对过剩人口形成了一支可供支配的后备大军，它绝对地隶属于资本。过剩人口不受人口实际增长的限制，它将为不断变化的资本增值需要创造出更多可供剥削的雇佣劳动者。另外，相对过剩人口的存在将对资本主义生产方式产生极为重要的影响。一方面，相对过剩人口的存在会对在业工人造成极大的压力，迫使在业工人不得不过度劳动和忍受资本家的摆布。另一方面，一部分工人从事过度的劳动会迫使另一部分工人无事可做，反过来，一部分工人无事可做又迫使另一部分工人过度劳动。所以，相对过剩人口的存在，成了各个资本家致富的手段，同时又按照与扩大资本积累相适应的规模加速了产业后备军的生产。

相对过剩人口的存在形式是多种多样的，半失业和全失业的工人都属于相对过剩人口。除工业周期阶段的更替使相对过剩人口具有周期反复的形式外，通常情况下，相对过剩人口表现为3种形式：即流动形式的过剩人口、潜在形式的过剩人口和停滞形式的过剩人口。

流动形式的相对过剩人口，主要出现在现代工业的中心。在这些工业中心,无论是大工厂还是工业手工场,都只是雇用一定年龄段的工人,不符合条件的工人就只有流落街头。另外,由于资本主义生产的周期循环性,经济高涨时雇用工人,经济萧条时解雇工人。工人时而被吸收,时而被排挤,虽然从总体上看,工人就业人数是增加的,但增加的比率同生产的规模相比不断缩小,这就使过剩人口处于一种流动的状态。

潜在形式的相对过剩人口,是指那些因为农业的发展而出现的过剩人口。农业一旦被资本主义的生产方式所占领,随着资本的积累和有机构成的提高,对农业工人人口的需求就会绝对地减少,大批农业工人被排挤,这种排挤是永久性的,它不像工业的排挤那样还有被吸收的可能,被农业排挤出来的工人只能等待和准备转入城市。这种形式的过剩人口为资本家提供了一个长流不息的劳动力源泉。但它只有在工业需要劳动力时才能流入城市,所以,农业工人的工资被压到最低限度,他们总是有一只脚陷在等待救济的泥潭。

停滞形式的相对过剩人口,是现役劳动大军中的一部分。他们的就业极不规则,因此,为资本提供了一个贮存劳动力的蓄水池。这种过剩人口的主要来源是:大工业和农业的失业者、破产的手工业者、倒闭的工场手工业工人。他们的生活状况在工人阶级平均正常水平以下,其特点是劳动时间最长,工资最低。

最后,陷入最底层的相对过剩人口是需要救济的赤贫阶层,这个阶层又由三类人组成:第一类是有劳动能力但无固定职业的工人。第二类是候补劳动者,即孤儿和需要救济的贫民子女。第三类是丧失了劳动能力的无家可归者,主要有因分工而被淘汰的工人、老年人和残疾人。

总之,资本的积累,一方面使社会财富越来越集中在少数资本家手中,另一方面则使相对过剩人口大量存在,从而使创造社会财富的工人阶级陷于贫困之中,社会地位和生活状况日趋恶化。因此,社会积累的资本越大,它的增长规模也越大,从而无产阶级的绝对数量即产业后备军也就越大。由于可供支配的劳动力和资本都是因同一原因而发展起来的,所以,产业后备军的数量是和财富的数额一同增长的。但是,同现役劳动大军相比,产业后备军的数量越大,社会的相对过剩人口也就越多。工人阶级中贫苦阶层和产业后备军越大,需要社会救济的贫民也就越多,这就是资本主义积累的一般规律。

关键词:资本的价值构成　资本的技术构成　资本的有机构成

第五节　原始积累

原始积累的本质

我们已经知道了货币转化为资本，资本生产剩余价值，剩余价值又转化为新资本的资本积累过程。但是，资本积累是以剩余价值为前提，而剩余价值又以资本积累为前提，那么，资本家最初办工厂时，哪儿来的资金购买生产资料？这个问题使我们摆脱这个循环。因此，我们假定，在资本主义积累之前有一种"原始"积累，这种积累就是资本主义生产方式的最初起点。

资产阶级经济学者用类似神学"原罪"的方法，来解释资本原始积累的起源。

社会之所以出现大多数人的贫穷和少数人的富有，其原因就在于这种"原罪"。表面上资本家剥削工人被说得理所当然，但事实上，历史真实地记录了资本主义原始积累的过程中的征服、奴役、劫掠和杀戮，总之，暴力起着巨大的作用。

就像生产资料和生活资料一样，货币和商品并不是一开始就是资本。它们只有在一定的条件下才能转化为资本，转化的条件是要有两种极不相同的商品所有者互相对立又相互联系：一种是货币、生产资料和生活资料的所有者，他们要购买别人的劳动力来增值自己的资本总额，也就是资本家。另一种是自由劳动者，也就是出卖劳动力的工人。自由劳动者有双重意义，他们既不像奴隶、农奴那样被直接当作生产资料，也不像自耕农那样拥有一定的土地作为生产资料，正相反，他们同生产资料完全分离，并因脱离生产资料而"自由了"。

亚当·斯密像
英国古典主义经济学家。为积累而
积累，为生产而生产，是古典经济
学为资本主义生产列出的公式。

这自由也是表面的，如果工人不去为资本家生产剩余价值，那么工人就没有饭吃，就得饿死。

商品市场的这种两极分化，产生并形成了资本主义生产的基本条件，而资本关系的产生则是以劳动者同生产资料的分离为前提，资本主义生产一旦站稳脚跟，它就不只是保持这种分离，还会通过不断扩大的再生产来加大这种分离。因此，资本主义生产关系建立的过程，就是劳动者和他的劳动条件的所有权分离的过程。这个过程一方面使资本家把生产资料和生活资料转化为资本，另一方面使直接劳动者转化为雇佣工人。因此，原始积累的实质，就是劳动者和生产资料相分离的历史过程。由于这一过程发生在资本主义生产方式完全确立之前，所以叫作资本的原始积累。

资本主义社会的经济结构是从封建社会的经济结构中产生的，封建社会的解体使资本主义社会的要素得到解放。

只有当自己不再束缚于土地，不再隶属于他人的时候，劳动者才能自由地支配自身。劳动者要成为劳动力的自由出卖者，必须能够把他的商品带到任何一个市场去。另外，要成为劳动力的自由出卖者，他还必须摆脱行会的控制，摆脱行会的学徒帮工制度以及对劳动的约束性规定。

生产者转化为雇佣工人的历史，一方面表现为生产者从隶属地位和行会束缚下解放出来，资产阶级历史学家只看见这一点，于是奋力鼓吹资本主义的优越性。另一方面，被解放的生产者只有在封建制度给予他们的一切生存保障和一切生产资料被剥夺之后，才能成为他们自身的出卖者。资产阶级对直接生产者、劳动者进行剥夺的历史，已被血与火的文字载入人类编年史。

劳动者处于奴役状态，是产生雇用工人的起点，也是资本家的发展过程的起点。资本家的发展过程就是这种奴役状态的形式变换，即由封建剥削变成资本主义剥削。要了解资本家的发展过程，不必追溯太远。在地中海沿岸的某些城市，虽然十四五世纪就已经稀疏地出现了资本主义生产的最初萌芽，但进入资本主义时代，则是从16世纪才开始的。

在原始积累的历史进程中，凡是对资产阶级的形成起过推动作用的一切变革，都是历史上划时代的事情，但首要的因素是大量的人突然被强制同自己的生存资料相分离。这些被剥夺了生存资料的人，被当作不受法律保护的无产者抛向劳动市场。对农民土地的剥夺，是资本家全部发展过程的基础。这种剥夺的历史在不同的国家带有不同的色彩，在资本主义的发展过程中，英国具有最典型的形式。

15世纪末16世纪初，资本主义生产方式的变革序幕被拉开。由于封建家臣的解散，无产者不受法律保护，他们被大量地抛向劳动市场。资产阶级为夺取王权，用暴力加速了封建家臣的解散，但王权绝不是无产者被抛向劳动市场的唯一原因。同资产阶级顽强对抗的大封建主，把农民从土地上赶走，夺去了他们的公有地，由此造成了不计其数的无产阶级。在英国，特别是弗兰德毛纺织工场手工业的繁荣，以及由毛纺织手工业的繁荣而引起的羊毛价格上涨，对把农民从土地上赶走起了直接的推动作用。大规模的封建战争消灭了旧的封建贵族，而新的封建贵族则是资产阶级时代的儿子，资产阶级时代，货币是一切权力的权力。 因而，把耕地变为牧羊场就成了资产阶级的口号。

正是资本主义的制度，使人民群众处于奴隶的地位。资产阶级野蛮地掠夺人民群众的土地，把失去土地的人转化为雇工，从而将他们的劳动资料转化为资本。

18世纪，社会有了很大的进步，但法律本身却成了掠夺人民土地的工具。大租地农场主利用议会形式制定的"公有地圈围法"，是以法律的形式把掠夺人民土地的行为合法化。对国有土地的肆意掠夺，特别是对公有土地的巧取豪夺,促使大租地农场在18世纪不断地增长,大租地农场主迫使农村居民变成无产阶级,从土地上"游离"出来投向工业。

但是,对于资产阶级掠夺人民土地的各种手段和行为,当时的人不可能清楚地意识到国民财富和人民贫困是同一回事。因此,在当时的经济著作中,就有许多关于"公有地的圈围"的论战,这些论战十分激烈。

资产阶级掠夺教会地产,欺骗性地盗窃国有土地,盗窃公共用地,用残暴的手段把封建财产变为现代私有财产,这就是资本主义原始积累的各种"田园诗式"的方法。这些方法为资本主义农业夺得了地盘,并将土地与资本合并,从而为城市工业提供了大量的不受法律保护的无产阶级。

关键词:原罪 "公有地圈围法"

资本主义积累的历史趋势

资本的原始积累不是奴隶和农奴直接转化为雇用工人,也不是简单的形式变换。资本的原始积累意味着直接生产者被剥夺,也就是以自己劳动为基础的私有制的解体。

私有制与集体所有制相对立,只有在生产资料属于私人的地方才存在。但是私有制的性质,却根据这些私人是劳动者还是非劳动者而有所不同。劳动者的生产资料私有制是小生产的基础,而小生产又是发展社会生产和劳动者自由个性的必要条件。当然,这种生产方式在奴隶社会和农奴制度中就已经存在,但当时只能是处于从属地位。直到封建社会末期,劳动者获得生产资料的所有权后,它才到充分发展,并显示出全部的力量,从而获得适当的典型的形式。

小生产是以土地及其他生产资料的分散为前提的,小生产既排斥生产资料的积聚,也排斥协作,它还排斥分工和社会生产力的自由发展。所以,当它发展到一定程度,就会创造出消灭它自身的物质手段。随着社会生产力的发展,小生产的生产方式最终要被消灭。随着这种生产方式的消灭,个人的、分散的生产资料转化为社会的、积聚的生产资料,多数人的小财产转化为少数人的大财产。最后,以雇佣劳动为基础的资本主义私有制代替了以个体劳动为基础的私有制。

资本主义生产方式一旦确立起来,劳动将进一步社会化,土地和其他生产资料进一步转化为社会使用的公共生产资料。因此,对私有者的进一步剥夺,就会采取另一种方式,也就是说,现在要剥夺的已经不再是单独的个体劳动者,而是剥削许多工人的资本家了。

这种剥夺首先是通过资本主义生产关系的内在规律作用,也就是通过资本集中来进行的。在激烈的竞争中,大资本家不断打垮、并吞中小资本家。随着这种集中和资本家之间的相互剥夺,规模不断扩大的劳动过程协作日益发展,科学技术日益自觉地应用于生产,生产资料日益转化为只能共同使用的生产资料,资本主义制度日益国际化而形成世界市场。随着那些掠夺和垄断社会财富的资本巨头的不断减少,随着工人阶级的贫困和受剥削压迫的程度不断加深,日益壮大的工人阶级的反抗力量也不断增长。资本的垄断成了在这种垄断之下繁盛起来的生产方式的桎梏。生产资料的集中和劳动的社会化,已经达到了同它们的资本主义外壳不能相容的地步。于是,这个外壳就要炸毁了,资本主义私有制的丧钟就要敲响了。

由资本主义生产方式发展而来的资本主义占有方式,即资本主义的私有制,是对以个人劳动为基础的私有制的第一个否定。而资本主义生产的必然性,又造成了对自身的否定,这是否定的否定。但这种否定不是要重新建立私有制,而是在资本主义现有成就的基础上,也就是说,在协作和对生产资料的共同占有的基础上重新建立个人所有制。

以个人劳动为基础的、分散的私有制转化为资本主义私有制,同事实上已经以社会生产为基础的资本主义所有制转化为公有制比较起来,自然是一个长久得多、艰苦得多、困难得多的过程。资本主义私有制是少数掠夺者剥夺人民群众,而公有制则是人民群众剥夺少数掠夺者。

因此,资本主义积累的历史趋势,就是资本主义必然灭亡。

关键词:资本的原始积累

第一节 资本的形态

第五章 资本形态和资本周转

　　资本对于我们来说，是看不到摸不着的东西，我们可以简单地理解，它就是资本家手中那"万恶之源"——钱！当资本家用钱买东西时，钱变成了物；当资本家卖东西时，物又变成了钱。钱在社会中不断交换，我们数不清它经历多少交换，只要它没有破损严重，没被废除，它就可以一直使用下去。

第一节　货币资本的循环

资本的运动实现了资本的增值，但是资本并不是运动一次后就谢幕，不再参加下一次的资本增值了。就像地球自转给我们带来了白天黑夜一样，资本循环是资本运动最简单、最基本的形式。

资本的循环过程要经过3个阶段：

第一阶段：购买阶段。资本家用货币购买生产资料和劳动力，即他的货币转化为商品，或者说，完成G—W这个流通行为。

第二阶段：生产阶段。资本家用购买的生产资料和劳动力从事生产消费，他的资本完成生产过程。结果产生了一种包含剩余价值的商品。

第三阶段：售卖阶段。资本家作为卖者回到市场，出售他的商品，实现剩余价值。或者说，完成W′—G′这个流通行为。

货币资本的循环过程，可用G—W…P…W′—G′的公式来表示。在这个公式中，虚线表示流通过程的中断，P表示生产过程，W′和G′表示增加了剩余价值的商品和货币。

在现实中，商品的生产买卖过程有着复杂的变化，为了更好地理解每一环节，我们只能把其他的环节假设成不变量。所以，在这里面，我们假设资本家购买的生产资料、出售的商品是按照它们的价值出售的，而且假定这种出售是在不变的情况下进行的，并把在循环过程中可能发生的价值变动撇开不说。

第一阶段 G—W

G—W表示一定数量的货币转化为一定数量的商品。在这一阶段，买方是把货币转化为资本，而卖方则是把商品转换为货币。

G—W既是一般的商品流通行为，又是资本循环的一个特殊阶段。

首先，它的物质内容是那些同货币换位的商品的特殊使用性质。因为资本家用货币购买的商品，是生产资料和劳动力，即商品生产过程中物的因素和人的因素。

木梳资本家买木材，是为了完成生产过程。我们都已经得到论证了，资本家即使花再多的钱，也会一分不落的转到产品中去。

劳动力的价值或价格，是以工资的形式支付给把劳动力当作商品出卖的劳动力所有者的。例如，假定木梳工人劳动力的日价值是3元，是5小时劳动的产物，但是，这个金额在买者和卖者之间的契约(合同)上的表现不同。资本家要获得剩余价值，所以合同上规定工作时间一定会比5小时长，比方说是10小时劳动的价格或工资。如果这种契约是和50个工人订的，那么，他们在一天中一共要对买者提供500个劳动小时，其中1/2完全是由剩余劳动构成的。要购买的生产资料的数量和规模，必须足以使这个劳动量得到充分的利用。

财政会议的主要职能是监督财政收入与支出。

生产资料和劳动力的特性，要与所生产的产品种类相适应。如果用A表示劳动力，用Pm表示生产资料，那么，所购买的商品额W=A+Pm。劳动力是生产剩余价值的条件，而生产资料是吸引劳动力的手段，资本家把劳动力和生产资料结合起来进入生产过程，就可以生产出凝结着剩余价值的商品。这就是那些同货币换位的商品的特殊使用性质。在G—W中，G作为货币资本执行着资本的职能，而G—W则成为资本循环的一个特殊阶段。因此，资本家的货币额G要在质上分割为两种不同的资本，一种用来购买劳动力，另一种用来购买生产资料。

G—W=A+Pm不仅表示一种质的关系，即一定的货币额(100块钱或是别的数额的钱)转化为互相适应的生产资料和劳动力；它还表示一种量的关系，即用在劳动力A上面的货币部分和用在生产资料Pm上面的货币部分的量的关系。这种量的关系一开始就是由一定数量的工人所要耗费的超额劳动即剩余劳动的量决定的。

例如，一个木梳厂，50个工人的周工资为5000元，如果一周有3000小时的劳动(每天工作10小时，每周工作6天)，其中1500小时是剩余劳动。转化为木梳的生产资料的价值是1000元，那就是在生产资料上耗费了1000元。

在不同的产业部门，对追加劳动的利用，需要追加多少生产资料形式的价值，是与这里的问题完全无关的。问题只是在于：耗费在生产资料上的货币部分，也就是在G—Pm中购买的生产资料，在任何情况下都必须是充分的。因此，必须在生产一开始就估计到这一点，并按照适当的比例准备好。换句话说，生产资料的数量，必须足以吸收劳动量，足以通过这个劳动量转化为产品。如果生产资料的数量不足，劳动力就会出现闲置而造成浪费，那么，资本家的剩余价值也会相应减少。如果生产资料过多，就会造成积压，从而使资本家的这部分资本不能发挥作用而造成浪费。只有劳动力与生产资料完全相对应时，资本家才能得到最多的剩余价值。

在G—W中，货币额G购买生产资料和劳动力的流通过程一旦完成，资本家就不仅支配着生产某种产品所必需的生产资料和劳动力,还支配着一种比补偿劳动力价值更大的劳动力使用权,即支配着一种比劳动力自身价值更大的劳动量,同时,还支配着使这个劳动量转化为物化劳动的生产资料。简单地说,资本家支配着的这些因素,是一个包含剩余价值的商品量。这样,资本家以货币形式预付的资本,通过G—W阶段,就能够生产剩余价值。这种形式处在具有创造价值和剩余价值能力的生产资本形式中,这种形式的资本就是P(P表示生产过程,W′和G′表示增加了剩余价值的商品和货币)。

P的价值等于A+Pm的价值,等于转化为A和Pm的G。G和P是同一个资本价值,只是处在不同的存在方式上而已。

因此,G—W=A+Pm或它的一般形式G—W(商品购买的总和),这个一般商品流通的行为,作为资本的独立循环过程的阶段来看,同时又是资本价值由货币形式到生产形式的转化。或者简单地说,是由货币资本到生产资本的转化。可见,在这里首先考察的循环公式中,货币表现为资本价值的第一个承担者,而货币资本也就表现为资本预付的形式。

作为货币资本,它处在能够执行货币职能的状态中。在当前考察的场合,就是处在能够执行一般购买手段和一般支付手段的职能状态中。这种能力所以产生,不是由于货币资本是资本,而是由于货币资本是货币。

货币状态的资本价值也只能执行货币的职能。这种货币职能所以会成为资本职能,是因为货币职能在资本的运动中有一定的作用,从而也是因为执行货币职能的阶段和资本循环的其他阶段是有联系的。

在G—W=A+Pm中执行货币资本职能的货币的一部分,会由于这个流通本身的完成转而去执行一种职能,在这种职能上,它的资本性质消失了,但它的货币性质保留下来。货币资本G的流通分为G—Pm和G—A,即购买生产资料和购买劳动力。

G—A从资本家方面看,是购买劳动力,从工人即劳动力的所有者方面看,是出卖劳动力——这里可以说是出卖劳动,因为是以工资形式为前提的。

在这里，和任何一种购买一样，对买者来说是 G—W(= G—A)，对卖者(工人)来说是 A—G(=W—G)，是出卖他的劳动力。这是商品的第一流通阶段或第一形态变化，从劳动的卖者方面看，就是他的商品转化为它的货币形式。工人把他由此获得的货币，逐渐地耗费在一个满足他需要的商品额上，即耗费在消费品上。因此，他的商品总流通表现为 A—G—W，首先是 A—G(= W—G)，然后是 G—W，也就是表现为简单商品流通的一般形式 W—G—W。这里，货币只是充当转瞬即逝的流通手段，只是充当商品和商品进行交换的媒介物。

G—A 是货币资本转化为生产资本的一个具有特征性质的因素，因为它是以货币形式预付的价值得以实际转化为资本、转化为生产剩余价值的重要条件。

第二阶段　生产阶段

在 G—W 阶段，货币资本购买生产资料和劳动力后就取得了一种实物形式，实物形式的资本价值是不能继续流通的。于是，货币资本就转化为生产资本而进入第二阶段，即资本的生产阶段。

G—W=A+Pm…P，这里的省略号表示货币资本的流通虽然中断，生产资本的循环过程仍在继续，只是资本已从商品流通领域进入了生产领域。因此，在第一阶段，货币资本转化为生产资本，只是为第二阶段的生产过程做准备。

从 G—W 阶段进入生产过程的前提是：完成从货币资本到生产资本转化过程的货币所有者，必须同时是商品生产者。他不仅在某一使用形式上支配着价值，而且必须在货币形式上占有这些价值。完成这个转化过程之前，他付出货币的同时，必须得确定这些货币经过循环还会回到他的手中。这样，他才能继续成为货币所有者。而货币只有在转化为商品售卖后，才会变为货币重新流回他手中。拥有这一切的前提条件的人就是资本家。

资本主义的生产过程，就是生产资料和劳动力的结合过程。

雇用工人只能靠出卖劳动力来过活。劳动力的维持需要每天进行消费。

因此,必须每隔一个较短的时期付给他一次报酬,使他能够反复进行为维持自身所需的各种购买,反复进行A—G—W或W—G—W行为。因此,资本家必须不断作为货币资本家,他的资本必须不断作为货币资本与雇用工人相对立。

不论社会实行什么样的生产方式,劳动者和生产资料始终都是社会生产的重要因素,如果要进入生产过程,就必须把劳动者和生产资料结合起来。而劳动者和生产资料相结合的特殊方式,是区分各个不同社会经济时期的标志。

在生产过程中,生产资料和劳动力对价值的形成起着完全不同的作用,从而对剩余价值的生产也起着不同的作用。作为资本家的预付资本,它们分为不变资本和可变资本。生产资料在归资本家所有时,即使是在生产过程之外,它也仍然是资本家的资本。而劳动力只有在生产过程中,才能成为单个资本的存在形式。就是说,劳动力在它的卖者(雇用工人)手中时是商品,而在它的买者(资本家)手中时则成为资本,只有生产资料和劳动力相结合才能成为生产资本的实物形式或生产资本。因此,正如人的劳动力并非天然的资本一样,生产资料也并不是天然的资本。只有在一定的历史条件下,生产资料才能成为资本。

生产资本执行职能的过程,就是资本家对劳动力和生产资料的消耗过程,也就是资本主义的生产过程。其结果就是:生产出一个具有更高价

资本主义的生产过程,就是生产资料和劳动力的结合过程。

值的产品量。在生产过程中,劳动力仅仅作为生产资本的一个要素而发生作用,劳动力的剩余劳动不仅能生产超出劳动力价值的余额,而且还能为资本家生产出一个无须花费任何等价物的价值。劳动力的剩余劳动为资本家带来剩余价值,因此,产品不只是商品,而且是孕育着剩余价值的商品。它的价值等于生产这种商品所耗费的生产资本的价值P,加上这个生产资本产生的剩余价值M。所以,生产资本的职能,就是生产剩余价值。

假定商品是100把木梳,每把木梳1元,生产这些木梳消耗的生产资料的价值是300元,所消耗的劳动力的价值是100元。木梳工人在生产过程中把通过他们的劳动而耗费的生产资料的价值400元转移到木梳上,同时又提供了一个相当于他们消耗的劳动的新价值。

第三阶段W′—G′

生产资本就是生产过程中,按资本主义方式生产的、已经增值的商品。如果在整个社会范围内,商品都按资本主义的方式来生产,那么,所有商品从一开始就会成为商品资本的要素,不论它们是木梳、馒头,还是棒棒糖、袜子。由于属性不同,商品中哪一类是商品资本,哪一类是普通商品很难区别,它们的区别在于商品是否增值。

资本在商品形式上必须执行商品的职能。作为资本的商品必须转化为货币,即必须完成W—G运动。

假定资本家的商品是100把木梳。在生产过程中耗费的生产资料价值是300元,创造的新价值是200元(其中劳动力价值100元,剩余价值100元)。那么,这些木梳的价值就表现为500元的价格。这个价格通过W—G过程而实现。在这里,通过W—G过程,商品转化为货币,既是一般的商品流通行为,同时又成为一种资本职能。因为,这里的商品是已经增值的商品,包含了剩余价值。这里,100把木梳是商品资本W′,因为它是生产资本P的转化形式。如果这100把木梳按照它的价值500元出售。从商品流通的角度来考察,它等于W—G,是由商品形式转化为货币形式。但是,作为单个资本循环的特殊阶段,这100把木梳售出后为资本家带来了100元的剩余价值,因此,它就是W′—G′,是商品资本转化为货币资本。

商品资本能否完成W′—G′的过程,对资本的循环具有非常重要的作用。因为,在生产过程中,只有完成W′—G′过程,剩余价值才能体现,资本的循环过程才能继续。

现在,W′的职能就是一切商品的职能,把商品卖掉,转化为货币,从而完成W—G阶段。如果已经增值的资本还以商品资本的形式停滞在市场上,那么,生产过程就会停止。另外,W′—G′的完成速度也将对资本的增值产生影响。由于资本从商品形式转化为货币形式的速度不同,同一资本价值在一定时期内发挥的作用也不相同,再生产的规模也会以极不相同的程度扩大或者缩小。就是说,流通过程虽然不能增加新的价值,但是它将影响资本的增值程度。

在前面我们已经指出,一个一定量资本的作用程度,是由生产过程的各种潜能规定的,而这些潜能在一定程度上是和资本本身的价值量无关的。在W′—G′阶段,商品的出售数量也将影响资本的增值程度。作为已经增值的资本即商品量W′,必须全部完成形态变化W′—G′。作为商品总量中不可缺少的一部分,单个的商品虽然也包含着剩余价值,但它实现的程度取决于商品出售的数量。上例中,如果资本家卖掉价值300元的木梳,则只能补偿他的不变资本的价值,也就是已消耗的生产资料的价值。如果卖掉价值400元的木梳,就能补偿全部预付资本的价值。如果要实现剩余价值,资本家就必须把所有的木梳全部卖掉。因此,商品资本要实现自己的职能,必须将它的商品形式全部转化为货币形式。

所以,商品资本的职能,就是实现剩余价值。

总循环

资本的总运动是G—W…P…W′—G′,在这个运动过程中,资本表现为一个价值,它将经过一系列相互联系的形态变化,这些形态变化使资本的运动过程分为3个阶段。第一阶段G—W，资本家通过购买劳动力和生产资料，将资本由货币形式转化为商品形式，由此进入第二阶段。在这个阶段，资本家对劳动力和生产资料进行消费，第一阶段的商品W被另一个价值更大的商品W′所代替，生产过程结束，然后进入第三阶段。在这个阶段，资本家把已经增值的商品W′售出，将资本由商品形式又转化为货币形式。就是说，在资本运动的总过程中，资本依次要经历货币资本、生产资本和商品资本3种形态变化，与这3种形态变化相适应，资本的运动也依次分为购买阶段、生产阶段和售卖阶段。

其中，购买阶段和售卖阶段属于流通过程，生产阶段属于生产过程。在资本的运动过程中，不仅保存了预付资本的价值，而且还增大了资本的量，产生了剩余价值。在运动中，资本以货币形式开始，又以货币的形式结束，资本的总过程是一个循环过程。

资本的循环，只有持续不断地运动，才能正常进行。如果资本在购买阶段停顿下来，货币资本就会凝结为贮藏货币；如果资本在生产阶段停顿下来（如停电、停水），就会造成生产资料闲置和劳动力的失业；如果资本在售卖阶段停顿下来（商品卖不出去），就会造成商品积压和流通中断。如果工人罢工，同样也能造成商品积压和流通中断。

资本的循环过程要求资本持续不断运动的同时，循环本身又要求资本在各个循环阶段中的一定时间内固定在一定的形式上，即固定在货币资本、生产资本和商品资本的形式上。只有在完成一种和它的当前形式相适应的职能之后，资本才能够进入下一个新阶段。

现实生活中任何商品都遵循着这个资本循环的形式。比如生产服装，首先利用货币资本买布料、线、扣子、缝纫机、雇工人等等，实现了资本固定。其次利用固定下来的资本，生产得到成衣。最后将成衣售卖，得到超出原来货币资本的货币资本，即产生了剩余价值。

关键词：购买阶段　生产阶段　售卖阶段

第二节　生产资本的循环

　　货币资本参与购买生产资料等,再通过生产出售,资本家得到更多货币资本,此时货币资本仍可以再进入这样的生产循环。就这样,不断生产,资本家的资本不断增长,资本家越来越富了。

　　资本主义生产是连续不断的再生产,生产资本的循环则表示了资本的再生产过程。

　　由我们前面提到的总循环图,我们可以得到另外几个循环,从生产资本出发,最后又回到生产资本的再生产过程叫作生产资本的循环,它的总公式是:$P\cdots W'—G'—W\cdots P$。这个循环表示资本的生产过程是价值增值的再生产过程,它表示资本主义的生产不仅是剩余价值的生产,而且还是剩余价值的周期再生产,处在生产过程中资本不是只执行一次价值增值的职能,而是周期反复地执行着价值增值的职能。在生产资本循环的起点P,经过一个生产资本循环,终点还是P,生产过程的重新开始,这已由形式本身规定了。因此,资本主义的生产过程,就是连续不断的再生产过程。

　　生产资本循环有两个显著特点:

　　1. 第一种形式即货币资本循环中,生产过程P只是在$G—W$和$W'—G'$这两个流通阶段之间充当媒介。而在生产资本循环中,在由生产资本开始并以生产资本结束而构成的总流通过程中,生产过程P则成为再生产过程的媒介。

　　2. 生产资本循环与货币资本循环具有相反的表现形式。在货币资本的循环中,总流通过程是$G—W—G(G—W\cdots W—G)$,这是资本的流通形式。而在生产资本循环中,总流通过程则是$W—G—W(W—G\cdots G—W)$,所以是简单商品的流通形式。

简单再生产

我们首先考察生产资本的简单再生产，假定一切条件不变，商品按价值买卖，而剩余价值全部用于资本家的个人消费。也就是没有新增资本的再生产，即简单再生产。

我们的还用前面的例子来说，商品资本 W′ 是 100 把木梳，价值 500 元。其中 300 元是生产资料的价值，100 元是生产力的价值，100 元是剩余价值。资本家投入了 400 元，得到 500 元，多出的那 100 元被资本家吃了、玩了或是藏起来了。生产时还是那 400 元资本继续进行下去，每产生剩余价值，资本家就会拿走剩余价值，用在其他地方……即商品产品的超额部分退出这个流通，而在一般商品流通内走一条分离的轨道。

这幅石版画展示了 1851 年世界博览会中英国展出的各种机器。工业革命的科技成果迅速传播到欧洲其他国家和地区，并对各国经济产生重大的影响。

在简单再生产中，商品资本 W 一旦转化为货币，资本价值和剩余价值就将在不同的领域流通。货币总额中的资本价值部分将在产业资本的循环中继续流通；已经转化为货币的剩余价值则退出资本循环，进入一般的商品流通过程。这个以货币流通为主的一般商品流通，主要用于资本家的个人消费。由于这种消费是在不同时期分散进行的,因此,这种货币一般采取贮藏货币的形式。

不管怎样,W′中包含着资本价值和剩余价值,即 W′=W+△W(W的增值额),我们把商品的增值额叫作w。同样,G′=G+△G,我们把货币的增值额叫做g。W′—G′总会分开,分成不同的货币额。在这两种场合,G和g实际都是价值的转化形式,这个价值原来在W′中只是具有商品价格这种独特的、观念上的表现。

w—g—w是简单的商品流通。它的第一阶段w—g包含在商品资本的流通W′—G′中,从而包含在资本的循环中;相反,它的补充阶段g—w却在这个循环之外,成为同这一循环相分离的一般商品流通的行为。W和w即资本价值和剩余价值的流通,在W′转化为G′之后分开了。由此可见:

第一,当商品资本由W′—G′=W′—(G+g)而实现时,在W′—G′中还是共同进行并由同一商品量承担的资本价值和剩余价值的运动,就变成可以分离的运动,因为二者都是货币数额,都有独立的形式。

第二,如果发生这种分离,就是说g作为资本家的收入花掉,而G作为资本价值的职能形式继续沿着它的由循环决定的轨道运行,那么,第一个行为W′—G′和相继发生的行为G—W和g—w联系起来看,就可以表现为两个不同方向的流通:W—G—W和w—g—w。就一般形式来说,这两个流通序列都属于普通商品流通。

另外,还有一种不可分割的具有连续性的商品体,它的价值的各个组成部分实际上是分割开的。以建筑业为例,虽然我们看房地产大亨财大气粗,可是盖个小区或是商务楼,其前期投入极大,"大亨"也很难凑齐。因此,这种营业大部分依靠信用经营,建筑业主依照房屋建造的各个阶段取得垫款。其中任何一个阶段都不是整座房屋,只是将要建成的房屋的一个现实存在的部分作为取得追加垫款的保证。

第三,如果在W和G中还是共同进行的资本价值和剩余价值的运动,只是部分地分离(以致剩余价值的一部分不是作为收入花掉),或者根本不分离,那么，资本价值本身还在它的循环中，还在它的循环完成以前就发生一种变化。

W′—G′，在循环G…G′中是流通的第二阶段和这个循环的终结阶段；在现在这个循环中，却是这个循环的第二阶段和商品流通的第一阶段。因此，从流通来看，它必须用G′—W′补充。但是，W′—G′不仅发生在价值增值过程之后，而且价值增值过程的结果，商品产品W′也已经实现。因此，资本的价值增值过程体现了已经增值的资本价值的商品产品的实现，都是以W′—G′结束的。

庸俗经济学把资本主义的生产过程看做单纯的商品生产，看做用于某种消费的使用价值的生产。而资本家生产这些商品，照庸俗经济学的错误论断，不过是为了用具有其他使用价值的商品来代替或者交换这些商品。

作为资本家预付资本的生产资本，在生产过程中转化为商品W′。如果资本主义简单再生产要继续进行，这部分生产资本就必须在资本运动中继续循环，但这种循环只有在W′转化为货币，从而可以购买劳动力和生产资料后才能进行。在售卖阶段，商品W′是由消费者本人购买，还是由经销商购买，对简单再生产没有什么直接影响。

积累和规模扩大的再生产

如果资本家要进行扩大再生产，就不能把剩余价值全部消费掉，而是必须把一部分剩余价值积累起来，作为追加资本投入生产。但是，这些新投入的剩余价值，不可能立即进入生产资本的循环。因为，扩大生产过程的比例不是任意规定的，而是有严格的技术规定，因此，已经实现的剩余价值虽然要资本化，但还需要经过若干次循环反复，才能达到积累所必需的规模。在没有达到这个规模之前，这些积累中的剩余价值，只能凝结为贮藏货币，成为潜在的货币资本。

资本主义生产的性质，是实现预付资本的增值。就是说，资本主义生产的性质首先是由生产尽可能多的剩余价值的目的决定的，其次是由剩余价值到资本的转化决定的。随着资本的积累，生产规模不断扩大，剩余价值生产也不断扩大,资本积累和扩大再生产,既是资本家生产的目的和发财致富的手段,同时也是资本主义生产的发展趋势。

我们考察简单再生产时,假定剩余价值全部被资本家花掉。实际上,剩余价值在正常情况下总要有一部分作为收入花掉,另一部分则资本化。因此,我们考察扩大再生产时,为了简化公式,假定剩余价值被全部积累起来形成资本。那么,扩大再生产的生产资本循环公式可表示为: P…W′—G′—W′=A+Pm…P′。这个公式表示,一个生产资本按更大的规模和更大的价值被再生产出来,作为已经增大的生产资本,开始它的第二次循环。在第二次循环中,P′又成为起点,不过,和第一个P相比,这个P′是一个更大的生产资本。从这个方面看,它与货币资本循环相同。在货币资本G…G′公式中,G是预付的货币资本,G′是循环的结果。这个G′与第一次循环的G相比,是一个已经增值的货币资本。不管有多少剩余价值,只要把它作为资本,资本家总是把它作为预付资本而放在循环的起点。生产资本的循环也是如此,在循环中已经增值的生产资本P′,一旦作为新循环的起点,它就不再是剩余价值积累的结果,而是新的预付资本P。

我们把这个由剩余价值转化而来的货币称为g,这个g能否立即加入处在循环过程中的资本价值,从而和资本G一起形成G′量而进入循环过程,这要取决于一些和g的单纯存在无关的情况。如果g作为货币资本投入与第一个企业并存的另一个独立的企业,那很明显,它只有达到这个企业所需要的最低限量时,才能用于这个企业。同理,扩大原有的企业,g也必须积累达到一定的数量。

例如木梳厂,资本家要扩大他的生产规模,必须同时购置相应数量的车床、木材,否则就不能增加木梳的数量。另外,生产规模的扩大还要增加工人工资的支出。因此,要扩大生产规模,剩余价值必须达到相当的数额。要达到这个最低限量,生产资本必须经过多次循环反复。它只能以货币贮藏的形式来积累。贮藏货币的目的是进行资本积累,扩大再生产。因此,货币积累或货币贮藏,只是为积累产业资本扩大生产规模。

准备金

作为剩余价值存在形式的贮藏货币，是用于资本积累而扩大再生产的，是为积累资本而暂时采取的一种货币形式，就这一点来说，它是实现资本积累的必要条件。不过，这种积累基金可以完成一些特殊的附带职能，即可以进入资本的循环过程。例如，当 W′—G′ 过程超出了正常时间，使商品资本不能及时转化为货币资本时，或者商品资本虽然完成了向货币资本的转化，但由于生产资料的价格上涨，超过了循环开始时的水平时，这种货币积累基金就可以暂时充当准备金，用来代替货币资本进入资本的循环过程，以保证生产的正常进行。

货币积累基金作为准备金，与在 P···P 循环阶段中作为购买手段或支付手段的基金是不同的。循环阶段中的购买手段或支付手段，执行着货币资本的一部分职能。而准备金不能执行货币资本职能的组成部分，它不是货币资本的组成部分。它能够进入资本的循环，是因为原来的资本循环产生了停滞现象，资本家用它来消除循环中出现的干扰。所以，货币积累基金作为准备金，只是货币积累的一种附带职能，它既不能转化为生产资本也不能扩大再生产的规模。

货币积累基金是潜在的货币资本的存在，是货币到货币资本的转化。

现在的社会中，简单再生产意味着生产不发展、不扩大，可是社会发展的速度不断加快，各行各业都在高速发展，在这种大环境下，不进则退，因此只有不断地积累扩大再生产的规模才能赶上社会发展的脚步。

当今世界上企业的发展，早已不再局限于只靠自己的剩余价值扩大再生产了，它们通过银行贷款、发行股票、游资和风险资本等多种方式吸收资金来扩大再生产。世界上稍具规模的公司，都会通过上市来吸收闲散资金，用于更快的自我发展。

> 关键词：生产资本的循环　简单再生产　积累和规模扩大的再生产　准备金

第三节　商品资本的循环

W′—G′—W…P…W′是商品资本循环的总公式。在这里，W′不仅是货币资本和生产资本的产物，而且是它们的前提，因为资本的运动过程是从商品资本出发，通过购买阶段、生产阶段和售卖阶段，最后又回到商品资本的循环运动。如果是简单再生产，终点就是W′。如果是扩大再生产，终点的W′就大于起点的W′，即用W来表示。

商品资本的循环与货币资本和生产资本的循环有着明显的区别：

第一，在货币资本循环G—W…P…W′—G′中，G—W是循环的开始阶段，W′—G′是循环的结束。流通因为生产过程而中断。在生产资本循环P…W′—G′—W…P中，总流通过程包含两个互相对立的流通阶段，W′—G′—W只是再生产过程的媒介。而在商品资本循环中，则已包含两个对立阶段的总流通过程，即以W′—G′—W作为循环起点。

第二，在货币资本和生产资本的循环中，即使把已经追加了剩余价值的G′和P′作为新循环的起点，这个起点也不是G′=G+g和P′=P+p，而是在新的循环中重新作G和P。因为这时处在循环起点的资本，只是作为待增值的预付资本执行职能，不是作为已经增值的资本价值存在。在商品资本循环中，即使循环以相同的规模重新开始，起点 W 也必须用 W′ 来表示。因为，商品资本的循环一开始就是包含剩余价值的循环。以资本价值开始，而且是以商品形式上增大了的资本价值开始，因而它一开始就不仅包含商品形式的资本价值的循环，而且包含剩余价值的循环。因此，如果以这种形式进行简单再生产，商品资本循环的终点和起点就会相同，即 W′ 一样大。如果一部分剩余价值转化为资本而使生产规模扩大，那么，在终点出现的就是一个更大的 W′ 即 W′。但是，如果把这个已经增大的商品资本 W′又作为下一次循环的起点，那它又表现为 W′。不过，和前一个 W′ 相比，这是一个更大的、包含着剩余价值的 W′。因此，在所有情况下，W′ 总是作为一个商品资本来开始循环的。就是说，商品资本的循环从一开始就是包含着剩余价值的循环。

商品资本循环的起点是商品形式的资本 W′，只有这些商品全部售出，循环过程才能继续进行。因此，商品资本循环有着与货币资本循环和生产资本循环完全不同的特点。首先，在商品资本循环的运动过程中，原来的预付资本价值只是运动起点 W′ 的一部分，而这个运动一开始就是产业资本的总运动。W′ 既包括补偿预付的生产资本那部分产品的运动，还包括形成剩余价值那部分产品的运动。其次，除包括生产消费外，商品资本循环还包括个人的消费。因为，作为循环起点的商品资本 W′ 是以具有使用价值的实物形式存在的，这些商品不管是用于生产消费还是个人消费，作为商品资本，都要进入资本的循环过程。最后，商品资本 W′ 可以在生产过程结束时保存自己的使用价值，就是说，可以成为个人消费的终端产品。所以，从一开始就表明：以产品形式表现的 W′ 的各个价值组成部分，要看 W′…W 是作为社会总资本的运动形式还是单个产业资本的独立运动，而必然具有不同的作用和意义。但商品资本循环的特征表明，这个循环已经超出单个产业资本的孤立循环范围，它实质上是社会总资本的运动。因此，要全面把握商品资本循环的特征，仅仅研究 W′—G′ 和 G—W 这两个形态变化是不够的，还必须弄清楚单个资本之间的形态变化，以及某一单个资本形态变化同社会总产品中用于个人消费的那一部分产品的错综复杂关系。

我们仍用做木梳的例子，资本家有400元，300元买生产资料，100元付工资。剩余价值100元，做了100把木梳。100把木梳可以再分为：价值300元的60把木梳，这部分补偿生产100把木梳消费掉的生产资料的价值；价值100元的20把木梳，只补偿可变资本；价值100元的另外20把木梳则作为剩余产品，成为剩余价值的承担者。因此，在卖出的100把木梳中，能够按价格400元卖出的木梳补偿其中的资本价值，而以剩余产品100元的价值有20元作为收入花掉。

产业资本的循环是由货币资本循环、生产资本循环、商品资本循环三个循环形式构成。如果用Ck代表总流通过程，那么，这三种循环形式可以用三个公式来表示：

形式一：货币资本循环，$G—W \cdots P \cdots W'—G'$

形式二：生产资本循环，$P \cdots Ck \cdots P$

形式三：商品资本循环，$Ck \cdots P(W')$

对这三种循环形式进行分析后就会发现，循环过程的所有前提都表现为循环过程的结果。经过一个循环后，又回到了"原点"。例如，G是货币资本循环的前提，但同时也是货币资本循环的结果。由于G是在生产过程中由商品资本转化而来的，因此，作为货币资本循环前提的G′是由生产过程本身产生的。生产资本和商品资本的循环也一样，既是出发点，又是经过点和复归点。另外，产业资本的循环总过程是生产过程和流通过程的统一，生产过程是流

18～19世纪法国繁荣的贸易图。

通过程的媒介，反过来，流通过程也是生产过程的媒介。

在形式一中，生产过程出现在资本流通的两个互相补充又互相对立的阶段中间；在终结阶段 W′—G′ 出现以前，它已经过去了。货币作为资本，先是预付在各种生产要素上，由这些生产要素转化为商品产品，商品产品再转化为货币。这是一个完全的营业周期，结果是可以用于一切东西的货币。因此，新的开始只是有了可能。G…P…G′ 可以是结束某个资本职能的最后循环，也可以是一个新执行职能的资本的最初循环。在这里，一般的运动是 G…G′，即由货币到更多的货币。

在形式二中，总流通过程跟随在第一个 P 的后面，发生在第二个 P 的前面；但它的顺序与形式一中相反。第一个 P 是生产资本，它的职能是生产过程，即随之而来的流通过程的先决条件。相反，结束的 P 不是生产过程，它不过是产业资本在生产资本形式上的再存在。它使资本价值在最后流通阶段转化为 A+Pm，转化为主观因素和客观因素的结果，这两种因素结合起来就是生产资本的存在形式。资本不论是 P 还是 P′，终结时会再次出现在必须重新执行生产资本职能完成生产过程的形式上。运动的一般形式 P…P 是再生产的形式，它与 G…G′ 不同，不表示价值增值是最终的目的。因此，这个形式使古典经济学更加容易忽视生产过程的资本主义形式，而把生产本身说成是过程的目的，好像就是要尽可能多和尽可能便宜地进行生产，使产品去交换尽可能多样的其他产品，一部分用于生产的更新(G—W)，一部分用于消费(g—w)。在这里，由于 G 和 g 只是转瞬即逝的流通手段，所以，货币和货币资本的特性都可能被忽视，全部过程也显得简单和自然，也就是说，具有浅薄的唯理论的自然性。同样，在考察商品资本时，利润有时被忘记，在说到作为总体的生产循环时，商品资本不作为商品出现；而在说到价值的组成部分时，商品资本则作为商品资本出现。当然，积累也是用和生产一样的方式来表达的。

在形式三中，循环由流通过程的两个阶段开始，并且和形式二中 P…P 的顺序相同；然后出现的是 P，并且它和形式一中一样执行职能，即进行生产过程；循环以生产过程的结果 W′ 结束。在形式二中，循环以生产资本单纯的再存在 P 结束，在这里,循环以商品资本的再存在W′结束;在形式二中,资本在它的结束形式P上,必须使过程作为生产过程重新开始,同样,在这里,在产业资本以商品资本形式再出现时,循环也必须用流通阶段W′—G′重新开始。循环的这两个形式都没有完成,因为它们都不是用G′(已经再转化为货币的、已经增值的资本价值)来结束。所以,二者都必须继续进行,因而都包含着再生产。形式三的总循环是W′…W′。

在产业资本循环总过程中,货币资本循环、生产资本循环和商品资本循环都有一个共同点:价值增值是循环的目的和动机,整个循环运动就是一个价值增值的过程,不管哪种循环,它都要走一圈,完成一个增值过程。

任何一个产业资本,都同时处在这3种循环形式中。即都是同时采取货币资本、生产资本和商品资本这三种职能形式,并同时进行着这三种形式的循环。

假设一个生产木梳的工厂里面,资本家不会一次买进木材、生产,等到全部生产完后,生产车间停工,拿着全部的木梳去销售。按此假设,资本的循环必然会出现生产过程和流通过程的交替中断,从而使生产不能连续地进行。资本家挖空心思,绞尽脑汁占有工人剩余价值,让工人不停地工作,而在循环时却留有大量时间让机器闲着,那当然是不可能的。

购买生产资料、工人们生产商品、商品出售是同时进行的。不管资本进入哪个阶段,资本的再生产始终都是连续进行的,就像产业资本的形态变化要依次经过三个阶段一样。因此,产业资本总循环是货币资本循环、生产资本循环和商品资本循环这三种形式的统一。这就是资本主义生产的特征:连续不断的再生产,它是由资本主义生产的技术基础决定的。

从货币到更多的货币,是资本家生产资本循环的结果。就像一个圆,当它的半径是1,它每增加一倍的半径就相当于增加一次循环,它的面积就是资本家获得的货币。

关键词:货币资本循环　生产资本循环　商品资本循环

第四节　流通时间和费用

　　资本通过生产领域和流通领域的运动，是按照时间的顺序进行的。资本停留在生产领域的时间是资本的生产时间，资本停留在流通领域的时间是资本的流通时间。资本完成它的循环的全部时间，等于生产时间和流通时间之和。

　　在资本主义生产过程中，流通时间是实现资本价值增值的重要条件。在流通领域内，资本有两个流通过程：一个是由商品形式转化为货币形式的流通过程，一个是由货币形式转化为商品形式的流通过程。在这两个流通

19世纪中叶的自由贸易理论对各资本主义国家经济发展起到了十分重要的作用。

过程中，资本不是执行生产资本的职能，只是执行商品资本和货币资本的职能，因此，流通过程中的资本既不能生产商品，更不能生产剩余价值。

资本的流通时间和生产时间是互相排斥的，在同一时间内，同一资本不能既处在流通时间同时又处在生产时间。如果总资本在循环过程中每次都是一下子由一个阶段进入到另一个阶段，即资本的不同部分是相继通过循环的，也就是总资本价值的循环是在资本的不同部分的循环中依次完成的，那么，资本的各组成部分在流通领域内停留的时间越长，流通领域内占据的资本就越多，而在生产领域内执行生产资本职能的资本就越少。当资本停留在流通过程的时候，生产过程就会中断，资本的自行增值也会随之中断。另外，生产过程的更新是由资本流通时间的长短快慢决定的，资本的流通时间越长，生产过程的更新也就越慢。资本流通时间的长短，对于生产时间的长短，或者说对于一定量资本作为生产资本执行职能的规模的缩小或扩大，起了一种消极限制的作用。流通时间越短或近于零，资本的职能就越大，生产效率就越高，从而资本的自行增值程度就越大。

资本在流通领域内耗费的各种费用叫作流通费用。流通费用分为两类，一类是非生产性流通费用，又叫作纯粹流通费用，另一类是生产性流通费用。

纯粹流通费用

纯粹流通费用是指由资本的价值形态变化所引起的费用，主要有买卖时间和簿记。资本由商品到货币的转化和由货币到商品的转化，都是资本家的买卖行为。资本为完成这种形式转化而耗费的时间，就是买卖时间，这是资本家经营时间的一部分。

买者和卖者之间达成交易是需要时间的。买卖时间并不能创造价值，它只能把价值由一种形式转化为另一种形式。买卖商品需要耗费一定的时间或劳动，尽管这种劳动对资本主义生产过程来说是一个必不可少的因素，但这种劳动既不创造价值和剩余价值，也不能增加商品的价值量。但是，这个时间也要算在流通时间里。在商品交易中，如果实行等价交换，不管是在买者手里还是在卖者手里，商品的价值量都不会发生变化，发生变化的只是商品的存在形式。如果是不等价交换，转化了的商品价值总额仍旧不会改变，一方的增加就意味着另一方的减少。如果商品生产者直接从事商品买卖，那么，他在买卖商品时所耗费的时间，就是他的生产间歇时间的耗费(或者是他的生产时间的损失)。因此，用在商品交易上的买卖时间，不能创造任何价值，它只是一种纯粹的流通费用。

流通费用除了耗费在买卖时间上之外，还耗费在簿记上。簿记是指以货币为计量单位，通过记账和算账，从而对生产经营过程进行记录和核算的一种活动。簿记一方面要耗费物化劳动即劳动力，另一方面要耗费劳动资料，如钢笔、墨水、纸张、写字台等。

资本作为不断运动着的价值，首先是以货币的形态存在于商品生产者的头脑中。资本的循环运动，无论是在生产过程还是在流通过程，都是由簿记来确定和控制的。因此，在生产过程中，商品表现为一种观念上的货币。商品生产者在簿记时消耗的劳动资料和劳动力不能增加商品的价值，必须从生产时间和劳动资料中扣除，但这种消耗是完全必要的。耗费在簿记上的费用和耗费在商品买卖上的费用都是非生产性消费，因而归入纯粹流通费用。无论是商品生产者自己行使簿记的职能，还是簿记独立成为一种专门的职业，簿记的职能性质都不会改变。

簿记费用和买卖商品的费用都属于流通费用，但是，簿记费用同单纯买卖商品的费用毕竟有一定的区别。单纯买卖商品的费用，是在商品的生产过程中产生的。离开商品生产和商品买卖的地方，买卖商品的费用就不会发生。而簿记则不一样，只要商品生产存在，社会就需要簿记。生产过程越是按社会化的规模发展,簿记就越是重要。因此,簿记对资本主义生产,远远比对手工业生产和农民的分散生产重要。同样,簿记对社会公有化生产的重要性,大于资本主义生产的重要性。随着生产的社会化和簿记的专业化(会计师事务所等),簿记的费用会越来越少。

生产性流通费用

生产性流通费用是指生产过程在流通领域继续进行而产生的费用,主要有保管费用和运输费用。

纯粹的流通费用是由价值的单纯形式变换而产生,它不增加商品的价值。但保管费用的性质则不同,保管费用产生于生产过程,它是为保存商品的使用价值而产生的费用。因此,保管费用会增加商品的价值。

在资本主义生产中,为保证生产过程的持续性,需要储备一定数量的生产资料和生活资料。要保管这些储备物品,就必须支付一定的费用。当产品作为商品资本停留在市场时,也就是说,当产品处在生产过程和消费过程之间的间隔时间时,产品就形成储备形式的商品。在每一个循环中出现两次:一次是在售卖阶段,它是资本本身的商品,另一次是在购买阶段,它被购买后将转化为生产资本。如果没有商品储备,商品在被生产出来以前,就不能售卖,也就不能转化为生产资本,生产过程就会发生中断。因此,生产过程和再生产过程的不断进行,同时要求一定量生产资料不断出现在市场上,也就是形成商品储备。但是,商品资本要作为商品储备停留在市场上,就需要支付一定的费用。例如,商品储备需要有储藏库,这需要一定的保管费用。同时,商品储备还要为仓库保管员、搬运工人支付劳动力报酬。另外,在商品储备期间,商品还会耗损。这些费用都产生于流通领域,所以算流通费用。但是,在资本主义社会中一切追加价值的劳动同时也会追加剩余价值,并且在资本主义基础上总要追加剩余价值,因为劳动创造的价值取决于劳动本身的量,劳动创造的剩余价值则取决于资本家付给劳动的报酬额。因此,使商品变贵而不追加商品使用价值的费用对社会来说,是生产上的非生产费用,对单个资本家来说,则可以成为发财致富的源泉。耗费在保管费用中的流通费用同纯粹流通费用有区别,这些流通费用在一定程度上增加了商品的价值,从而使商品变贵了。

运输是使产品发生场所的变换,即产品由一个地方移动到另一个地方的实际运动。在资本主义生产条件下,产品就是商品,社会劳动的物质变换,是在资本循环和商品形态变化中完成的。因此,商品运输和商品流通是互相联系的,但二者也并不是不可分离,没有商品运输,商品也可以流通。同样,没有商品流通,甚至没有直接的商品交换,产品也可以运输。例如,在房屋买卖中,房屋是作为商品流通的,但是它并不经过运输。又如木材、铁之类的商品是可以移动的,在交易过程中,虽然经过许多流通过程,也几易其主,但它们还是留在原来的货栈内。因为,在这里进行循环运动的,不是物品本身,而是物品的所有权证书。另一方面,在某些地方,虽然社会产品不进行商品流通,也没有物与物的直接交换,但是运输业还是在社会经济生活中起着十分重要的作用。

由于商品运输发生在流通领域,运输费用就表现为流通费用的形式。但是,运输费用的生产性质并不会因它表现为流通费用这种特殊形式而改变。商品运输的目的是为了使商品进入消费领域,从而实现商品的使用价值,因此,运输业就成为一种追加的生产过程,耗费在运输业上的资本价值就会转移到所运输的商品中去。既然运输业具有生产性质,那么,商品生产的一般规律也同样适用于运输业。运输费用转移到所运输的商品中去的规律是:在其他条件不变的情况下,运输业的劳动生产率越高,由运输追加到商品中的绝对价值量就越小,商品运输的距离越长,由运输追加到商品中的绝对价值量就越大。反之,运输业的劳动生产率越低,由运输追加到商品中去的绝对价值量就越大,商品运输的距离越短,由运输追加到商品中去的绝对价值量就越小。

简单地说,商品在空间上的位置移动就是商品运输。运输业一方面成为一个独立的产业部门,成为产业资本的一个特殊投资领域。另一方面表现为生产过程在流通过程内的继续,并且为了流通过程而继续。

关键词:生产时间　通时间　流通费用　纯粹流通费用　生产性流通费用

第六章　社会总资本的生产和流通

　　一个商品的循环时间是需要生产时间和流通时间的。一把木梳，一个馒头的生产时间和流通时间都比较好计算，可是我们再深究一下，生产木梳的车床也是资本家花钱买来的，属于生产资本，它要经过多久才能完成一次循环？同样是生产资本的蒸馒头锅又要多久完成一次循环？如果我们再继续追究下去，木梳的原料木材得几年或几十年才能完成一次循环，馒头的原料面粉也至少需要3个月的时间。这些不同的时间混在一起，又怎么来计算总的循环时间呢？于是我们又引入了一些新的概念……

第一节　资本的周转与种类

资本价值以预付资本的形式作为起点，经历一系列循环运动后，已经增值的资本重新回到它的起点。资本处在循环运动中的时间就是资本的总流通时间，是流通时间和生产时间之和。资本主义生产就是要实现预付资本价值的增值，不管这个预付资本是货币形式还是商品形式。要实现资本的增值职能，就必须将资本投入到不断循环运动的资本循环中，当资本的循环不是作为一次孤立的行为，而是作为一个周期性的运动过程时，这种循环就叫作资本的周转。

资本的周转需要花费一定的时间。资本的生产时间和资本流通时间之和，即总流通时间，就是资本的周转时间。资本的周转时间，就是资本在总循环中以某一点作为起点，下一次重新回到这个起点所花费的时间。资本周转一次，同一资本价值就能实现一次增值过程，或者生产过程就能更新一次。

不同的部门，不同的企业，资本的周转时间各不相同。为了考察方便，我们统一用一个计量单位"年"。正如工作日是劳动力的自然计量单位一样，年也是资本周转的自然计量单位。这个计量单位的自然基础是，最重要的农产品都是一年收获一次。

假定用U表示周转时间年，用u表示资本的周转时间，用n表示资本的周转次数，那么，资本的周转公式即：

$n=U/u$

例如，某资本周转时间u为4个月，那么，周转次数n=12/4=3，就是说资本在一年中周转3次。如果周转时间u为6个月，那么，周转次数n=12/6=2，即资本在一年内只周转了2次。

对资本家来说，资本的周转时间就是他实现预付资本增值的时间。资本的周转时间越短，一年内资本的周转次数就越多，资本家预付资本增值的次数也就越多。反之，资本的周转时间越长，一年内资本的周转次数就越少，资本家预付资本增值的次数也就越少。

根据资本的流动性，我们可以把资本分为流动资本和固定资本。

流动资本

流动资本是指投放在原料、燃料和辅助材料等方面的一部分不变资本。比如，木梳生产过程中买木材的费用、电费、水费等。此外，资本家用于购买劳动力的可变资本部分也属于流动资本。

18 世纪法国食品和燃料的经常性短缺，导致民心不稳，这些运小麦和木材的船只大受欢迎。

在生产过程中，一些原料在劳动资料执行职能时被消费，这部分资本的价值将转入到新生产的产品中，另外一些辅助材料不在物质上加入产品，如照明用的电。从流动资本的周转方式来看，只要在生产过程中原料和辅助材

料能够全部被消费掉,那么它们的价值就可以全部转移到新生产的产品中。因此,流动资本的流通和周转具有这样一些特点:

1. 这部分资本在劳动过程中被全部消费掉,因此在新的劳动过程中,必须全部用同一种新的物品来替换。如木材被消费掉,生产出木梳。

2. 在生产过程中,它们不能保持自己独立的使用形式,它们的价值是一次性全部转移到产品中,通过流通来完成资本的周转。不管是木材、电还是水,在生产时,都被我们用没了,得到了木梳。即它们的价值一次性全部转到了木梳里。

3. 购买劳动力价值的可变资本也属于流动资本。

劳动力是按一定时间购买的。资本家一旦购买了劳动力,就会把它投入生产过程,从而构成资本的一个组成部分,即可变资本部分。劳动力每天都在发生作用,并把它创造的剩余价值增加到产品中。在这里,我们暂且撇开剩余价值不说。资本家购买劳动力,工人出卖劳动力,并在当天的生产中将劳动力消耗掉,从而完成它的一次周转。第二天,工人通过生理上的补给(吃饭、休息),又产生了新的劳动力,再次与资本家建立买卖关系,再次投入生产。不管用来购买劳动力的可变资本和用来购买劳动资料的不变资本有多大区别,但它们的价值周转方式却完全相同,即都是一次完成流通和周转,并将其价值一次性全部转移到新的物质形式中。所以,购买劳动力价值的可变资本也属于流动资本。

通过流通,用来购买原料、燃料和辅助材料的不变资本,将自身的价值转移到产品之中。在这一点上,它们和用来购买劳动资料的固定资本相同,只是流通方式和周转方式有所不同。

固定资本

固定资本是指以厂房、机器等劳动资料形式存在的那一部分不变资本。

固定资本是真正的劳动资料,它具有以下特征:

1. 固定资本作为劳动资料进入生产领域后，就长期固定在生产过程中，反复地执行着相同的职能，并能保持自己原有的使用形式。一个厂房，只要没有人为的破坏，使用几十年都不会变。

2. 在生产过程中，劳动资料将自己的价值逐步转移到产品中去，而没转移的那一部分价值则仍然固定在劳动资料中，即仍然固定在生产过程中。每生产一个产品，机器的一部分价值就会转移到该产品中，但机器还可以生产产品，说明它余下的价值还停留在机器中。

固定在劳动资料上的这部分不变资本，同其他资本一样也要进行流通，只是流通的速度比较慢，因为全部资本价值都是处在一种不断流通的过程之中。比如一台机器的寿命是15年，那么15年后这台机器才流通。从这个意义上说，一切资本都应该是流动资本。但是，这部分不变资本的流通是一种独特的流通。

首先，这部分不变资本不是在它的使用形式上进行流通，而是在它的价值上进行流通。就像机器每生产一个产品都有一定的价值转移到了产品中。

其次，这部分不变资本的价值流通是逐步地、一部分一部分地进行的，流通的价值量和它转移到作为商品进行流通的产品中的价值量相一致。在执行职能的全部时间内，这部分不变资本总会把一部分价值转移并固定在劳动资料中。正是由于这种特性，使这部分不变资本成为固定资本。

固定资本独特的流通形式，引起固定资本独特的周转。固定资本价值流通的独特性表现在：固定资本因损耗而在实物形式上丧失的那部分价值，是按照它的损耗程度逐渐地、一部分一部分地转移到产品中去的，这一部分价值是作为产品价值的一部分来流通的。通过流通，产品由商品转化为货币，固定资本转移到产品中的那部分价值也变为货币。但是，固定资本中还未转移的那一部分价值则仍然固定在它原来的实物形式上。这样，固定资本的价值就获得双重存在，固定资本在周转上的特征也就显露出来了。

固定资本的价值转化为货币，是和它的价值承担者商品转化为货币同时进行的。但是,固定资本由货币形式再转化为实物形式,是由固定资本的再生产时间决定的。因为固定资本的更新是有一定时间间隔的,固定资本在进行更新之前,它的价值应以货币准备金的形式逐渐积累起来。只有在固定资本完全损耗,不能在生产中起作用的情况下,才能由货币转化为新的固定资本。举例来说,假定一台价值10000元的机器能够使用10年,它原来预付资本价值的周转时间也就是10年。在这10年时间内,它将其价值一部分一部分地转移到产品中去,并通过产品的出售逐渐转化为货币。10年后,这台机器的价值全部转化为货币,并由货币再购买一台机器,这样,它就完成了它的周转。就是说,固定资本只有在它的价值全部转化为货币,货币再转化为新的劳动资料时,它的周转才能完成。即固定资本的周转周期是由固定资本的寿命决定的。

固定资本越耐用,它的损耗越缓慢,不变资本价值固定在这个使用形式上的时间就越长。不管耐用的程度如何,劳动资料转移的价值总是和它的全部职能时间成反比。如果有2台价值相等的机器,一台5年磨损掉,另一台10年磨损掉,那么,前者在同一时间内转移的价值就是后者的2倍。

固定资本和流动资本的区别

固定资本和流动资本存在着本质的区别,具体表现为:

1. 固定资本和流动资本的周转方式不同。固定资本是在一次生产过程中部分地损耗,它的价值也就根据物质损耗的程度逐步地转移到产品中。而流动资本是在一次生产过程中被全部地损耗掉，其价值也是一次性全部转移到产品中。由于生产资本的物质形式存在这样的差别，所以，只有生产资本才能够区分为固定资本和流动资本。

2. 固定资本的周转时间长，流动资本的周转时间短。在固定资本的一次周转时间内包含着流动资本的多次周转。

3. 投在固定资本上的生产资本价值是全部一次预付，并逐步从流通中取回的。在生产资本以实物形式执行职能期间，不需要用同一种新物品来替换，只有在这个生产资料完全不能用的时候，才会进行实物更新。

固定资本与流动资本的相同点是：在生产连续进行的过程中，流动资本和固定资本一样，都要不断地固定在生产过程中，固定给产品。这样，固定流动资本和固定资本的各要素，就得不断地以实物形式更新。

流动资本就像是零散的鞋底儿，鞋帮儿，鞋面儿……固定资本就像是一大罐胶水，从中分出一滴胶水就能粘出一双鞋。零散的鞋底儿、鞋帮儿、鞋面儿都用上了，也改变了形式，但是胶水还是那一大罐儿，直到里面的胶水全用完，才会再换一大罐儿。

关键词：资本的周转　流动资本　固定资本

第二节　预付资本和资本周转周期

我们已经知道，生产资本中的固定资本部分和流动资本部分分别按不同的方式、不同的速度进行周转。而同一企业的不同固定资本，由于组成的形式不同，因而周转的期间也各不相同。比如说，做木梳的工厂，投入的原料，周转时间为30天，厂房可以使用50年，机器的周转周期为10年，在这种情况下，怎么来计算预付资本的总周转呢？

预付资本的总周转，是通过它的不同组成部分的周转平均数来计算的。

如果预付资本的各个部分只是周转的时间不同，那么，计算它们的平均数就可以了，但是，预付资本的各个组成部分，不但有量的差别，而且还有质的差别。

质的差别是指资本的组成部分不同，周转方式也不相同。

流动资本的周转，是一次性地将全部的价值转移到产品中去，因此，要使生产过程连续运行，就必须不断进行实物更新。

固定资本的周转只把它被损耗的那一部分价值转移到产品中去，一直到实物完全损耗，才用新的实物来更换，但是，这种更换不会像流动资本那样频繁。就是说，生产资本的各个组成部分的性质不同，因而无法计算它们的平均周转。要计算预付资本的平均周转，必须对质的差别进行转化，就是把预付资本不同部分的特殊周转，转化为只有周转时间差别这样的同一种周转形式。

这时候，我们说劳动时间，说价值，那都是空洞的理论，用文字也许可以表述，可现实中我们怎样才能应用到工厂、公司中呢？

不管是固定资本，还是流动资本，不管它以什么形式生产，得到什么样的产品,它们都要经历一条必经之路,那就是货币。只要把它们全部转化为货币形式,就可以计算出预付资本各个组成部分的平均周转,从而也就可以计算出预付资本的周转。

例如,有一台价值10000元的机器,使用寿命为10年,那么,就是1000元/年的价值转化为货币。在一年之中,这1000元由货币资本转化为生产资本和商品资本。然后又由商品资本转化为货币资本。如果流动资本在一年内能够多次周转,那么,一年内周转的资本价值要大于预付资本的总价值。

假设资本家预付100000元作为生产资本,其中,固定资本为80000元,流动资本为20000元,生产时间为10年,如果固定资本10年周转一次,每年则有8000元的价值转化为货币形式。如果流动资本每年周转5次,那么,周转的流动资本价值就是100000元。这样,资本家在一年中的周转资本就是:

固定资本8000元＋流动资本100000元＝108000元>预付资本总额

在这个例子中,固定资本在资本家的预付生产资本中占了相当大的比例,流动资本虽然只有20000元,但它在一年中周转了5次,所以,资本家在一年内周转的资本总额仍大于预付资本的总价值。

按照以上假定,在资本家的生产资本中,固定资本从作为生产要素执行职能开始,到最后被新的实物形式所替换,这表明在资本的循环运动中,预付资本价值必须经历一个包含多次周转的周期。所谓周转的周期,就是预付资本中固定资本部分完成一次周转的时间,即由固定资本的周转时间决定。

如上例,预付资本中固定资本周转一次需要10年,那么,预付资本周转的周期就是10年。资本周转的周期,或者说固定资本的更新,是产生资本主义周期性经济危机的物质基础,因为固定资本的更新决定着资本周转的周期。资本主义的生产过程,一般要经历松弛(萧条)、中等活跃(复苏)、急剧上升(繁荣)和危机这几个时期,虽然,各个资本投下的时期极不相同,但危机总会成为大规模新投资的起点。当资本主义生产进入危机时期,资本家为摆脱危机就千方百计地降低生产成本,采用新技术,并不断进行固定资本的更新,大规模的固定资本的更新。将刺激资本主义生产的复苏，随着资本主义生产进入又一个繁荣时期，下一个生产萧条时期也就不远了。

周转的时间是生产时间和流通时间的总和。生产时间和流通时间的长短及其变化，直接影响着资本周转的速度。劳动期间是构成生产时间的最重要因素。所谓劳动期间，是指一定生产部门为完成一件产品所必需的互相联系的工作日的数量。工人的劳动期间是以工作日来计量的，在工作日长度相同的条件下，生产部门不同，工人生产某种产品所耗费的劳动期间也不相同。还以木梳厂为例，一天可以生产10 000把木梳，而在车床制造业，工人需要连续工作3天，才能制成一台车床。劳动时间的差别，不仅表现在不同的生产部门之间，而且还表现在同一个生产部门的不同企业中。例如，同是建筑业，盖一所普通住宅需要的劳动期间要比建筑一个大工厂需要的劳动期间少得多；在机车制造业，制造一台车床需要3天，而制造一艘装甲舰则需要一年或数年的时间；在畜牧业，谷物的生产需要一年的时间，饲养牛羊需要几年的时间，种植木材更是长达百年。

劳动期间的差别对资本主义再生产也将产生一定的影响。资本主义社会的周期性经济危机会造成生产过程的突然中断，这种情况对所有行业都会产生影响。企业的性质不同，产生的影响也极不相同。一般来说，劳动期间短的部门，如纱织业、煤炭业等因资本周转时间短，周转速度快，所受影响相对较小；而资本周转期间较长的，如船舶、建筑、铁路等部门则不一样，由于生产过程的中断，与生产相联系的各种生产行为也会中断，如果生产不能继续进行，那么已经用在生产上的生产资料和劳动力就会白白地浪费。即使以后恢复了生产，那些未完成的产品也会在间歇时间里遭到损坏。

　　在资本主义生产不太发达的初期阶段，单个的资本家基本上不能经营那些劳动期间长、需要大量投资的企业，特别是生产规模大的企业，例如筑路、开凿运河等，他们只能由国家或公共团体出资兴办，并对劳动力采取强制劳动的办法。直到资本主义进入发达时期，大量的资本集中在资本家手中，经营这类企业才完全成为资本主义生产的事情。

在资本主义初期，筑路这种周转时间长、需要大量投资的项目多由国家兴办，单个资本家基本上不经营这类企业。

劳动期间的差别直接影响着资本家预付的流动资本,缩短劳动期间,就会减少流动资本的投入。缩短劳动期间的最好方法就是提高劳动生产力,如果在生产过程中实行分工协作,使用机器,不但可以增加一个工作日的产品,而且还可以在互相联系的生产行为中缩短劳动期间。例如,在建筑业中使用机器,可以缩短房屋、桥梁的建筑时间;收割机、脱粒机的使用,可以缩短已经成熟的谷物转化为商品所必需的时间;改革造船技术,可以提高船速,从而缩短航运业投资的周转时间。但是,在那些自然条件起决定作用的生产部门(例如农业)是不能用上述方法来缩短劳动期间的。另外,劳动期间的缩短通常和固定资本的增加联系在一起,这样一来,又会延长资本的周转时间。因此,只有在缩短劳动期间的同时又不增加固定资本的支出,才能加速资本周转。

生产时间与流通时间

生产时间就是资本停留在生产领域的时间包括劳动时间和非劳动时间。

劳动时间是生产时间,但不能说生产时间就是劳动时间,因为生产时间大于劳动时间,就是说,资本停留在生产过程中的全部时间,除劳动时间外还包括非劳动时间。

非劳动时间,是指产品受自然力制约而使劳动过程中断的时间。这种劳动过程的中断,与劳动过程的长短无关,但受产品的性质和产品制造方式的制约。在劳动过程的中断期间,根据受自然过程支配的时间长短不一的状况,劳动对象依次要经历物理的、化学的、生理的变化,此时,劳动过程全部中断或局部中断。例如,制造葡萄酒,先要将葡萄进行发酵,然后再存放一个时期,这样酒的味道才好。一般农作物成熟期为9个月,从收获到播种以前,整个劳动过程多次中断。在造林方面,播种期间会耗费一些必要的预备劳动,自此之后,还可能要经历几十年甚至上百年,才能变为成品。

预付资本的生产时间由两个因素构成:资本处在劳动过程中;资本受自

然过程的支配,处在非劳动过程中。因此,生产时间比劳动时间长。产品只有在生产结束后,才能从生产资本的形式转化为商品资本的形式。所以,资本的周转时间也要根据生产时间中那段非劳动时间的长度来延长。如果生产时间大大超过劳动时间,只要劳动对象不是像谷物、橡树那样由自然规律决定的产品,那么人为地缩短生产时间就能或多或少地缩短资本的周转期间。例如,手工制造做一把木梳需要30分钟,若使用车床5分钟就能做一把。

产品受自然支配时间的长短,将对生产资本,特别是固定资本和流动资本的周转产生不同的影响。在许多工业部门,如采矿业、运输业等,生产时间和劳动时间是相同的,并且每年都一样。这些部门流动资本的回流或更新是均衡地分配在一年的每个时期。但是,对那些劳动时间只是一部分生产时间的生产部门(如农业部门),在一年的各个不同时期,流动资本的支出是极不均衡的,而资本的流动只是随着自然规律的循环而完成,它的资本流动一般在农忙的季节。因此,如果生产规模相同,即预付的流动资本总量相同,和那些有连续劳动期间的生产部门相比,这些生产部门的资本预付时间就会更长,预付的资本量也就更大。另外,投在这些部门中的固定资本,即使在生产过程中断的时候仍然要支出一定的费用。例如在农业方面,如果固定资本是由役畜构成,不使用役畜时仍然要喂养饲料,死的劳动资料如机器等,即使不使用也会造成无形损耗(生锈、老化等)。而这些损耗都要进入产品的价值,这样一来,产品就会变贵,因为转移到产品中去的价值不是按固定资本的使用时间,而是按固定资本丧失价值的时间来计算的。

非劳动时间还包括生产资料的储备时间。为了生产不中断,生产部门总会将一定量的生产资料处于或大或小的储备状态,以便逐渐进入生产过程。处于储备状态的生产资料,虽然还没有在生产过程中直接发挥作用,但它已进入了生产领域。所以,生产资料的储备时间也是生产时间的一部分。生产资料储备时间的长短,对资本周转的速度会产生直接的影响。生产资料储备量大、储备期长,占用的资本必然就多,从而资本周转的速度就会变得缓慢。如果要加快资本的周转速度,就必须把生产资料的储备量限制在最低限度内。

在生产过程中，资本周转时间的差别必然引起资本预付时间的差别。而影响资本预付时间和资本周转时间的，除固定资本和流动资本的差别、生产时间和劳动时间以及非劳动时间的差别外，还包括流通时间的差别。这是因为资本的周转时间等于资本生产时间和资本流通时间之和。所以，流通时间的差别会造成资本周转时间的差别。

流通时间包括商品出售时间和商品购买时间。

我们知道，资本的周转时间等于它的生产时间和流通时间之和。通常生产方式的变化总是有一定时间间隔的，所以生产时间也会在一段时间内保持平稳不变。但是，商品出售时间是由资本处在商品资本状态的时间构成的，商品资本转化为货币资本必须要经过这一个阶段。因此，流通时间中最有决定意义的部分是商品出售时间。商品出售时间的延长或缩短，直接决定着流通时间以及整个周转时间的延长或缩短。出售商品所需要的时间，对同一生产部门的各个资本家来说可能是极不相同的，因为，资本家投入生产部门的资本量是极不相同的。

由上图，我们得出一个简单的事实：那些投在不同生产部门的所有资本在周转期间产生的差别，即使它们单个地发生作用，同样会使处在同一生产部门的各个单个资本的周转产生差别。假如一个资本家能在劳动时间、非劳动时间、商品出售时间、商品购买时间中的某个或某几个方面比他的竞争对手有优势，那就缩短了循环的总时间了。

商品的销售市场和生产地点的距离，是使商品出售时间及整个周转时间产生差别的一个经常性的原因。在商品运往市场的全部时间内，资本处在商品资本的状态。如果是订货生产，商品就要停留到交货的时候；如果不是订货生产，商品的出售时间还要加上商品在市场上等候出售的时间。不过，交通运输工具的改善可以缩短商品的出售时间。例如，由于交通运输工具的发展，可以使产地和销地发生一种与自然距离不相适应的变化。铁路的修建可以极大地缩短运输时间。另外，交通运输工具的改善可以减少商品的储备量，缩短商品的储备时间，从而缩短商品的出售时间。运输工具的发展，不仅加快了空间运动的速度，而且缩短了空间距离，原来需要十天半月才能到达的市场，现在只需几天甚至一天就能到达，这样，市场上的商品储备量就大量减少。随着商品储备的减少，资本也加快了流回的速度，这样，资本的总流通时间就缩短了，从而周转时间也缩短了。

资本主义生产的进步和交通运输工具的发展，会缩短商品的流通时间。但是，这种进步以及交通运输工具的发展，为资本主义开拓世界市场提供了可能性和必要性。大量的商品运往远方市场，处在流通中的商品资本就会增加。同时，投在交通运输工具以及整个交通运输行业上的资本也会增加。这样，社会总资本的周转速度就会减慢。

商品的购买时间是指资本家购买生产资料和劳动力所需要的时间。在购买时间内，资本必然有一段时间停留在货币资本的状态，为了保证再生产过程不至于中断，资本家必须不断购买生产资料和劳动力，因而，他全部预付资本中的一定部分始终以货币资本的形式停留在流通领域中。资本家手里总会有一定数量的资金用来随时补充和维持生产的正常进行，至少要维持到产品转化为货币。

商品的购买时间对资本的周转也有直接影响。

首先，原料供应地距离的远近直接影响货币资本的回流。如果原料供应地距离较远、交通不便，资本以商品资本形式停留在流通领域的时间就相对较长，这就会造成货币回流的延迟，从而也就会延迟资本由货币资本到生产资本的转化。

其次,由于原料供应地的距离较远,资本家就必须增加生产资料的储备量,以保证生产的正常进行。随着生产储备的增加,资本家用来购买原料的预付资本就会相应减少。但是,在生产规模不变的情况下,资本家一次性预付生产资料的资本量就会增加,资本的预付时间也就相应延长。

周转时间与可变资本

资本的周转时间包括生产时间和流通时间,生产时间和流通时间都要占用一定量的资本。因此,资本在整个周转时间内所需要的预付资本量,等于生产资本和流通资本之和。

假设某商品资本是一个9周劳动期间的产品,撇开固定资本转移的价值和凝结在产品中的剩余价值不谈,这个产品的价值就等于生产这个产品时预付的流动资本的价值。如果这个价值是900元,那么,每周支出的流动资本就是100元。这个产品的生产时间同劳动期间是一致的,也是9周,而流通时间为3周,这个商品资本的周转时间就等于生产时间加上流通时间,即12周。在9周的生产时间结束以后,预付的生产资本就转化为商品资本了。但由于它还要在流通期间停留3周,因此,新的生产期间要等到第12周结束,也就是900元的资本流回后,从第13周才能重新开始。资本在流通期间要停留3周,生产就要停顿3周,或者说要停顿整个周转期间的1/4。生产停顿的时间就是资本的流通时间,就是说,每3个月中,生产就要停顿3周,一年中就要停顿12周,即一年中有3个月要中断生产。

因此,资本的周转时间特别是流通时间的差别,会对处在生产期间的预付资本产生极大的影响,资本的周转时间越长,预付资本量就得增大。而在周转时间中,资本流通的时间越长,处在流通阶段的资本也就越多。

关键词:资本的周转　流动资本　固定资本

第三节 总资本再生产

社会总资本

资本主义的生产过程，就是资本的劳动过程和价值增值过程。这个过程的决定性动机是生产剩余价值。

资本的再生产过程，不仅包括直接的生产过程，而且还包括流通过程的两个阶段，即购买阶段和售卖阶段，也就是说，包括资本的全部循环。这个循环作为一种周期性的运动，经过不断地重新反复的过程，形成资本的周转。

在资本的再生产过程中，当资本以货币资本的形式进行循环时，生产过程是流通过程的媒介。当资本以生产资本的形式进行循环时，流通过程是生产过程的媒介。生产过程的不断更新，以及资本作为生产资本的不断再现，又是以资本在流通过程中的形态变化为条件。同时，生产过程的不断更新又是资本在流通领域不断地重新完成各种形态变化的条件，即资本交替地转化为货币资本和商品资本的条件。

社会总资本的运动，是社会各个单个资本运动的总和。一方面，作为社会总资本的一个组成部分，每一单个资本独立地进行着各自的周转运动；另一方面，各个单个资本的周转相互联系、相互依存，从而构成社会的总资本运动。

社会总资本运动的过程，既包含生产消费和作为其媒介的形式转化(物质交换)，也包含个人消费和作为其媒介的形式转化或交换。所谓生产消费和物质交换，是指资本家将预付资本转化为劳动力和生产资料，从而进入生产过程进行生产消费。而个人消费和交换，一方面是工人用工资购买生活资料进行生活消费的过程，另一方面还包括资本家用剩余价值购买生活资料进行个人消费的过程。

因此，社会总资本的循环，不仅包括资本的流通，而且也包括一般的商品流通。在资本主义社会，一般的商品流通只能由两部分构成：资本的循环；用于个人消费的商品的循环。当然，资本的循环也包括剩余价值的流通，因为剩余价值是商品资本的一部分。另外，资本的循环还包括可变资本向劳动力的转化，即资本家向工人支付工资。但是，工人用工资、资本家用剩余价值购买生活消费品的行为，都是用来满足个人的生活消费，因而它并不构成资本流通的环节。虽然工人的个人消费是资本流通(再生产过程)不可缺少的环节，但它属于一般商品流通的性质并不能改变。

货币资本的作用

如果把货币资本作为社会总资本的一个组成部分来考察，那么，在考察单个资本的周转时，货币资本显示出两个方面。

1. 每个单个资本都是以货币资本的形式来开始它的资本周转过程的。商品生产以商品流通为前提，而商品流通又以商品表现为货币，以货币流通为前提。若要生产木梳，首先购买木材等原料，然后才是雇用工人生产，再拿到市场上出售，完成一个简单的资本周转。因此，货币资本是资本周转过程的第一推动力。

2. 由于周转期间的长短不同和周转期间的劳动期间与流通期间的比例不同，必须不断以货币形式预付和更新的那部分预付资本价值与它所推动的生产规模之间的比例也就不同。但是，不管这个比例如何，能够不断执行生产资本职能的那部分处在过程中的资本价值，总是受必须不断以货币形式与生产资本同时存在的那部分预付资本价值的限制。因此，要使资本再生产持续不断地进行，单个资本家必须储备一定量的货币资本。否则，资本的周转就会停止，再生产过程就会中断。

商品生产必须以商品流通为前提，而商品流通又以货币流通为前提。商品生产分为商品和货币这两种要素，是产品转化为商品的一般规律。因此，无论是从哪个角度考察，货币资本始终都是资本主义再生产的第一推动力和持续的动力。资本家每开办一个新的企业，都需要用货币资本来购买生产必需的劳动力、劳动资料和生产材料，单个资本如此，社会总资本也是如此。

19世纪中叶法国的露天矿场。矿山不是资本，却是生产中的物质要素。

在资本主义再生产过程中，生产资本总是受与它同时存在的那部分货币资本的限制，我们由此得出这样的结论：资本主义生产规模的绝对界限，不是由执行职能的货币资本量的大小决定的。就是说，货币资本对生产规模的限制不是绝对的，在一定条件下，即使不增加货币资本，或货币资本不按照生产规模扩大的比例而增加，生产规模仍然可以扩大。例如，在劳动力报酬相同的条件下，可以从劳动的外延或内涵方面来加强对劳动力的剥削，就是说，可以通过提高劳动强度或延长劳动时间的方法来扩大生产规模，即使资本家因此而提高了工人的工资即增加了货币资本，货币资本也不是按工人受剥削的程度而成比例增加的。另外，生产上利用的自然物质，如土地、海洋、矿山、森林等，虽然不是资本，但它们是生产中的物质要素。因此，只要加强对这些自然物质的利用，就可以在不增加预付货币资本的情况下扩大生产规模，如果由于辅助材料的增加而必须追加货币资本，那追加的货币资本数量也不是按生产资本效能的扩大成比例地增加的。

可以用增加对固定资本使用强度的办法来延长每天使用的时间。这样，固定资本如机器、厂房等被更有效地加以利用，生产规模相应扩大而无需追加货币支出，只是固定资本的周转加快了，但固定资本的更新时间也会相应缩短。还有那些不费分文的自然力如风力、水力等，也可以作为物质要素进入生产过程。随着科学技术的不断发展，这些自然力以或大或小的效能进入生产过程并能使生产规模扩大，而资本家却不用花费分文。

在不追加货币资本的前提下，还可以通过提高劳动生产力的方法来扩大生产的规模。

此外，在资本的周转过程中，如果缩短资本的周转期，就能够用较少的货币资本推动与原来同量的生产资本，或者用与原来数量相同的货币资本去推动更多的生产资本。

由此，我们可以得到这样一个结论：在一定界限内，生产规模的扩大并不取决于预付资本的数量。预付资本只是一个既定的价值额,一旦它转化为生产资本之后,就包含着生产的潜力,而这些潜力的界限,不是由这个预付资本的价值额决定的。这些潜力能够在一定的活动范围内,在外延或内涵方面发挥不同程度的作用。

关键词:社会总资本　货币资本　社会总资本的循环

简单再生产

如果我们考察社会在一年间提供的总产品,就会清楚地看到社会总资本的再生产过程是怎样进行的,以及这个再生产过程同单个资本的再生产过程的联系与区别。社会总产品既包括补偿再生产过程中消耗掉的生产资料那部分产品,也包括由工人和资本家消费的那部分产品,就是说,社会总产品既包括生产消费,也包括个人消费。既包括资本家阶级和工人阶级的再生产,同时也包括资本主义生产关系的再生产。

我们在考察社会总资本的再生产时,首先应当分析这个商品资本的循环公式。在这个公式里,起点是W′=W+w,即商品资本。在这个起点中,既包含着不变资本价值和可变资本价值(W),也包含着剩余价值(w),所以,商品资本的运动既包括生产消费,也包括个人消费。在G—W…P′…W′—G′循环和P…W′—G′—W…P循环中,资本运动是起点和终点——这一运动自然也包括消费,因为商品(即产品)必须出售。但是,只要商品已经出售,这个商品以后变成什么,对单个资本的运动是没有关系的。相反,在W′…W′运动中,正是要通过说明总产品W′的每一价值部分会变成什么,才能认识社会再生产的条件。在这里,总的再生产过程既包括资本本身的再生产过程,也包括以流通为媒介的消费过程。

作为商品,它必须出售,但是商品由谁购买,如何消费,这对单个的资本运动是没有关系的。相反,在商品资本循环中,正是要通过说明总产品 W′ 的每一价值部分是由谁购买,用于哪种消费,才能认识社会再生产的实现条件。因此,只有从社会总产品出发,才能揭示社会总资本的再生产规律。

考察社会总资本再生产,必须把价值补偿和物质补偿作为主要内容。考察单个资本再生产,主要是分析单个资本的价值补偿。

单个资本家通过出售商品把他的资本和剩余价值转化为货币,然后,再用货币购买各种生产要素并把它们再转化为生产资本。但是,对于资本家卖出商品后,又从什么地方买回生产要素,人们还没有进行过分析。

考察社会总资本再生产,必须把价值补偿和物质补偿同时作为考察的内容。从生产消费方面分析,要使再生产能够正常进行,社会各部门消耗掉的生产资料必须从社会总产品中得到补偿。这种补偿能否实现,取决于社会总产品中的生产资料部分是否满足社会各部门补偿的需要。从生活消费方面分析,再生产的正常进行,要求工人能够用工资、资本家用剩余价值在社会总产品中买到生活消费品,而这个过程又同各个单个资本的运动交织在一起。因此,单个资本再生产远远不能说明社会总资本再生产过程。

在社会总资本再生产过程中,社会总产品中的一部分再转化为资本。另一部分则进入资本家和工人阶级的个人消费,这两方面在社会总资本生产的产品价值内形成一个交换运动。这个运动既是价值补偿,也是物质补偿,因而既要受社会产品的价值组成部分的比例制约,又要受它们的使用价值和物质形式的制约。

在资本主义社会,简单再生产是再生产的最简单形式,也是扩大再生产的基础,因此,考察社会总资本的再生产,必须从简单再生产开始。

社会生产的两个部类

社会总产品即社会的总生产,分成两大部类:

第一部类:生产资料,能够进入生产消费形式的商品。

第二部类: 消费资料,能够进入资本家阶级和工人阶级的个人消费形式的商品。

每一部类的资本都分成两个组成部分:

1. 可变资本。从价值方面看,这个资本等于该部类使用的社会劳动力的价值,也就是用于为购买劳动力而支付的工资总额。从物质方面看,这个资本是由发挥作用的劳动力本身构成的,即由这个资本价值所推动的活劳动构成。

2. 不变资本,即该部类在生产上使用的全部生产资料的价值。这些生产资料本身又分成固定资本:如机器(生产木梳的车床)、工具、建筑物、役畜等;流动不变资本:如生产材料,如原料(生产木梳的木材)、辅助材料、半成品等。

这两个部类中,每一部类借助于这些资本而生产的全部年产品的价值,又可以分为3类:

1. 生产上消费掉的、按其价值来说只是转移到产品中去的不变资本c的价值部分。

2. 全部年劳动创造的新价值中用于补偿预付可变资本v的部分。

3. 全部年劳动创造的新价值中超过可变资本而形成剩余价值m的部分。

以上每一部类的全部年产品的价值,和每个单个商品的价值一样,都可以写成c+v+m。

但事实上 ,代表生产上消耗掉的不变资本的那部分价值c,与生产上使用的不变资本的价值并不一致。因为,在不变资本中,作为流动资本的生产材料会在生产中全部消耗掉,它的价值也全部转移到产品中去了。但是,固定资本的价值只是一部分一部分地被消耗掉,因而它的价值也是一部分一部分地转移到产品中去。由于我们假定社会总产品是同时实现价值补偿和实物补偿,因此,在考察社会总产品及其价值时,我们将固定资本在因损耗而转移到年产品中去的那部分价值暂时撇开,因为这部分价值在当年不会得到实物补偿。

研究简单再生产,应以下列公式为基础。

全年总商品产品:

第一部类,生产资料:4 000c+1 000v+1 000m=6 000;

第二部类,消费资料:2 000c+500v+500m=3 000。

以上公式中,c=不变资本,v=可变资本,m=剩余价值,并且假定价值增值率m／v=100%。两个部类产品的总价值等于9 000,按照前面的假定,其中不包括继续以实物形式执行职能的固定资本。

在简单再生产基础上,剩余价值全部用于生活消费,没有积累,并且先不考察作为交换媒介的货币流通,那么,简单再生产的实现包括3大交换过程:

1. 第二部类中,工人的工资500v和资本家的剩余价值500m,必须全部用于生活消费,消费的实物形态就是消费资料,这种消费资料掌握在第二部类的资本家的手里。因此,第二部类中,工人的工资和资本家的剩余价值,可以通过第二部类内部的产品交换来实现。

2. 第一部类的1 000v+1 000m是生产资料,但它们需要的是消费资料,即需要的是第二部类的产品。而第二部类的2 000c是消费资料,它需要的却是生产资料。因此,第一部类的1 000v+1 000m和第二部类的2 000c,只有通过它们之间的相互交换才能实现。

第一部类　生产资料
$$4\,000c+1\,000v+1\,000m = 6\,000$$
$$\parallel$$
$$2\,000c+500v+500m = 3\,000$$
第二部类　消费资料

3. 通过以上两大交换过程后，第一部类还剩下4000c生产资料，这些生产资料只能用于第一部类，是用来补偿该部类消费掉的不变资本。因此，这4000c只有通过第一部类各个资本家的交换才能实现。

两个部类之间的交换

在第一部类中，可变资本v和剩余价值m分别由工人和资本家消费，购买了消费资料。这一行为表现在第二部类就是生产资料转化为货币，即以消费资料的实物形式存在的价值交换。通过这种交换，第二部类的资本家把他们的不变资本2000c从消费资料形式再转化为生产资料形式，使消耗的不变资本得到了补偿，并能重新执行资本的职能。同时，第一部类劳动力的等价物1000v和资本家的剩余价值1000m，则由生产资料的实物形式转化为生活资料的实物形式而进入个人消费。

第一部类生产资料v+m和第二部类消费资料c的交换，是以货币流通作为交换媒介的，这个交换过程分为两个部分：

1. 第一部类可变资本1000v和第二部类不变资本2000c的一半之间的交换。

交换中，第一部类资本家预付可变资本1000。用来购买劳动力。工人用这1000货币的工资向第二部类的资本家购买同等价值的消费资料，这就使第二部类的不变资本2000c的一半转化为货币。第二部类的资本家再用这1000货币，向第一部类的资本家购买价值1000v的生产资料，用来补偿已经消耗的不变资本2000c的一半。这样，就实现了第一部类可变资本1000v和第二部类不变资本2000c的一半之间的交换。第一部类资本家预付的1000可变资本也以货币形式重新流回手中。

2. 第一部类的剩余价值1000m和第二部类不变资本2000c的另一半之间的交换。

双方可以用两种方式预付货币。第一种方法：第二部类资本家先预付货币资本500，用来向第一部类购买与1000m的一半同等价值的生产资料。而第一部类资本家用这500货币，向第二部类购买500c消费资料。第二种方法：第一部类资本家增加500的预付可变资本，用来购买第二部类500c的消费资料，而第二部类资本家用这500货币，向第一部类购买1000m另一半的生产资料。这样，两个部类的资本家各预付500货币，实现了第一部类1000m和第二部类2000c的另一半之间的交换，预付的货币资本也回到了他们手中。

年商品生产的第二部类是由种类繁多的产业部门构成的，第二部类生产的产品即消费资料，可以分成两大分部类：

1. 必要生活资料。这部分产品直接进入工人阶级的消费，是人必要的生活资料，同时也是构成资产阶级的消费的一部分。如，人们每天穿的衣服、用的木梳、照的镜子、吃的馒头、住的房子、坐的汽车等。

2. 奢侈消费资料。这部分产品只进入资产阶级的消费，所以只能和剩余价值进行交换，是非必要的生活资料。通常这些奢侈消费资料在市场上的价格较高，工人仅凭劳动所得是无法承受的，如：高档别墅、豪华跑车、价值连城的珠宝等等。

第二部类生产的这两类消费资料，在预付可变资本的回流过程中是有区别的。第一分部类生产的产品，是工人在生产过程中必需的消费资料。生产这些必要生活资料的资本家在支付工人工资后，把这些必要生活资料卖给他们自己的工人，这样，资本家的预付资本，就通过工人用工资购买这批必要生活资料而直接流回到资本家手中。而第二分部类生产的产品，是专门用于资本家的奢侈消费资料，一般工人根本无法购买，它只能由资本家用剩余价值来购买。整个资本回流过程是：资本家把货币工资支付给工人，工人用这些货币工资购买第一分部类的必要生活资料,第一分部类的资本家又用这些货币来购买第二分部类的奢侈消费资料,最后,这些货币才回到第二分部类的资本家手中。具体如下图所示:

在第二部类内部的交换过程中,两个分部类要保持一定的比例。我们把它分成:分部类1,必要生活资料总量500,v=400,m=400;分部类2,奢侈品,它的价值是100v+100m=200。

假定在第二部类中,有500v+500m是通过内部交换来完成的,如果分部类1的资本家和分部类2的资本家把他们的收入按相同的比例分别用于必要生活资料和奢侈消费资料:3/5用于必要生活资料,2/5用于奢侈消费资料:即分部类1的资本家的剩余价值400m的3/5(240)用于必要生活资料,2/5(160)用于奢侈消费资料。分部类b的资本家也按同样的比例,来分配他们的剩余价值100m,即3/5(60)用于必要生活资料,2/5(40)用于奢侈消费资料。那么,可变资本与之相应的剩余价值的分配如下:

分部类1:必要生活资料,400v+(240+160)m

分部类2:奢侈消费资料,100v+(60+40)m

分部类2中工人的劳动力报酬是100货币,他们用这100货币向分部类1

的资本家购买数额100的消费资料。分部类1的资本家再用这些货币,向分部类2购买100货币的奢侈消费资料。这样,分部类2资本家的可变资本就以货币形式流回到他们手中。分部类2的40m,是资本家用于奢侈消费资料中的一部分剩余价值,它可以在分部类2内部实现交换。但分部类2的100v,是资本家支付给工人的工资,工人要用这些工资来购买必要生活资料,因此,它只能与分部类1的m相交换。

通过以上分析,可以得出结论:在第二部类内部的交换过程中,两个分部类要保持一定的比例。其中,分部类1的v只能同分部类2中m的一部分交换,剩下的其余部分则要满足两个分部类资本家的必要生资料的需要。在分部类1中,400v是资本家支付给工人的工资,这400v的价值,可以通过资本家和工人的交换来实现,分部类2的工人才能购买到必要生活资料,资本家支付给工人的工资才能全部地回流到手中,第二部类内部的交换过程才能实现,社会资本的简单再生产才能正常进行。

　　总之,简单再生产的基本条件是:第一部类商品资本中相当于v+m的价值额,必须等于第二部类商品资本中相当于c的价值额。

关键词:必要生活资料　消费资料　奢侈消费资料

积累和扩大再生产

在前面，我们分析了单个资本家的资本积累过程：资本家把凝结着剩余价值的商品卖出后转化为货币，为了扩大再生产，这一部分货币作为追加的生产资本再转化为追加的生产要素。这个增大的生产资本，将会为下一个生产过程提供更多的产品。这个过程就是资本的积累过程，也就是剩余价值资本化的过程。社会总资本的积累同样如此。正如我们在考察简单再生产时所看到的一样，单个资本中的固定资本以折旧形式相继沉淀为贮藏货币的情形，也会在社会总资本再生产中表现出来。

所谓资本积累，就是把剩余价值转化为资本。但是，在资本主义再生产过程中，并不是所有由剩余价值转化而来的货币都可以变成资本。剩余价值转化为资本，必须具备一定的条件：

1. 作为资本积累的货币额必须达到一定的数量。在一定的技术条件下，积累的货币数量必须满足增添机器、设备等固定资本的需要，或者足以开办一个新的企业。资本家每次用于积累的剩余价值总是有限的，因此，资本家必须得经过一段时间的货币积累才能进行扩大再生产。

2. 要有扩大再生产所必需的生产资本要素。当积累的货币数量达到足以进行扩大再生产时，货币就可以转化为生产资本的要素，这些要素必须是在市场可以买到的商品。至于这些要素是作为成品来买，还是按订货制造，在这里没有什么差别。但是，要使扩大再生产能够真正进行，必须是在没有货币的情况下，社会已经存在着扩大再生产的实际可能性，即市场需要扩大后再生产出来的产品。因为，货币本身不是扩大再生产的要素。

货币之所以会从流通中取出，并作为贮藏货币积累起来，是因为资本家出售商品以后，并没有全部购买商品。如果所有资本家都是只贮藏货币而不购买商品，那么，生产的商品又卖给谁？货币又从何而来呢？要回答这个问题,必须从分析第一部类的积累开始。

第一部类的许多产业部门,由于它们创业的时间不同,剩余价值转化为货币资本的过程也各不相同。一部分资本家不断地把他们积累起来的货币资本转化为生产资本,也就是用剩余价值转化而来的贮藏货币购买生产资料,追加了不变资本。而另一部分资本家则继续进行货币资本的贮藏。这两类资本家作为买者和卖者是互相对立的,作为买者的时候不能同时作为卖者,并且每一方在这两种作用中都只起一种作用。

例如,A和B进行商品交换,A把价值600元的商品(生产资料)卖给B后,获得600元的货币。其中100元是剩余价值,A把这100元从流通中取出,并以货币形式贮藏起来。在这个交换过程巾,A是用生产资料同货币交换,B是用货币交换生产资料。

就是说,在资本的积累过程中,需要积累的货币可以由这个资本积累过程本身来解决。在这里,积累的货币是由进行实际积累的资本家提供的。但是,货币贮藏不是生产,资本主义商品生产以前,就已经产生货币贮藏了。因此,社会拥有的货币量,总是大于实际流通中的货币量。在这里,货币贮藏是作为货币资本的积累过程来进行的,它是资本主义生产过程中的一个内在因素。

货币积累和实际积累保持平衡,是实现资本积累的前提条件。在交换过程中,一方卖,就必须由另一方买来抵消。因此,在资本的积累过程中,能否保持价值平衡,取决于买卖双方用于互相交换的商品是否具有同等的价值额。

资本的积累包括不变资本的积累和可变资本的积累。

不变资本的积累中,剩余产品是剩余价值的物质承担者,生产资料是不变资本的物质要素。对于第一部类的资本家来说,占有剩余产品,就是在追加不变资本,因为,这些剩余产品从一开始就是由制造生产资料的生产资料构成的。这些剩余产品,只有在商品售卖者手中,才能执行追加的不变资本的职能。但是,这些剩余产品在出售以前,就已经是潜在的追加不变资本了。

货币贮藏是资本主义生产过程中的一个内在因素。

如果只考察第一部类再生产的价值量，那么，资本家手中的潜在追加不变资本，就仍然处在简单再生产的范围内。因为，这些剩余产品只是原来产品中的剩余价值的一部分，不是在追加资本的基础上，耗费更多的剩余劳动而创造的。

简单再生产和不变资本积累的区别在于：在简单再生产中，第一部类的剩余价值全部被资本家花掉，即全部用来与第二部类的生活消费商品相交换，所以，它只不过是以自己的实物形式来补偿第二部类生产的生活资料的生产资料。

在不变资本的积累中，第一部类的剩余价值尽量少与第二部类生活消费商品相交换，这样就可以有更多的货币制造不变资本。完成这种过渡肯定有困难，但是，由于第一部类的许多生产资料可以在两个部类起作用（如盖房子和建别墅都要用砖），完成这种过渡就变得相对容易些了。

由此可以得出结论：如果只考察价值量，那么，扩大再生产的物质基础产生于简单再生产之中。简单地说，这种物质基础就是，第一部类工人的剩余劳动创造的、用于生产的生产资料，也就是第一部类潜在的追加不变资本的物质来源。

不变资本的积累量，取决于社会的生产力发展状况。在一个国家执行职能的生产资本越多，生产资料的生产规模就越大，劳动生产力就越发达，剩余产品的量也就越大，不变资本积累的数量也就越来越多。

在资本主义再生产过程中，由于社会存在着大量的相对过剩人口，劳动力的追加总是非常容易的。有时，不增加劳动力的数量，通过延长劳动时间或提高劳动强度也可以推动更多的劳动，从而实现扩大再生产。

一定量的资本，虽然没有积累，但还是能够在一定界限内扩大它的生产规模。但是，这里讲的资本积累，是特定意义上的资本积累，因此，生产的扩大，不仅取决于剩余价值向追加资本的转化，而且还取决于作为生产基础的资本的扩大。

某些生产部门的产品是货币材料，因此，生产者可以把他剩余产品的一部分作为潜在的货币资本来积累。他不需要先出售他的剩余产品，只要作为潜在货币积累的剩余产品达到必要的数量，就可以把它直接转化为新的可变资本，同样，他也可以直接把它转化为不变资本的要素——生产资料。

生产资料要通过购买存货而追加，也可以通过购买订货而追加。但在这两个场合，都是以剩余产品的增加和生产规模的扩大为前提。

在第一部类的积累中，第二部类的不变资本之所以能够由商品形式转化为生产资料的实物形式，是因为第一部类的可变资本v和一部分剩余价值m，同第二部类的消费资料c进行了相互交换。现在，第一部类资本家把他的剩余产品m转化为货币后，不是接着购买第二部类的消费资料c，而是把货币贮藏起来。这样，第一部类资本家虽然实现了货币积累，但第二部类具有同等价值的消费资料c，由于没有被卖掉而出现生产过剩，从而造成简单再生产中断。

出现这种情况的原因是，我们在分析资本积累和扩大再生产时，考察的却是简单再生产的条件。

在以上分析中，第一部类资本家追加的潜在货币资本，虽然是剩余产品的货币转化形式，但是，就剩余产品本身来看，它在这里是属于简单再生产，而不是规模扩大的再生产。只有第一部类的可变资本v和一部分剩余价值m，同第二部类的消费资料c进行交换，第二部类的再生产才能够按不变的规模进行。第一部类资本家把他的剩余产品卖给第二部类资本家时，虽然以实物形式向第二部类资本家提供了不变资本的相应价值部分，但与此同时，他又从流通中取出了货币，没有接着以买补充他的卖，这就使第二部类资本家具

213

有同等价值的商品卖不出去。

如果我们从整个社会再生产的角度来考察就会发现，第一部类资本家把剩余产品转化为潜在货币资本后，第二部类资本家具有同等价值量的商品资本就不能再转化为生产资本。不能再转化为生产资本，就是相对的生产过剩。于是，第一部类的货币资本过剩，就是第二部类的再生产不足。

怎样由商品资本转化为不变资本的实物形式，是与简单再生产有关的。

根据前面我们采用的公式：第一部类 1000v+1000m 和第二部类 2000c 相交换。

假如第一部类的剩余产品的一半(500m)，被作为第一部类追加的不变资本 c，那么，留在第一部类的这部分剩余产品，就不能同第二部类的消费资料相交换。这样，两大部类之间的交换就变为：第一部类 1000v+500m 和第二部类 2000c 的交换。这样，第二部类中的 500c 就不能从它的消费资料形式再转化为不变资本的实物形式。于是，第二部类就会发生生产过剩，第二部类过剩的程度 500c 恰好与第一部类资本积累的程度 500m 相对应。

第二部类的生产过剩将会导致向第一部类资本家购买的生产资料的减少，从而制约着第一部类的再生产。由于第二部类生产过剩而使生产购买缩小，以致第一部类的工人用 1000 元货币购买第二部类的消费资料后，第二部类的资本家也只能用其中的一部分购买第一部类的生产资料，因此，第一部类预付的 1000 元货币也只能样部分地流回。由于生产资料只是部分地流回，第一部类的简单再生产也不能正常进行。

总之，扩大再生产的条件是：第一部类必须用它的剩余产品为第二部类提供追加的不变资本，而第二部类也要同样为第一部类提供追加的可变资本。

关键词：货币贮藏　可变资本　积累

第七章　剩余价值和剩余价值率转化为利润和利润率

从本质上看,资本主义商品的价值包括3个组成部分:不变资产、可变资产和剩余价值。但从现象上看,资本家生产商品所耗费的不变资本和可变资本的价值却笼统地表现为商品的成本价格,与此相联系,剩余价值就表现为利润。因此,商品价值的3个组成部分就表现为2个部分:成本价格和利润。

资本主义社会通过什么把剥削工人的事实隐藏得那么好? 即使工人感觉到被剥削却说不出是哪里被剥削了。

第一节　成本价格和利润

所费资本转化为成本价格

商品的价值是由不变资本、可变资本和剩余价值3部分构成，即 W=c+v+m。这是正确认识资本主义生产方式实质的客观需要。但在现实生活中，却不是这样区分的，资本家用"成本价格"和"利润"两个词把赤裸裸的剥削模糊化。

对于资本家来说，其商品价值不外乎两部分：一是成本价格，包括生产商品所耗费的不变资本价值和可变资本价值。它是用来补偿在商品生产中耗费的资本价值，即所费资本。资本家生产木梳，首先得先从 G(货币)开始，购买木材、厂房和机器的磨损、支付工人的工资。这部分资本对资本家来说，就是他为生产剩余价值预付的，即补偿所消耗的生产资料价格和所使用的劳动力价格的部分，只是补偿商品使资本家自身耗费的东西，所以对资本家来说，这就是商品的成本价格(c + v)。成本价格用k来表示，于是，商品价值公式 W=c+v+m，就变成了：W=k+m。因为没有这部分耗费，资本家就不能进行生产，并得到剩余价值，所以，所费资本是资本家获取剩余价值垫支的成本。

另一部分是资本价值的增值部分，即剩余价值。但资本家不承认这是剥削工人所得，而是把剩余价值在观念上当做全部预付资本的产物或增加额时转化为利润形态，叫作利润，用p来表示。那么，W=c+v+m=k+m就变成了 W=k+p。

为什么资本家要将所有耗费的资本作为生产成本？

本来，生产商品本身的实际耗费与生产商品的资本主义耗费是完全不同的两种耗费。生产商品的实际耗费是指生产中全部物化劳动和活劳动的耗费,形成产品的价值。而生产商品的资本主义耗费则是指生产中消耗的不变资本和可变资本的价值。上述两种耗费在量上是不等的,前者大于后者,差额就是剩余价值。

资本家要以他耗费的资本作为生产成本,而不以实际耗费的劳动来计算生产成本,这是由资本主义生产的特殊性质决定的。

资本家将生产资料和劳动力作为资本投入生产过程,进行商品生产,他只花费自己的资本,而不花费自己的劳动。工人进入生产过程,只是被当作资本的一个要素发挥作用,他们的劳动耗费中有一部分形成工资,另一部分形成m的部分,是无酬劳动,无需资本家花费一文。所以,资本家就只按他耗费的资本来计算商品生产上的耗费。在他们眼里,商品的生产成本就是商品生产的实际耗费。

生产成本范畴是资本主义生产关系的反映,它表现了资本主义生产的特殊性质。在资本主义生产条件下,商品生产的成本只能用资本的耗费来计算,而不能用劳动的实际耗费计算。资本主义私有制决定了资本家是生产的主人,劳动者只不过是构成生产的一个要素,因此,成本价格只能反映资本的

反映 18 世纪末期资产阶级生活情况的图画。

耗费,而不是劳动的耗费,剩余价值就表现为成本价格的产物。所以,对资本家来说,所费资本就表现为商品的成本价格,商品价值公式 W=c+v+m 就转化为 W=k+m。

成本价格掩盖了资本家剥削的本质

所费资本转化为成本价格,掩盖了不变资本和可变资本的区别。支出在劳动力上的可变资本和支出在生产资料上的不变资本,是预付总资本的产物。因为生产成本这个范畴只是代表商品价值中消耗的部分,这部分价值之所以存在,是由于它作为预付资本已经存在。至于商品价值的形成过程以及资本的不同部分在剩余价值生产过程中的不同作用,则完全看不出来了。在生产成本形态中,可变资本是剩余价值唯一源泉的真理被模糊了。在生产成本的形式上,只有固定资本与流动资本的区别明显地表现出来。而在流动资本中,把转化为原材料的不变资本和转化为劳动力的可变资本等同起来。可变资本在价值增值过程中的特殊作用被抹杀了,似乎利润是由全部预付资本产生的。这就进一步掩盖了不变资本与可变资本的区别,从而掩盖了剩余价值的源泉,掩盖了资本家剥削的本质。

资本主义生产成本是生产单位商品所耗费的不变资本与可变资本之和,它对资本主义生产有重大影响。表现在:

成本价格不断地得到补偿,是再生产进行的一个必要条件。由于生产成本代表了商品中所包含的资本耗费,必须通过出卖商品收回这部分价值,才能重新购买生产要素,继续进行生产。成本价格必须不断地买回在商品生产中耗费的各种生产要素,才能使再生产进行下去。

成本价格是资本家盈亏的平衡点

资本家经营企业是赚钱还是亏本? 利润是整个资本主义经济活动的出发点和轴心。资本家投资的目的不是为了生产商品本身,而是为了商品价值中包含的利润。追逐利润是资本家从事商品生产的唯一目的和内在动机。由于商品的成本价格与商品的价值之间存在差额,即利润,如果资本家按照商品价值出售商品,就可以得到全部剩余价值;如果资本家以低于商品价值、高于成本价格的价格出售商品,虽不能得到全部剩余价值,但也能获得部分利润。商品出售的最低界限,是由商品的成本价格规定的。因此,生产成本是资本家售卖商品的最低界限。如果商品低于它的成本价格出售,资本家就会亏本;如果资本家高于成本价格出售商品,就可以获得盈利。

成本价格的高低是企业在竞争中胜败的关键。生产成本是商品价值的一部分,那么在商品价值与它的生产成本之间便有一个差额。一般来说,商品的成本价格是资本家出售商品的最低价,而价值则是其最高价,在此之间可以有无数销售价格。这就为资本家间的竞争提供了可能。生产同种商品的企业,生产成本是各不相同的,为了获取更多的利润,既可以通过市场提高商品的售价,又可以通过技术改进降低成本价格。生产成本低的企业就以高于生产成本而低于价值的价格出售商品,对其他生产成本高的企业形成威胁。正因为如此,每个资本家都会想方设法降低自己的生产成本。资本家认为,生产成本是竞争的基础。

IBM是在电子采购方面降低成本最成功的企业之一,为此,IBM 曾获得《采购杂志》"1999年行业优胜奖"、《PC周刊》"1999年网络应用最佳投资回报优胜者"和《财务总经理杂志》"1998年成功奖"等多项荣誉。自从重新设计采购进程并实施电子采购技术以后,该公司的总支出每年节省了90多亿美元(占总收入的5%),具体数据如下表:

IBM 业绩	过去	现在
购货单处理	30天	1天
合同周期时间	6–12月	30天
合同平均长度	40多页	6页
"独立购买"率	30%	小于2%
内部对采购的满意率	40%	大于85%
节省:42亿美元		

关键词:成本价格　利润

第二节　利润率

我们了解了剩余价值，知道了它的来源是资本家榨取工人的劳动所得。但是，资本家决不会笨得告诉工人说：我挣的钱本应是你们的，但是被我拿走了！当然，如果工人明白了也不会答应。资本家用了另一种说法掩盖了他们的剥削，他们用利润来代替剩余价值，使工人以为，资本家投入的生产资料也能产生"价值"。

剩余价值能转化为利润，是由一定的客观经济条件决定的。利润是在资本主义经济中剩余价值的现象形态，这是由本质到现象的转化。

在现实生活中，剩余价值表现为成本价格的增加额，也就是多出成本的那部分。

商品的价值本来是由不变资本、可变资本、剩余价值三部分组成（即$c+v+m$，其中m是由v产生）。但是，资本家把c和v合在一起独立化为生产成本后，m就表现为商品价值中"生产成本"以外的增加额，剩余价值也就顺理成章地成了资本家耗费资本的产物，成了资本家应得的部分。

资本生产的唯一目的就是追求尽可能多的利润，这就引出了利润率这个概念：出售商品所得到的价值余额和生产商品时预付的总资本的比率。在资本总量已定时，资本家获利多少就取决于利润率的高低。因此，每一个资本所有者都十分关心利润率的高低，希望获得尽可能高的利润率。可见，投资者的生产目的是将本求利，从而认为剩余价值是在销售商品后所获得的超过其预付资本的余额。

剩余价值进一步表现为全部预付资本的增加额。因为，资本家投入的资本虽然不是全部进入生产成本，但是，它们作为物质要素全部参加了剩余价值的生产过程,这样,剩余价值也就表现为全部预付资本的产物。

把剩余价值在观念上看成全部预付资本的产物,剩余价值就取得了利润的形态。剩余价值作为全部预付资本的这样一种观念上的产物,取得了利润这个转化形式。

剩余价值是本质,利润是剩余价值的转化形式(现象形态)。

剩余价值和利润两者具有一致性,就其实体和数量而言,两者是同一个东西,但是它们也有区别:剩余价值是对可变资本而言的,剩余价值与可变资本(雇用的劳动力)相联系,直接表现了它的本质;利润与全部预付资本相联系,就表现为利润。

这样,剩余价值转化为利润,把利润正常化了,让工人看了也觉得理所当然、天经地义。

由于劳动力的价值采取了工资形式,工人的全部劳动似乎都得到了报酬。于是,利润就不像是由工人劳动创造的,反而是由资本生产的。就这样,剩余价值不再被认为是由劳动创造的,而是被看作由资本创造的,是全部预付资本的产物,从而"改变"了剩余价值的真正来源。

因此,利润是剩余价值的转化形式,它源于资本主义生产关系本身,同时又反过来掩盖了资本主义的剥削关系。

剩余价值率是通过利润率表现出来的,因此,应当是从剩余价值率转化为利润率,引起剩余价值转化为利润。剩余价值率之所以转化为利润率,是因为资本家的生产目的是将本求利。

不管是不变资本还是可变资本,在资本家眼中,都是为生产付出的货币资本,因此,资本家衡量获利的大小时,只衡量利润率(用自己生产后得到的金额减去为生产付出的总金额再除以为生产付出的总金额)。

凯恩斯认为利息是人们放弃保存现金的报酬,能给人们带来快乐,所以利率通常为政府所利用来调节社会储蓄与消费的关系。

这样，剩余价值率必然转化为利润率。

在使用利润时，实际上已经是剩余价值与预付总资本比较的结果，即剩余价值率已经转化为利润率了。所以说，剩余价值率转化为利润率是剩余价值转化为利润的前提和基础。剩余价值转化为利润，意味着剩余价值不再与可变资本相联系，而被看成了全部预付资本的产物。这样，利润与全部预付资本之间便有一个比率，这个比率就是利润率。利润率是剩余价值额与全部预付资本额的比率。如果用p′代表利润率，以C代表预付总资本，利润率可用公式表示为：$p'=m/C$。

利润率与剩余价值率，既有联系又有区别。

虽然剩余价值和利润表示的是同一个东西，利润率与剩余价值率只是同一剩余价值量用不同计算方法计算的比率，但是不同的是，剩余价值是对可变资本而言，利润是对全部预付资本而言。当剩余价值被看作是可变资本的成果时，就是剩余价值，这时的比率就是剩余价值率；当剩余价值被看作是预付总资本的产物时，就是利润，剩余价值与预付总资本相比就是利润率。两者的区别在于：

1. 二者内涵不同。剩余价值率是剩余价值与可变资本的比率；利润率是剩余价值与全部预付资本的比率，它是剩余价值率的转化形式。

2. 二者在量上有差别。由于预付资本在量上大于可变资本，从而利润率总是小于剩余价值率。因此，利润率掩盖了资本主义剥削程度。

3. 二者所表现的经济关系不同。剩余价值率反映资本家对工人的剥削程度，剩余价值率表明了剩余价值的真正来源是可变资本。利润率说明资本自身的关系，反映预付总资本的增值程度，却掩盖了剩余价值的真正来源，资本关系被神秘化了。

总之，剩余价值和利润是同一个东西，剩余价值是利润的本质，利润是剩余价值的转化形式，二者是内容与形式的关系。利润率是剩余价值率的转化形式，剩余价值率是利润率的本质，利润率是剩余价值率的现象，是直接影响资本家获利的重要指标。

由利润率公式,我们可以得出:**利润＝利润/预付资本**

利润＝利润率 × 预付资本

因此,在预付资本不变时,利润率越高,利润就越多。资本家就争相追逐较高的利润率,但利润率的高低并不取决于资本家的主观意愿,它受两个经济因素的影响,即年资本周转速度和资本有机构成。

利润率要受资本周转速度的影响。虽然预付总资本数量相同,但由于资本周转速度不同,资本家获得剩余价值的量不同,利润率也就不同。利润率高低与资本周转速度快慢成正比。在其他条件不变的情况下,资本周转速度越快,同量资本在一年中所生产的剩余价值就越多,则年剩余价值率高,年利润率相应也高;反之,年利润率就越低。可见,年利润率与资本周转速度成正比。缩短生产时间的主要方法是提高劳动生产率;缩短流通时间的主要方法是改进交通。

地上掉了一个图钉,都有可能影响到利润率的消长。让我们来做个设想吧,运木材的车队,因为路上的一个图钉,第一辆车的车胎爆了,导致整个车队没有按时将木材送上火车;由于没有及时将原料送到工厂,使木梳工厂停工两天,进而导致国外订的木梳没有及时完工。木梳没按时送到码头,又延误了一周……当木梳运到卖方市场时,它的流通时间就已经比计划多了至少一周,必然会降低利润率。

关键词:利润率　利润

第三节　年剩余价值率

年剩余价值率，就是一年内生产的剩余价值总额和预付的可变资本的比率。在资本的周转过程中，我们都了解，只有可变资本才能创造剩余价值，可变资本每周转一次，都会带来一定的剩余价值量。因此，可变资本周转的次数越多，创造的剩余价值也就越多。

假定一个周转期间预付的可变资本是500元，生产的剩余价值也是500元，这个周转期间的剩余价值率就是500m/500v=100%。

如果一年周转的次数是10次，那么剩余价值率就是500m×10/500v=1000%。

所以，年剩余价值率，又等于预付可变资本在一个周转期间内生产的剩余价值率乘以可变资本的周转次数。

在资本的周转过程中，可变资本周转速度的差别直接影响着年剩余价值率的差别。

假定A做木梳，每周需要预付100元的可变资本，如果剩余价值率是100%，劳动时间等于周转时间，那么，A每5周周转一次，就需要预付500元的可变资本。由于剩余价值率是100%，A在5周劳动期间生产的剩余价值就是500元。如果一年（按50周算）周转10次，一年生产的剩余价值就是5000元，其剩余价值率就是1000%，

B同样做木梳，每周预付的可变资本也是100元，剩余价值率同样是100%，劳动期间与周转期间也相等。但是，由于B一年只周转1次，因此，必须预付5000元的可变资本。这样，B虽然在一年内生产的剩余价值也是5000元，但年剩余价值率只能是100%。

一年（按50周算）	A	B
每周预付可变资本	100元	100元
周转时间（周/次）	5	50
一年周转次数	50周/5周=10	50周/50周=1
需预付的可变资本	100×5=500元	100×50=5 000元
剩余价值率	100%	100%
剩余价值	500×100%=500元	5 000×100%=5 000元
年剩余价值	500元×10=5 000元	5 000元×1=5 000元
年剩余价值率	5 000元÷500元=1000%	5 000元÷500元=100%

可变资本周转速度的差别引起年剩余价值率的差别的原因在于：在可变资本的周转中，实际使用的可变资本和预付的可变资本是两个不同的量。A和B每周使用的可变资本量相等，都是100元。因而在全年(即50周)实际使用的可变资本也都是5 000元。但是，A和B的周转期间不相同，它们的预付可变资本也就不相等。A每5周周转一次，预付可变资本500元，由于这500元的预付可变资本在一年中周转10次，A实际使用的可变资本就是5 000元。因此，A实际使用的可变资本与预付可变资本的比率为10∶1。而B一年周转1次，一年中，B需要预付的可变资本是5 000元，而实际使用的可变资本也是5 000元，二者的比率是1∶1。这样，A和B实际使用的可变资本和预付可变资本之间，就存在着900%的差别，这种差别就是年剩余价值率之间的差别。

如果从社会的角度来考察，就会发现，可变资本的周转对社会再生产有着非常重要的影响。

我们还用前边的A和B为例。A和B每周预付的可变资本量相同，一年中实际使用的可变资本量相等，生产的剩余价值也相同。因此，它们对社会再生产的影响有着相同之处。

1. A和B不能再由社会用在别的目的上。假定一个工人每周生活费为1元，一个工作日为10小时。一年中，A和B各自雇用100个工人，每个工人一周劳动60小时,200个工人每周劳动12 000小时,一年共劳动62万多小时。这些劳动力已经由A和B占有了,社会不能再用于其他方面。

2. A和B各自雇用的100个工人,每周预付可变资本(即工资)100元,一年的工资是5 000,200个工人就是1万元,他们从社会取走相当于这笔金额的生活资料。

3. A和B的工人在两个场合都是每周得到报酬,并且每周从社会取走生活资料,为此,他们在两个场合也都是每周把货币投入流通。

但是,A和B的周转期间不同,因此,它们对社会再生产的影响有着很大的区别。

1. 支付工资的来源不同。

A的周转期间是5周,因此,从第6周开始就转入第二个周转期,工人投入流通的货币,就不只是他劳动力价值的货币形式,而是人在第一个周转期生产的价值产品的货币形式,工人在第二个周转期间的工资就是用这个价值产品来支付的。而B却不是这样,虽然B的工人付出的劳动与A的工人一样多,工人获得的货币是他已经完成的劳动的支付手段。但是,B的周转期间是一年,工人得到的工资不是用这个劳动本身所生产的价值的货币形式来支付。因为,在一年时间内,工人生产的价值产品还没有转化为货币形式,只有到第二年,工人的工资才能用他们在前一年生产的已经转化为货币的产品价值来支付,所以,资本家必须首先预付一定的可变资本作为工人的工资。因此,由于资本的周转期间不同,在劳动剥削程度相等时,为了保证生产过程不至于中断而必须预付的货币资本量是极不相同的。

2. 提供产品的情况不同。

B的工人和A的工人一样,都要用他们的货币工资来支付他们所购买的生活资料的费用,例如,工人用自己的工资从市场上换馒头。但是,B的工人用来支付从市场上购的生活资料的货币,不是他在这一年内生产的价值产品的货币形式。因为,他生产的产品要在第二年才能转化为货币形式,因此,他虽然为购买生活资料支付了货币,但是,并没有为社会提供任何可以用货币能够购买的商品。A的工人生产的产品,在5周时间内就能转化为货币形式。因此,A的工人在购买必需的生活资料的同时,也把自己生产的产品作为对货币等价物的补偿投入了市场。

3. 产品的供给情况不同。

劳动时间短、资本周转快的企业,由于资本在一年中能够周转多次,因此,它自己所使用的流动资本要素,可以由它本身生产的产品来供给。A的产品通过流通转化成为货币资本,就可以再次以补充生产资本的形式进入生产中,例如食品生产、服装业等。而那些劳动时间长、资本周转慢的企业,特别是那些在一年内不能完成资本周转的企业,由于它们在一年之内不能为社会提供任何产品,因而也就不可能用自己的产品来满足自己的需要。

关键词:年剩余价值率 可变资本周转速度

第四节　资本的有机构成和利润

资本的有机构成是指不变资本与可变资本在生产中的比例。

在剩余价值率不变的情况下，利润率的高低与资本有机构成的高低呈反方向变化。就一个生产部门来说，资本有机构成越低，创造的剩余价值就越多，利润率也就越高；反之，资本的有机构成越高，同量资本中不变资本的部分越多，可变资本部分就越小，创造的剩余价值越少，利润率就越低。但是在一个生产部门内部，如果个别企业提高了资本有机构成，改进了技术装备，它所生产商品的个别价值就会低于社会价值，此时个别企业的利润不是降低而是提高。假如有 A、B 两个部门，资本总量为 100，剩余价值率为 100%，资本有机构成在 A 部门为 90c∶10v，在 B 部门是 60c∶40v，A 部门资本家得到剩余价值量是 10，利润率上 10%；B 部门资本家得到剩余价值量是 40，利润率是 40%。由此可见，资本有机构成低的 B 部门，利润率高于资本有机构成高的 A 部门。

	A	B
资本总量	100 元	100 元
剩余价值率	100%	100%
资本有机构成 不变资本∶可变资本	90c∶10v=9∶1	60c∶40v=6∶4
剩余价值量	10×100% =10 元	40×100% =40 元
利润率剩余价 值量÷资本总量	10 元÷100 元=10%	40 元÷100 元=40%

利润率受不变资本节约程度的影响

在其他条件不变的情况下，原材料价格上涨，生产成本提高，预付总资本增加，利润率就下降；原材料价格下跌，生产成本降低，预付总资本减少，利润率就提高。

不变资本的大小是影响利润率高低的一个重要因素。如果剩余价值率和资本周转时间不变，不变资本节约的多少与利润率的高低成正比，节约的不变资本量越大，利润率就越高，反之相反。不变资本的节省，一方面可以使利润率公式中分母的数值缩小，使生产同

伦敦市的新证券交易所，这里吸引着英国各个阶层的人来进行投资。

样数量的剩余价值只需要较少的预付资本；另一方面可以使资本有机构成降低，使同量资本能够推动较多的劳动力，生产更多的剩余价值。这两方面都会使利润率提高。所以，不变资本的节约不会增加利润量，但会减少同量利润所需的预付资本，因而可以提高利润率。随着科学技术的发展，人们力图通过分工协作、增加使用时间、减少原材料的耗费等方式，将所使用的不变资本缩减到最低限度。

利润率受商品价格的影响

商品价格的变动会直接影响预付总资本的数量，进而影响利润率。在企业经营中，商品价格的变动会从3个方面影响预付总资本的数量。

1. 生产要素价格会影响固定资本的价值。如果生产要素价格提高了(厂房租金、设备、车床等价格提高，那么提前预付的资本也就增加了)，固定资本的价值会增加；如果生产要素价格下降或有更高效率的机器设备出现，就会使固定资本的价值贬值。电脑、手机，之所以一买到手就会降价，是因为生产

厂家在不断地更新、改进生产设备,使固定资本降价,成品也就跟着降价了。

2. 原材料价格会影响流动资本的数量。一个企业需要多少流动资本购买原材料,是由技术条件决定的,在一个时期有一个既定的量。在其他条件不变的情况下,原材料价格上涨,生产成本提高,预付总资本增加,利润率就下降;原材料价格下跌,生产成本降低,预付总资本减少,利润率就提高。所以,利润率与原材料价格的变动按相反的方向变化。木材价格下降,那么工厂里用于购买原材料的流动资本数量就会减少,平均每把梳子所占用的生产资料就会减少,价格也就相应下降;相反,就会增加。

3. 劳动力的价格变动也会影响流动资本的数量。因为流动资本的一部分是用于支付雇用工人工资的,如果工人工资提高,用于支付工人工资的流动资本就要增加,反之,就会减少。可见,商品价格提高,预付总资本增加,利润率下降;商品价格下降,预付总资本减少,利润率上升。

利润率受剩余价值率的影响

我们由公式:

利润率 = 利润 / 预付资本
利润 = 剩余价值
剩余价值 = 剩余价值率 x 可变资本

利润率 = (剩余价值率 x 可变资本)/(不变资本 + 可变资本)

可知,在预付资本一定,资本有机构成不变的情况下,利润率的高低直接取决于剩余价值率的高低,利润率与剩余价值率成正比。剩余价值率越高,利润率就越高;剩余价值率越低,利润率就越低。能够提高剩余价值率的方法,同时也是提高利润率的方法。

不同生产部门的利润率是有差别的

在研究剩余价值转化为利润时,没有涉及部门间资本的竞争。但在研究利润是怎样转化为平均利润时，就必须涉及不同部门资本之间的竞争。对个别资本考察转化为对社会资本考察、考察不同生产部门因资本有机构成不同和资本周转不同而带来利润率的差别，从这种考察中揭示出资本主义的按价值出售所必然产生的实践上和理论上的矛盾，最终由于资本在不同生产部门间自由流动，使利润率趋向于平均化。由于周转时间的不同和资本有机构成上的差别，各部门的资本利润率会不同。这种不同是由各部门的劳动对象、生产技术水平及企业间竞争造成的一种客观存在。在剩余价值率相同的条件下，不同部门的利润率水平存在着差别。

我们重点考察不同部门由资本有机构成高低引起的利润率差别及为此引发的部门之间的竞争。投在工资上面的可变资本的价值只是它所推动的活劳动的指数，它所推动的活劳动量总是大于它所包含的劳动量。各部门资本有机构成不同，利润率也不同。这是因为，在不同的生产部门，由于资本的有机构成不同，它们的可变部分也就不同，因而它们所推动的活劳动量也就不同，它们所占有的剩余价值量也就不同——它所占有的剩余劳动量，取决于它的可变组成部分的大小。当然，这要有一个前提，就是商品是按它的价值出售。假定社会上有3类资本有机构成不同的生产部门，譬如机械工业、纺织工业和食品工业，资本有机构成分别为高($c:v=9:1$)、中($c:v=8:2$)、低($c:v=7:3$)，剩余价值率均匀100%，三部门均投入等额资本100，产出商品按价值出售。机械工业所用的不变资本很多，比如：飞机制造、汽车制造、车床制造等；纺织工业用的不变资本稍低，如：制衣、制鞋帽等；食品工业相对最少，如：做面包、做馒头，制糖业等。

部门		资本			$m'=m/v$	m	商品价值	$p'=v/(c+v)$
		c	v	$c+v$				
低位构成	食品	70	30	100	100%	30	130	30%
中位构成	纺织	80	20	100	100%	20	120	20%
高位构成	机械	90	10	10	100%	10	110	10%
总计		240	60	300	—	60	360	—

在上表中，一样多的资本投在资本有机构成不同的生产部门，利润率水平完全不同。资本有机构成比较高，它的可变资本相对较低。这与前面可变资本与利润率的关系相似，资本有机构成比较高，生产部门利润率水平比较低；资本有机构成比较低的生产部门利润率比较高；中位资本有机构成的利润率则处于平均水平。

等量资本获得了不同的利润，这与资本家要求等量资本获得等量利润形成尖锐矛盾，其必然导致不同部门之间的竞争，即资本在不同部门间的转移。当然资本家不会上升到这样一个高度来想问题，他只是想赚更多的钱，所以什么最能赚钱，他们就干什么。做机械、纺织的资本家都转行做食品。结果是：利润率比较高的生产部门由于资本增量与存量的投入使生产大大增加，直至出现供过于求，大量产品积压，食品的价格大幅度下降，引起利润率的下降；而利润率比较低的机械、纺织产品，由于资本降低，生产大量缩减，直至出现供不应求，引起价格上涨，利润率提高。这种状况会一直继续下去，直到利润率大体上平均为止。各部门间资本转移后的情况如下表：

部门		资本			m'	m	商品价值	商品价格	p	p'	平均利润率	平均利润
		c	v	$c+v$								
低位构成	食品	70	30	100	100%	30	130	120	20	30%	20%	20
中位构成	纺织	80	20	100	100%	20	120	120	20	20%	20%	20
高位构成	机械	90	10	100	100%	10	110	120	20	10%	20%	20
总计		240	60	300	—	60	360	360	60	—	—	60

很明确：资本有机构成低或资本周转速率快的生产部门利润率高；反之相反。

关键词：资本的有机构成　利润率

第五节　一般利润率的形成与
生产价格规律

资本家为了获得更多的利润，会把资本从利润率低的部门转移到利润率高的部门。资本自由转移的结果是全社会形成一个平均利润率或一般利润率。这样，资本家们就不用相互追逐利润而变来变去了。平均利润率其实就是把整个社会资本看成是一个整体，它是社会的剩余价值总额与总资本的比率。

利润率平均化是资本本性的要求

资本的本性要求等量资本无论投在什么部门，都要获得等量利润。利润既然表现为预付总资本的产物，它在数量上也就要同全部资本相联系。等量资本要求获得等量报酬，这是资本的必然要求。在资本主义社会，资本家想要把资本投到哪种生产部门中，是资本家自己的自由。所以，如果资本有机构成高、资本周转速度慢的企业只能获得较低的利润率，那么，资本家就不会来经营机械厂这一类资本有机构成高和资本周转速度慢的企业。如果资本有机构成低、资本周转速度快的企业可以获得较高的利润率，那么，资本所有者就会把资本投入这些企业，这样，就会造成激烈的竞争。

就上面的例子来说，机械工业部门利润率低，为了获得更高的利润率，这一部门的资本所有者就会将资本从本部门转移到利润率最高的食品工业部门中去。投入食品工业部门的资本增加了，产量就会相应增加。在需求不变的情况下，就会出现供过于求，价格下跌。使利润率下降。而机械工业部门则由于原有资本被部分转移走了，产量下降，出现供不应求，价格上升，使利润率提高。当机械工业部门的利润率提高到食品工业部门利润率以上时，资本又会向相反的方向转移。这种运动的结果,使利润率趋向平均化。

利润率的平均化是通过部门之间的竞争、资本的自由转移而实现的。其过程是:资本转移引起资本在各部门分配比例的变化,从而使各部门生产比例发生变化。生产比例的变化导致各部门商品在市场上供求关系的变化,于是引起商品价格的变化。价格变化导致利润率的变化,直到各部门的利润率趋于平均,部门竞争才趋于停止。

平均利润率就是把社会资本作为一个整体看待时所得到的利润率,即剩余价值总额和社会资本的比率。

各个部门的不同利润率转化为平均利润率,也并非是利润率的绝对平均化,而仅仅是经济活动中存在的一种趋势。在现实经济生活中,各个生产部门的利润率仍然是存在着差别的。平均利润率取决于两个因素:一是不同生产部门的资本有机构成不同,从而各个部门具有不同的利润率,利润水平越高,平均利润率就越高。二是社会总资本在这些不同部门之间的分配。社会资本投入到有机构成低的部门比重越大,平均利润率越高,反之则越低。这表明,平均利润率不是各部门不同利润率的简单平均,而同社会总资本在不同部门中所占比重大小有关系。

生产价格规律并没有否定价值规律

一般利润率尽管受以上两个因素的影响,但是,从整个社会来说,高于平均构成的价值低于生产价格的总额,与低于平均资本构成的价值高于生产价格的总额总是相等的。比如高位构成部门的价值本是110元,但它的价格是120元,价值比价格低了10元;而低位构成部门的价值是130元,它的实际价格是120元,价值比价格高了10元。这样一高一低,就相互抵消了,生产价格总额高于价值总额这种偏离就会消失。当然这并不是对价值规律的否定,而只是价值规律作用的形式发生了一定的变化。

虽然从个别部门看,一些商品的生产价格和它的价值可能不一致,但从全社会看,所有商品的生产价格总额和价值总额是一致的。生产价格是价值的转化形式，只有在劳动价值论的基础上，才能说明白生产价格的界限及运动过程。个别部门产品的生产价格可以高于或低于价值，其差额也就是平均利润同剩余价值的差额。但是，一些部门平均利润多于剩余价值的部分，正是另一些部门平均利润少于剩余价值的部分，平均利润总额和剩余价值总额是相等的。

生产价格是在价值的基础上形成的

价值是生产价格的基础，生产价格的变动受价值变动的制约。生产价格的变动，归根结底取决于商品价值，即生产商品的社会必要劳动时间的变动。因为无论是成本价格变化，还是平均利润变化，归根结底都是商品价值的变化，都是商品中耗费的活劳动和物化劳动的变化。

价值的变化会反映到生产价格的变化上，价值量的增减影响着生产价格的提高或降低。我们知道，平均利润率的变动是极为缓慢的，生产价格的变动主要来自成本价格的变动和生产要素价值的变化，生产要素价值的变化即可以是由生产要素部门的社会必要劳动时间缩短，也可以是由本部门技术结构变化所引起。这样，平均利润率的变化，也是由不变资本和可变资本的价值变化导致的。

从全社会整体来看，利润量等于剩余价值量，生产价格等于价值。市场价格围绕生产价格波动与围绕价值波动并没有质的差别，只有量的差别。所以，在较短的时期，生产价格的变化总是要由商品的实际价值变动来说明，或由生产商品的社会必要劳动时间总和的变动来说明。商品按生产价格出卖，实际上也就是按照价值出卖，交换仍是以价值为基础的等价交换。

随着各部门的利润率转化为平均利润率,利润也就转化为平均利润。一定量预付资本按照平均利润率取得的利润就是平均利润。其计算公式是:平均利润=预付资本×平均利润率。

商品价值是如何在利润率平均化的基础上转化为生产价格的呢?

生产价格的形成是以利润转化为平均利润为前提的。因为只有不同部门间资本的竞争,才能形成平均利润率,在利润率平均化的基础上,商品价值才能转化为生产价格。随着平均利润率的形成,利润转化为平均利润,许多生产部门所得到的利润与本部门生产出来的剩余价值在数量上出现了差别,有的部门获得的利润高于剩余价值,有的部门的利润低于剩余价值。这样,这些部门的商品价格便与其价值不一致。

商品是以生产成本加平均利润所构成的价格出售。这种由商品的生产成本和平均利润所构成的价格,就是生产价格。这样,利润转化为平均利润,价值转化为生产价格。可见,生产价格是利润率平均化的结果,是资本要求等量资本获得等量利润的结果。

生产价格是价值的转化形式。生产价格与价值相比有明显的不同。在商品价值中,成本价格和利润都具有部门特殊性。成本价格受生产部门的技术水平等因素影响,利润也取决于本部门创造的剩余价值的数量。而在生产价格中,成本价格在不同部门之间存在差异,但平均利润则是一样的,不论任何生产部门创造的剩余价值多少,一律获得相等的平均利润。

生产价格和价值有一定的差别

在质上,价值是生产商品的抽象劳动创造的。而生产价格则由生产成本与平均利润构成,生产成本是由耗费的资本构成的,平均利润是按照预付资本的比例获得的利润,因而生产价格表面上只是同资本相联系,同活劳动没有直接联系。

在量上,生产价格形成后,某一部门的资本获得的利润数量与该部门实际创造的数量相背离、生产价格与价值相背离。资本有机构成高的部门,其产品的生产价格高于价值；资本有机构成低的部门，其产品的生产价格低于价值；只有资本有机构成相当于社会平均资本有机构成的部门，其产品的生产价格才与价值大体相等。

在现实中，人们常接触的是价格规律。价值规律让位于生产价格规律。价值转化为生产价格后，价值规律作用的形式发生了变化，价值规律也就转化为生产价格规律。这种变化表现在两个方面：一是商品的交换不再是以价值而是以生产价格为基础进行的，生产价格成为商品交换的基础，调节商品价格的轴心。二是由于供求关系变化，市场价格不再是围绕价值而是围绕生产价格上下波动。

价值转化为生产价格是商品经济高度发展的产物

首先，价值先于生产价格，是生产价格的历史前提。货币是价格的体现，但是在货币没有出现时，价值就已经存在了。因此二者体现商品交换的不同性质：价值是把商品作为劳动产品来交换，价格是把商品作为资本产品来交换。

其次，二者交换的经济条件不同。按生产价格交换，需要资本主义发展达到一定的高度。按价值交换，只需要商品交换不出现偶然的现象——供求大概一致，不存在垄断。所以，生产价格的形成需要资本和劳动的自由流动，而这条件只有在资本主义发展到一定阶段才能具备。市场体系的建立，如资本市场、劳动力市场等，为资本和劳动力在不同部门间的流动提供了便利条件；信用制度的发展，也为资本家克服自有资本的限制，快速地集中社会资本进行投资奠定了基础；随着机器大工业的发展，一切生产部门的劳动都已最大限度地化为简单劳动，从而为劳动力自由流动提供了条件；各种法律的颁布，为资本和劳动力的自由流动提供了制度保证。

这里应特别注意的是，价值决定是以供求平衡为前提的，价值规律决定着生产价格的运动，主要表现在：生产上所需要的劳动时间的增减，会使生产价格提高或降低；决定生产价格的平均利润，必定总是与社会总资本相应分临波斯湾的哈尔克岛是海外石油输出港，石油贸易是中东国家经济的支柱，也造就了大批富有的石油商人。

到这一部门的剩余价值量接近相等；部门内部的竞争形成市场价值和市场价格。

使商品按市场价值出售，必须具备两个条件(这里我们假设商品有使用价值，商品中包含的劳动量代表社会必要的劳动)。

第一，通过商品生产者之间的竞争，把社会需要的商品量供应到市场上来。这可以从4点来说明：1.商品的个别价值转化为平均价值的条件，一个部门的不同的个别价值，若要化为统一的市场价值，同类商品生产者必须在一个市场上竞争，并且供应的商品量与需求量应大体一致。如果不一致，价格就会偏离价值。2.同一生产部门商品的市场价值规定的3种情况：①如果该部门的商品大部分是由中等条件生产出来的，高于或低于中等条件的商品互相平衡，那么该部门的商品的市场价值就由中等条件决定。②由较差的生产条件调节。如果在较差的条件下生产的那部分商品构成相当大的量，就是如此。③由较好的生产条件调节。3.上述市场价值决定的3种情况带来不同影响：在第一种情况下，在最差的一端生产的人，必然低于个别价值出售他们的商品；在最好一端生产的人，必然高于价值出售他们的商品。在第二种情况下得到的市场价值，不仅会高于有利一端生产的商品的个别价值，而且会高于属于中等部分的商品的个别价值；但它仍然会低于不利的一端生产的商品的个别价值。有利的一端生产的商品量，同另一端相比，不占优势，那么，市场价值就会降低到中等价值以下。4.说明以上市场价值的确定，是通过买者之间的竞争来实现的。

第二，通过购买者之间的竞争，使社会需求量与供应量均衡。根据前面的分析，只有在供给与需求平衡时，商品才按规定的价值出售，但是，如果供给大于或小于需求,价格就会偏离市场价值。这两种情况发生变化的关系是:生产量本身发生了变化,变得过小或过大了;供给不变,但需求发生了变化;供给和需求都发生了变化,但变化的程度不同。

供需影响市场价格

供给与市场的关系　供给不仅表现为一定的使用价值量,而且表现为一定的市场价值。商品的使用价值量与市场价值之间,没有必然的联系(同一价值额可以表现为一种商品很大的量,也可以表现为另一种商品很小的量。100元可能买几百个馒头,但是却买不到1克的黄金),但是,供给和市场价值之间存在着密切联系:在一定生产条件下,每个部门生产一定量的商品,需要一定量的社会必要劳动时间,占用一定量的社会劳动。为了满足人们对某种产品的需要,就要按比例地投入劳动量。否则,就会使商品的价格偏离价值。总之,一个部门的商品市场价值总量,是由社会为满足对它的需要而投入的社会必要劳动量决定的。这本身就是以社会劳动按比例分配为前提的。供求不平衡引起价格波动,但价格的波动最后仍会导致供求平衡。商品按照它们的价值来交换或出售是理所当然的,是商品平衡的自然规律。我们是从这个规律出发来说明偏离,而不是反过来,从偏离出发来说明规律本身。

需求及伸缩性　需求包括生产需求和生活需求,但需求量具有伸缩性:生活资料价格便宜了,需求量会扩大;生产资料价格便宜了,需求会增长。需求是有支付能力的需求。

供需关系与市场价格的关系　市场价格不是由供求决定的,而是由市场价值决定。资产阶级经济学家认为是供求决定市场价格,实际上并非如此。因为当供求一致时,它们就对市场价值不发生任何作用,所以必须用另外的作用,而不是由这两种力量的作用来解释。实际上,供求从来不会一致,但从长期看是一致的。供求一方面只是说明市场价格同市场价值的偏离;另一方面又可以在极不相同的形式上消除由供求不平衡所产生的影响。市场价值是通过竞争和市场价格的波动来实现的。

供求双方的竞争对市场价格和市场价值的影响 在商品的供求关系上，再现了下列关系：使用价值和交换价值的关系；商品和货币的关系；买者和卖者的关系；生产者和消费者的关系。实际上，就是体现了供给(生产者、卖者)和需求(消费者、买者)的关系。供给和需求两股力量在市场上发生作用，相互竞争。在竞争中可能出现的情况有：需求超过供给，市场价格就会超过市场价值；供给超过需求，市场价格就会在市场价值以下。但是，到了资本主义社会，情况就复杂了，因为这时产品是资本的产品，这时价格不是围绕价值上下波动，而是围绕生产价格上下波动，这里的供求关系是以不同阶级的分配收入为前提的。

部门之间的竞争形成，使价值转化为生产价格。生产价格是资本发展到一定阶段的产物。等量资本获得等量利润是资本的一种社会权力，而利润的平均化进一步加深了无产阶级和资产阶级的对立。平均利润和生产价格的学说，说明了等量资本获得等量利润，不过是剩余价值在不同部门资本家之间的重新分配，为了提高利润率，资本家加重对工人的剥削；为了获得超额利润，资本家使工人过度劳动。平均利润形成后，每个部门的资本家获得的利润多少，不仅取决于对本企业、本部门的工人的剥削程度，还取决于对整个工人阶级的剥削程度。工人不仅受直接雇用他们的个别资本家的剥削，而且受整个资产阶级的剥削。

关键词：资本的有机构成 利润率

第六节　超额利润

在市场价值的分析中我们已经知道，一些生产部门中最优生产条件下的生产者可以获得超额利润。某些生产部门可以不把它的商品价值转化为生产价格，从而不把它们的利润化为平均利润，就能够产生超额利润。那么，平均利润形成以后为什么还有超额利润？超额利润是企业个别生产价格低于社会生产价格的差额。一个部门内部的各个企业的资本家之间，为了获得超额利润而不断进行部门内部的竞争。部门内部的竞争是指同一生产部门生产同类商品的企业，在不同生产经营条件下，为获得超额剩余价值以提高利润率、改进技术、加快资本周转、提高劳动生产率，努力使商品个别价值低于商品的社会价值而展开的相互争胜的经济行为。由于商品的社会价值是通过部门内部的市场竞争形成的，所以又叫作市场价值。

所谓市场价值，一方面应看作是一个部门所生产的商品的平均价值，另一方面，又应看作是在该部门平均条件下生产的、构成该部门绝对数量的那种商品的个别价值。这样，市场价值似乎有两个不同的定义。实际上，平均价值和个别价值是同一的。因为商品的平均价值是同种商品的个别价格的平均值，比如木梳A=3元、B=4元、C=5元，那么木梳的平均价就是4元。木梳A便宜但是质量可能不很好，木梳C价格高但是太华丽了，木梳B既好用相对价格又低，符合人们的购物心理，相对卖得多些。B就是在平均生产条件下，占该部门产品很大数量的商品的个别价值。一般情况下，市场价值是由占大量的、中等生产条件下生产的产品的个别价值来决定的。优等条件下生产的商品的个别价值会低于市场价值，拥有优等条件的资本家就获得了超额利润，而劣等生产条件的资本家则由于商品个别价值高于市场价值，而无法实现其中一部分剩余价值。一般地说,竞争主要来自两个方面:卖方之间的竞争和买方之间的竞争,而供求间的均衡与否会影响市场价值的形成。

在供求平衡条件下,部门内部竞争可使商品的个别价值均衡化为一个相同的市场价值。市场价值一方面应看作是该部门所生产商品的平均价值,另一方面又应看作是该部门在平均条件下生产数量很大的那种商品的个别价值。只有在特殊情况下,最劣等条件或最优等条件企业生产的商品才会调节市场价值。

正是由于石油的稀缺性,各国对石油的争夺导致了海湾的局势不稳。图为海湾地区的海上油井。

供求平衡是一种偶然的现象,不平衡则是经常的。无论是供不应求,还是供过于求,都会对市场价值的形成产生影响。

如果市场供不应求,劣等生产条件就会在该部门中占据主导地位,市场价值就会由劣等生产条件下的商品个别价值来调节。

供求平衡,就是生产部门实际生产的产品数量恰好满足社会对该种产品的需要数量时,实际耗费的社会必要劳动与社会应该投入的社会劳动相一致,商品的市场价值就能顺利地实现。要用一个商品的市场价值来出售,也就是说,按照它包含的社会必要劳动时间来出售,耗费在这种商品总量上的社会劳动的总量,就必须同这种商品的社会需要的量相适应,即同有支付能力的社会需要的量相适应。

供过于求,就是某种商品的产量超过了当时社会的需要,这时,这种商品量在市场上代表的社会劳动量就比它实际包含的社会劳动量小得多,部分市场价值就不能实现;如果用来生产某种商品的社会必要劳动的数量,同要由这种产品来满足的特殊社会需要的规模相比太小,结果就会相反。因此,该种产品的市场价值总量,不是由这个部门实际耗费的劳动总量来规定,而是由为满足社会需要投在这个部门的社会劳动总量来决定。利润率平均化是一种动态趋势,并不意味着不同部门的利润率的绝对平均。平均利润率形成以后,部门内各个企业仍然存在着技术装备水平的差别为追逐超额利润而展开的竞争,利润率差别同样客观存在。所以,利润率平均化反映的是一种动态的趋势,而不是静态的绝对平均。利润率平均化规律在本质上与等量资本获得等量利润原则有关,但形式上已成为资源配置的重要规律。

生产价格形成后,各部门之间的利润率趋于平均化,但是这并不排除各部门中各个企业之间利润率的差别。我们在分析利润向平均利润转化时,是把每个部门作为一个整体来考察,以每个部门资本平均有机构成和资本平均周转速度为既定前提的。但是,在同一个部门内部各个企业的资本有机构成、资本周转速度等都存在着差别。由于各个企业的生产条件不同,因而它们所生产的产品的个别生产价格也不同,但是,商品是按部门平均生产条件决定的社会生产价格出售的。这样,生产力水平高于部门平均水平的先进企业,就可以获得超过平均利润的超额利润。部门之间的竞争只是使不同部门的利润平均化,但是超额剩余价值不会由于部门竞争而平均化,这样,超额剩余价值就会转化为超额利润。因此,超额利润反映的是同一部门内部不同企业之间的关系,平均利润反映的是不同部门之间的关系。所以,平均利润和生产价格形成后,并不排除部门内部的先进企业仍然可获得超额利润。资本家所以疯狂地改进生产方式,就是想争取更多的超额利润。

从资本主义生产总过程的角度对利润率下降规律的考察,揭示出资本主义各种矛盾的尖锐化,平均利润率的下降是一种必然趋势,不以人们的主观意志为转移。

平均利润率下降趋势规律产生的根本原因

平均利润率下降的原因是社会资本有机构成的提高。一般利润率并不是固定不变的,它取决于全社会剩余价值总量同资本总量之比。社会总资本中只

20世纪70年代的经济危机使各国的失业人数剧增，造成大量的罢工事件。

有可变资本部分产生剩余价值，不变资本是不产生剩余价值的。随着资本主义生产的发展，技术不断进步，劳动生产率的提高，势必引起不变资本部分的显著增大，可变资本部分的相对缩小。资本有机构成日益提高，因此利润率便逐渐下降，这就是利润率下降的规律。

总之，利润率的高低主要取决于剩余价值率和资本有机构成的高低。随着资本积累的增加和资本有机构成的提高，利润率有下降的趋势，或者说，存在利润率趋向下降的客观必然性，即利润率趋向下降的规律。利润率下降趋势是社会生产力日益发展在资本主义生产方式下特有的表现。

资本的利润率同资本的有机构成呈反向运动

平均利润率下降，并不排斥资本家获得的利润总量的增加。虽然资本有机构成的提高导致利润率下降，但总资本推动的劳动总量增加，剩余价值或利润也在增加。总资本增加的速度快于利润率下降的速度，否则，利润总量就会下降。此外，利润率下降规律还表现在单位商品价格下降的同时，商品总价格中包含的利润量相对增加。随着技术的进步，劳动生产率有了很大的提高，单位劳动时间内生产产品的数量大大增加，因而每个产品消耗的活劳动减少，商品的价值和价格也就下降。但单个商品中所包含的利润量，会由于剩余价值率提高的速度快于新价值下降的速度而增加。

阻碍利润率下降的各种因素

由于多种反作用因素的影响，利润率并非"直线"下降，而是一种"趋向下降"。就长期而言,平均利润率会下降,但并不排除在一定时期有上升的可能。

阻碍利润率下降的因素:

1. 劳动剥削程度的提高。劳动剥削程度的提高可增加剩余价值,又可节约可变资本,导致剩余价值率的提高,进而阻碍了利润率的下降。

2. 工资被压低到劳动力的价值以下。工人工资的下降,既可增加剩余价值,又可节约可变资本,导致剩余价值率的提高。

3. 不变资本各要素变得便宜。随着技术的进步,单个生产资料的价值降低,减少了不变资本价值的支出,工资在一定时期可能会下降,不变资本各要素变得便宜是主要原因。也会提高利润率,制约了利润率下降的趋势,而股份资本并不要求平均利润,只要股息。

4. 相对过剩人口可以降低工人的工资。

5. 对外贸易对利润率的下降也有重大影响。因为利润的数量决定于资本所推动的劳动力的多少,外贸会输入更便宜的生产资料、劳动力,只要可变资本的绝对数量一定,劳动力绝对数量没有减少,利润量也不会减少。

6. 实际上,社会资本占有的利润量在不断增加。

综上所述,在资本主义经济中,由于存在着各种反作用的因素,必然会阻碍着利润率的下降。但这些原因不会取消这个规律,所以,这个规律还会作为一种趋势发生作用。平均利润率的下降并不意味着工人受剥削的程度在减轻,也并不意味着资本家利润量的减少。

利润率下降规律的作用,加深了资本主义经济中的一系列矛盾。这些矛盾的激化,必然引发资本主义的经济危机,从而证明了资本主义制度的历史局限性。

生产扩大和价值增值的矛盾加深了剩余价值的生产与实现的矛盾。由于剩余价值的生产和实现的条件在时间和空间上的分离,就必然会产生尖锐的矛盾。

在生产领域中，资本家为了追求更多的剩余价值，在利润率下降的过程中，必然拼命积累资本，扩大生产规模，提高资本有机构成，获取超额利润。然而，在分配领域中，由于资本积累的增长，资本有机构成的提高，工人阶级在社会新创造的价值中占有的国民总收入的比例越来越小，从而使社会有支付能力的需求减少，这样，资本家的商品多，而有钱买的人少，商品不能完全及时的转化成货币，剩余价值的实现面临困难。所以，资本主义生产无限扩大的趋向与社会有支付能力的需求相对减少的矛盾必然会逐步激化。

剩余价值生产和剩余价值实现的矛盾，加深了生产扩大和价值增值间的矛盾。

资本主义生产的目的是剩余价值，获取剩余价值的手段是扩大生产规模。然而，扩大生产与价值增值又是矛盾的。因为利用资本积累、扩大生产、提高资本有机构成的方式，追求更大量的剩余价值，却导致利润率的下降，减缓了资本增值的速度。同时，随着资本积累的进行，劳动生产率有了较大幅度的提高，从而减少了生产商品的社会必要劳动时间，降低商品的价值，进而导致资本价值的贬值。可见，扩大生产的目的与资本增值的结果发生了矛盾。

人口过剩与资本过剩的矛盾，加剧了资本主义国家内部资产阶级与无产阶级之间、资本主义国家国内与国际资产阶级之间、资本主义国家之间、宗主国与殖民地的矛盾。

综上，随着资本主义生产社会化规模的扩大和社会有支付能力的需求日益缩小之间矛盾的尖锐化，必然会引发周期性的经济危机。虽然这种危机可以暂时缓解资本主义的内在矛盾，但是它本身孕育着更大的危机。资本主义生产总是竭力克服它固有的这些限制，但是它用来克服这些限制的手段，只会使这些限制以更大的规模重新出现在它面前。

关键词：超额利润　市场价值　平均利润率

第八章　商品资本、货币资本和利润

　　我们前面讲到的资本家都是说的从生产到出售,可是像美国沃尔玛、法国家乐福、荷兰超市集团、德国麦德龙连锁店等,这些拥有几十亿、上百亿资产的世界级连锁超市,主要做的并不是生产,那它们的利润是从哪里得来的呢? 与它们类似的还有那些代理商、一掷千金的金融巨头,他们赚的钱又都是从哪里榨取的呢?

第一节　商品经营资本

商业资本是从产业资本循环的商品资本中独立化分离出来的，它与商品资本有着极其密切的关系，商业利润从商品的流通中获得，但商业利润的创造仍来源于生产领域，是剩余价值的一部分。商业资本作为独立发挥作用的资本，它有着自己独特的周转。

商业资本又叫商人资本，是历史上出现最早的资本形式之一。商业资本是指在流通领域中发挥作用的职能资本。商业资本属于流通资本，包括商品经营资本和货币经营资本两种具体形式。但通常所说的商业资本是专门从事商品买卖而获取商业利润的商品经营资本。在资本主义生产方式中，商业资本是产业资本的一种形式，即商品资本的转化形式。商品经营资本在我们生活中常见，就是通过买进卖出赚钱的行业，比如服装店、超市、家电商场等等。货币经营资本是指银行、股票、借贷基金等。

商业资本是产业资本运行中从商品资本转化而来的。在流通过程中，出售商品实现了价值和剩余价值的职能分离，专门从事商品买卖业务，成为社会总资本中的一种独立资本。比如，一个资本家生产出木梳后就将木梳交给另一个资本家，让他去完成由商品到货币的转化过程。

商业资本家首先是货币资本的所有者。在资本主义发展初期，产业资本家自己既从事商品的生产活动，又从事商品的销售活动。随着资本主义生产的发展，市场范围不断扩大，产业资本家为了集中精力从事生产活动并节约流通资本的数量，便要求由专门从事商品销售业务的商业资本家为其推销商品。这样，产业资本循环过程中商品资本的职能就逐渐从产业资本中分离出来，成为由商业资本(独立地在流通领域中发生作用的资本)专门执行的职能。

商业资本是一种独立执行商品资本职能的资本。在产业资本的循环中，商品资本职能具有的相对独立性，使商业资本形成一种独立资本形式成为可能，主要表现在：

产业资本在其循环过程中，包括购买、生产、销售3个连续的阶段，依次采取货币资本、生产资本和商品资本3种职能形式，执行着3种不同的资本增值与价值实现的职能。即货币资本负责购买生产资料和劳动力，为生产剩余价值准备条件；生产资本实现生产资料与劳动力的结合，生产剩余价值；商品资本专门出售商品，使资本的价值和剩余价值得以实现。

由于三种形态的资本独立执行不同的职能，各自形成了产业资本循环的一个阶段，这就为不同资本家之间实行分工，分别承担不同的资本职能打下基础。商品资本的职能本来就不同于生产资本和货币资本的职能，这就为商业资本的产生创造了条件。所以，产业资本家的资本中，本来必须有一部分执行商品资本的职能。无论是单个资本还是社会资本，在它们的运动中，总有一部分资本不断地在商品资本形式上作为流通资本停留在市场上，处在从商品资本到货币资本形态变化的过程中。正是产业资本运动中商品资本形式存在的这种客观必然性，才使处在商品流通领域的商品资本有可能从产业资本中分离出来，并独立发挥作用，成为商业资本。

社会分工的不断发展与市场规模的扩大，为商品资本的独立化提供了条件。

社会分工的发展与市场规模的扩大，为商品资本的独立化提供了条件。

　　产业资本派生出商业资本不仅有可能，而且有必要。在资本主义发展初期，由于生产规模不大，市场范围狭小，产业资本通常是一身二任，自产自销。随着市场范围和规模的扩大，产业资本滞留在流通领域的时间过长，占用的资本量增大，严重地限制了剩余价值生产的扩大，这就在客观上要求商品资本的职能从产业资本中独立出来，以降低产业资本家在此过程中可能的损失。

　　随着资本主义生产的发展，商品数量和品种的增加，以及流通业务的专门化和复杂化，需要大量的专门人才从事销售活动，产业资本自行完成这一职能是不经济的，也是不可能的。因为市场范围的扩大，商品流通量的日益增加，需要建立庞大的商业机构、营销网络，需要雇用商务代理人和大量商业店员。如果产业资本家仍坚持自产自销，不可避免地会增大商业开支，减少生产领域中的资本投入，降低利润率水平。在这种情况下，由于商业资本专门从事商品买卖，具有产业资本家所不具备的商品流通方面的特有优势，产业资本家就把商品流通的业务专门交给商人去完成，使商品资本职能从产业资本中独立出来，成为商业资本。同时，有一部分资本家积累了一定量的资本，愿意经营商业活动，通过商品的买卖来获利。

可见，商业资本不过是从产业资本中分离出来，独立发挥作用的商品资本，是商品资本独立化的形态。

商业资本家和产业资本家之间形成了一种特殊的社会分工。商业资本的职能要由一个和产业资本所有者不同的专业流通当事人来承担。

商品经济和社会分工的发展，在产业资本家和专门从事商品流通的商人之间形成特殊的分工。商品的买卖由过去产业资本的自产自销活动，变成从产业资本运动中分离出来，由商人独立完成商品资本的职能。如果产业资本自己雇用代理人来推销商品，商品资本就不能转化为独立的商业资本。

专门从事商品买卖的人，必须有自己独立的投资。商人必须预付一定的货币资本，进行专门的商品买卖，并通过经营商品买卖而实现增值，获得商业利润。如果只有流通当事人而没有他们的独立投资及增值，那么活动在流通领域的始终是产业资本的职能形态，而不是独立的商业资本，更不会有资本家站出来替别的资本家"义务劳动"。资本家要从中获利，就得低价买进，高价卖出，一把木梳1.6元买进，2元卖出，就样就能从中赚取0.4元的差价。

这个差价是什么呢？是生产者转让的部分剩余价值。产业资本家将商品以低于产品价值的价钱直接"批发"给商业资本家，转化为货币，从而节约产业资本的流通时间。即使把商人出售商品的过程计算在内，由于商人专门从事商品的买卖，对市场行情熟悉，掌握流通渠道，能够缩短商品的流通时间，比产业资本更快地完成商品的形态变化。缩短产业资本循环的流通过程，有利于增加用于生产过程的资本。商品经营资本不仅对产业资本，而且对社会总资本也发挥着重要作用。

从全社会来看，商业资本集中进行商品买卖有关的包装、运输、保管的活动。这样比各个企业的产业资本分散进行更能节约流通资本的数量。产业资本家节省了的流通费用，可以将更多的资本投入生产领域，扩大生产规模。可见，商人能够集中地进行商品的买卖、运输和储藏，用于买卖的资本，必然小于产业资本家亲自从事全部商业活动时所需要的资本总量。有利于产业资本家集中力量从事生产活动，从而提高经济效益，增加利润总额。

商业资本可以同时为许多产业资本推销商品，就全部商人资本同产业资本的关系来看，商人资本的一次周转，不仅可以代表一个生产部门许多资本的周转，而且可以代表不同生产部门若干资本的周转。商业资本熟悉商品的购销、业务、销售网点和促销手段，商业资本家已经修好了商品的销售渠道，拿来商品走在现成的路上，总是要比重新开路要快得多。因此，商业资本可以加速产业资本周转。而且，商人既可以同时为一个产业部门中的很多资本服务，也可以同时为不同产业的资本服务。因此，商业资本的周转可以不受某一产业资本周转的限制，可以在产业资本周转一次的时间里，完成多次周转，从而推动了社会资本的周转。

虽然商业资本不能创造价值和剩余价值，但由于它缩短了流通时间的，就提高了利润率；由于它促进整个社会资本的周转，就会减少在流通领域的资本量，扩大直接在生产领域的资本量。

商业资本在流通中专门从事商品买卖活动，简单地说，就是为卖而买。就这一职能来说，商业资本既不创造价值，也不创造剩余价值，只是对商品价值和剩余价值的实现起着流通中介作用。在流通领域内作为单纯商品买卖活动的商业资本家也和产业资本家一样，目的也是为了取得剩余价值。产业资本家分出一部分剩余价值给商业资本家，到最后，他们都是想要得到多出预付资本的那部分剩余价值。

商业资本不创造价值和剩余价值，但它是再生产过程的一个阶段，因此它也要获得利润，否则资本就会转移。商业利润的高低，也受平均利润率规律的支配。根据资本数量，商业资本家获得相应的平均利润。

对商业资本家而言，其参加对剩余价值的分配，不仅要获得商业利润，而且还要同产业资本一样获得平均利润。

这是因为产业资本运动中，商品销售阶段与生产阶段都是至关重要的。生产过程创造的凝结于商品中的价值和剩余价值，必须通过售卖使商品转化为货币，最终实现价值和剩余价值。所以，在流通过程中独立执行职能的商业资本，必须与在不同生产部门中执行职能的产业资本一样，能够获得平均利润。如果商业利润率低于生产部门的利润率，商业部门中的资本就会向生产部门转移；反之，商业利润率高于生产部门的利润率，则会引起生产部门中的资本向商业部门转移。通过商业资本家和产业资本家之间的竞争，资本在生产部门和商业部门之间自由转移，最终使商业利润率与产业利润率平均化。

商业资本是在流通领域中从事商业活动的职能资本，是社会再生产所必需的部分，它与产业资本一样，投资商业的目的不仅要取得利润，而且要取得平均利润。也就是说，商业资本的利润率必须与产业资本的利润率相等。商业资本与产业资本之间也存在着类似于我们前面说的竞争，为了追求利润率，它们可以互相转化，直到利润趋于平衡，产业资本与商业资本之间，才能各自安心于自己的领域。

产业资本就好比是生产木梳的资本家，是通过生产来获取剩余价值。宜家家居的创始人英格瓦·坎普拉德就是个典型的产业资本家。

商业资本家则相对灵活一些，主要是通过买卖来得到剩余价值。我们前面提到的超市与金融行业都包含其中，而《福布斯》十大富豪中的股神，人们崇拜的偶像沃伦·巴菲特则是商业资本家的代表。

> 关键词：商业资本　商品经营资本　货币经营资本

第二节　商业利润

商业利润的来源

商业资本不能产生剩余价值，在整个商品的生产流通领域中，只有在生产中工人产生了剩余价值，商业资本家和产业资本家才能得到利润。因此，商业利润的来源只是总生产资本所生产的剩余价值的一部分。商业利润是将其所剥削获得的剩余价值的一部分，转让给商业资本家。所以，商业利润的来源是产业部门的工人所创造的剩余价值。

商业资本的运动形式是：G—W—G′(G′=G+△G)。△G是商业资本的增值额，就是商业利润。木梳商人购买生产木梳资本家的商品，经过销售实现价值增值而获得的商业利润。商业利润就是商人从生产资本家那里分割到的一部分剩余价值。由于商业资本是投资流通领域的资本，不创造价值和剩余价值，所以商业利润从现象形态看似乎是来自木梳售卖价格和购买价格的差额，好像是从流通中产生的。但这只是表面现象，只能表现木梳商人是从木梳售卖价格高于购买价格的差额中来实现其利润的，并不表明商业利润的真正来源。商业利润不在流通中产生，而在流通中实现，它是木梳工人创造的一部分剩余价值的转移，是商业资本参加利润平均化的必然结果。

所以，从本质上说，商业利润是剩余价值的一种转化形式。商业利润的真正来源是产业工人在生产过程中所创造的剩余价值的一部分，是产业资本家转让给商业资本家的一部分利润，它体现了商业资本家和产业资本家共同剥削工人的关系。产业资本家之所以要向商业资本家转让利润，使其参与对剩余价值的分配，是因为商业资本作为产业资本运动中商品资本的独立化部分,分担了产业资本和商品销售职能,从而利于提高产业资本的利润率水平。

商业利润的形成

从表面看,商业利润是通过对商品加价而获得的。但实际上,它是通过参与利润平均化而获得的。产业资本家按低于生产价格的价格把产品卖给商人,商人再按生产价格出售。商业利润的实现方式是商品的销售价格高于商品的购买价格。

商业资本是怎样从产业资本那里分割到剩余价值的呢?

总的来说有两个环节:首先,商业企业预付一笔资本向生产企业购买商品,以低于生产价格的价格从生产企业处买到商品;其次,商业企业按商品生产价格把商品卖给消费者,得到比预付资本更多的货币。

因此,商业资本增值的关键在于:以低于生产价格的价格从生产企业购买商品,按生产价格决定的价格在市场上销售产品。

商业资本是怎样实现这种转让,并从中得到利润的呢?举个例子:假定一个社会的产业资本总额为900(720c+180v),剩余价值率为100%,则社会总产品价值为720c+180v+180m=1 080。产业部门中的平均利润率为180m÷(720c+180v)=20%再假定商业企业预付的商业资本总额为100,商业资本经过一次或数次周转把价值1080的社会总产品全部销售出去,这样,社会总资本为产业资本(900)+商业资本(100)=1 000,剩余价值为180,社会资本的平均利润率则是180÷(900+100)=18%。

可见,商业利润是通过商品的购销差价获得的。商业利润显然不是商业资本家在生产价格以上售卖了商品,而是用商业折扣的办法,按低于生产价格的价格向产业资本家购买商品,再按生产价格向消费者(生产消费与生活消费)销售产品,从购销价格的差额中实现商业利润。

商业利润的整个实现过程并不违背价值规律。等价交换是就商品的最终实现而言的,即等价交换原则是对生产者与消费者的交换关系来说的。因为商业是生产领域和消费领域的中介,商业部门按低于价值的价格购买商品后,然后加合理利润,转手按价值卖给消费者,才是真正体现等价交换的规律。

关键词：商业利润

第三节　商业利润平均化

商业资本参与利润率平均化,使商品生产价格的公式更复杂、更严密了。

现在,产业资本的平均利润须分解为产业利润和商业利润。并且,商业资本和产业资本获得同等的利润率,也像各个不同产业部门的资本会获得同等的利润率一样,是指一种基本趋势来说的。

所以,商品生产价格=成本价格+产品利润+商业利润。

平均利润率的公式也应变为:平均利润=剩余价值总额÷(产业资本+商业资本)。

商业利润不过是商业资本家按平均利润率瓜分产业资本家剥削来的一部分剩余价值。从现象上看,商业资本参与剩余价值的分配,降低了产业部门的平均利润率,似乎对产业资本不利。其实则不然,如果没有独立的商业资本,生产企业必须另外在流通领域中垫支一笔资本,其数量将比商业资本更大,从而利润率下降得更多。现在由于有商业企业专门从事商业活动,减少了流通中的资本总量,因而提高了平均利润率,对生产企业也是有利的。因为,商业资本虽然不创造价值和剩余价值,但它在商品交换过程中的中介作用,能够加快商品价值和剩余价值的实现。如果没有商业资本专门负责商品的买卖,产业资本就不能顺畅、快速、低成本地实现自己的商品销售,甚至还要投入更多的资本和流通费用来推销商品,结果导致利润大量减少。

商业资本家参与利润平均化对产业利润有一定的影响,商人资本越大,产业利润就越小,直接从事剥削的资本家的平均利润率小于实际的利润率。

流通费用

商业资本包括两部分：一部分是用来购买商品的资本；另一部分是支付商品流通手段的资本。在支付商品流通手段中，资本是由固定资本要素和流动资本要素构成的。这些要素不会形成商品价值的实际追加，却会形成一个名义上的价值。但是，这整个追加资本不管是流动的还是固定的，都会参加一般利润率的形成。

流通费用是商业资本家在商品流通过程中耗费的各种费用。商业资本家支出的各种流通费用是预付商业资本的组成部分，要通过商品的销售来回收和得到补偿，当然，还要获得相应的平均利润。在这里，流通费用分成了两类，一类是生产性流通费用，另一类是纯粹流通费用。

纯粹流通费用是由商品的价值运动所引起的费用，即价值由商品形态转化为货币形态和由货币形态转化为商品形态而花费的费用，也就是商业资本家为了卖出商品而支出的相关费用，它属于非生产性开支，不能增加商品的价值。

纯粹流通费用包括两部分：一是计算商店的建筑费、设备费、簿记费、广告费、市场、通讯等方面的开支；二是可变资本，用于商品流通企业管理人员的工资等方面的费用。

流通费用包括生产性流通费用和纯粹流通费用两种，商品的运输费、保管费等属生产性流通费用。

纯粹流通费用是怎样获得利润呢?

从商品到货币、从货币到商品的转化的活动,既不创造价值,也不创造剩余价值,但是,它是产业资本的必要职能的必要流动,所以纯粹流通费用必须获得利润。流通时间和流通中占用的资本对生产时间和生产资本是一种限制。但是,商业资本的加入会加速资本周转,降低平均利润率减少的速度,如果没有商业资本,产业资本家就要拿出更多的资本来从事商品流通。

纯粹流通费用就像是商业资本家的预付资本,需要得到补偿。纯粹流通费用从实物上补偿,是从社会总产品中每年都要拿出一部分物质资料供商业部门使用。纯粹流通费用从价值上补偿,就是从每年的剩余价值总额中扣除相应的部分。由于纯粹流通费用不增加商品的价值和剩余价值,因而,纯粹流通费用的补偿和获利只能从产业资本占有的剩余价值中扣除。所以,纯粹流通费用的补偿和获利都是对社会剩余价值的扣除,都在商品价值内得到实现。

纯粹流通费用的补偿、获利从表面上看,似乎增加了社会负担,减少了产业资本的利润,但实际上,产业资本之所以愿意转让这部分剩余价值,是因为只要纯粹流通费用在社会需要的范围内,商业资本经营商品就比产业资本分散经营流通业务更经济,可以大大减少流通中的资本,节约的数量远远超过耗费的纯粹流通费用,并且有助于产业资本的节约和利润率的提高。

现在我们的生活中,有很多代理公司,这种代理公司可以同时代理多家品牌,比如:卖包的就可以同时代理销售英国POLO、法国都彭;卖衣服的就可以同时经营很多男装、女装的品牌……从此看出,在社会再生产需要的范围内,合理发展商业,有利于降低社会总资本的运行成本,提高社会经济效益。

生产性流通费用是由商品的使用价值运动所引起的费用,是商业资本家为了更快地把产品转化成商品,必须要花的钱,如商品的保管费、运输费、包装费等。生产性流通费用是同生产过程在流通领域内的继续有关的费用,是一种具有生产性的费用。

生产性流通费用内容主要包括买进和卖出之间的那段时间引起的费

用，比如：营业员的工资及所有交易场所的开支；簿记引起的费用——包括簿记人员的劳动和有关的物质消耗；货币引起的费用——作为货币的金和银会磨损；为发行和保管货币支出的费用等。

保管费用是由储备商品使用价值引起的各项费用，包括保管储备品所消耗的活劳动和物化劳动，以及储备品本身数量和质量的损失部分。保管费用虽然是在流通领域内发生的，但却把商品的使用价值完好地储备下来，是商品进入消费领域所必需的。储备一般有3种形式：生产资料的储备(生产木梳的木材、做馒头的面)、生活资料的储备(食品、衣服)、商品的储备(木梳、馒头)。保管劳动只是保存使用价值，不直接增加社会的物质财富。保管费用作为具有一定生产性的流通费用，只有在正常范围和必要的限度内才能加入商品价值。

运输费用是指商品运输上的各项费用支出。运输不同于其他流通活动，运输业一方面形成一个独立的生产部门，成为生产资本的一个特殊的投资领域；另一方面，它表现为生产过程在流通过程内的继续。商品通过运输，到达使用价值的存在地点，这样使用价值才能进入消费。运输虽不增加商品的使用价值，但它却是完成使用价值从生产领域到消费领域所必需的，因此，商品的运输过程应该被看作是一种追加的生产过程，是社会物质资料再生产的内在活动。不过它表现在流通领域，属于生产性的流通费用。运输费用加入商品的数量变化规律是在其他条件不变的情况下，由运输追加到商品中去的绝对价值量，和运输业的生产力成反比，和运输的距离成正比。

运输的工具越先进运输得就越快，运输的距离越短，所用时间就短，那么消耗的生产力也越少了。古代丝绸之路上是用骆驼和马来运输货物，商人一走就是一年半载甚至好几年，但若改革者成火车运货，也就是几天罢了。因此，由运输费用追加到商品价格中去的相对价值部分，与商品的体积和重量成正比。一个道理，商品越重、越多，它在运输时所需要的劳动力就越多。

生产性流通费用可以使商品的价值增加，当商品出售即商品价值的实现而得到价值补偿。

商业可变资本的补偿和获利

商业工人是雇用工人，但又与产业工人存在着差别，因为他们既不生产价值，也不生产剩余价值。我们常见商业工人有超市的收银员、公交车上的售票员、仓库保管员等等。

产业工人的劳动创造价值和剩余价值，商业工人的劳动也分为必要劳动和剩余劳动。剩余劳动虽然不会创造剩余价值，却能创造占有剩余价值的条件。这对资本来说，结果是完全一样的，同样可以得到利润。商业资本家购买他们的目的都是为了获取剩余价值。

商业工人的劳动与产业工人的劳动有本质的不同。

产业工人在生产过程中从事的劳动，可以创造价值和剩余价值，是生产性的劳动；商业工人的劳动，除了一部分生产性劳动，如保管、包装、运输等外，绝大部分从事商品买卖活动的劳动，并不创造商品的价值和剩余价值，是非生产性劳动。商业劳动是实现商品的价值和剩余价值所需要的劳动，是社会必要劳动，商业工人自然有权从社会总剩余价值中分得合理的劳动收入。

在资本主义生产方式中，商业工人的劳动又是雇佣劳动，商业资本家就是依靠这种劳动来完成商品资本职能获取商业利润的，因此，商业工人也是劳动力的出卖者，他们的劳动也分为必要劳动和剩余劳动，或者说有酬劳动和无酬劳动。商业工人的无酬劳动，虽然不创造剩余价值，但能使商业资本家占有剩余价值。因此，这种劳动对商业资本来说是利润的源泉。否则，商业就不可能按资本主义方式大规模地经营了。商业劳动对商业资本来说，与创造剩余价值的劳动是一样的，同样是一种直接的生产劳动。商业资本家通过剥削商业工人的剩余劳动来获得产业资本家让给商业资本家的那一部分剩余价值，商业店员的剩余劳动是商业利润的直接源泉。

商业利润是产业工人在生产领域中创造的，是通过商业工人的无酬劳动在流通领域中实现的。商业利润不仅体现了商业资本家对商业工人的直接剥削，也体现了商业资本家对产业工人的间接剥削。

商业可变资本只能从商品售卖价格中得到补偿。

流通费用分为三部分：投在商品买卖上的资本；物质上的经营费用，或消耗的不变资本；可变资本。

在商品卖出后，投在商品买卖上的资本自然要得到补偿。物质上的经营费用，或消耗的不变资本的利润是从产业资本所创造的利润中扣除出来的。可变资本也要得到补偿，并且还要获得利润。这个可变资本的补偿从哪里来？也只能从剩余价值中来扣除。商业可变资本在总生产过程中的作用决定了它的补偿方式。商业资本只不过是一部分在流通过程中执行职能的产业资本的独立化形式而已，随着生产规模的扩大，产业资本家必须雇用从事商品买卖的工人。为了减少流通中的费用，他们把这种职能交给商业资本家去完成。因此，产业资本家也愿意从剩余价值中扣除一部分交给商业资本家。

商业资本的周转与价格

商业资本的周转时间和产业资本的周转时间不同。

商业资本作为商品资本独立化的形式，仍执行商品资本的职能，专门从事商品价值和利润的实现活动，即W—G，并通过商品买卖获取利润。因此，它的运动公式就是G—W—G′，即商业资本家先投入一定量的货币购买商品，然后再出售商品，获取比原来更多的货币(G+△G)。商业资本运动不断在流通中进行，包括G—W和W—G两部分。商业资本的运动全部都在流通领域中进行。由于商业资本家不生产商品，只是买卖商品，因此，它的运动过程也分为买卖两个阶段：G—W购买，即以一定量的货币购买产业资本家的商品；W—G′出售，即把商品出售，以获取利润。

产业资本与商业资本在流通过程中的形态变化也不同。

在商业资本的运动中，W—G—W，同一货币换位两次，即出售一种商品换回货币，然后再用这个货币购买另一种商品(生产要素)。

在商业资本运动中，G—W—G′，同一商品被转手两次。支出货币购买商品,然后再出售同一商品换回货币。

在货币购买商品的阶段,商品所有权发生转移,即由产业资本转到商业资本的手中,但商品还没有卖给消费者,而是转给了商业资本家。商业资本还要继续出售,才能最终完成商品资本的职能。对于产业资本来说,W—G是商品实现的过程、商品资本执行职能的过程。但对于商业资本来说,G—W—G′,就是商人垫支的货币资本的增值过程。正是由于同一货币被换位两次,商品资本的实现过程W—G,就被转化为商业资本的G—W—G′的独立增值过程。

商业资本的运动,同货币充当流通手段的运动不同。商业资本运动就是为了追求利润。由于商业资本的运动是从垫支一定量货币开始的,以货币增值结束,商品买卖只表现为商业资本获利的媒介或手段,因而,商业资本追求利润的目的可以一目了然。

商业资本的独立化,可以促进经济的发展,但是也不能一味地发展商业资本,只有当商业资本的数量不超过社会必要的比例限度时,才能对产业资本起到有利作用。

一战期间,美国获得将近400亿美元的利润,世界上的黄金差不多有一半集中在美国。美国的生产发展、经济繁荣、股票价格直线上升。但随着生产发展,产品增多,人民却越来越贫困、购买力下降、产品积压,最终爆发了"生产过剩"的危机。1929年10月24日,美国暴发了资本主义历史上最大的一次经济危机。一周之内,美国人在证券交易所内失去的财富达100亿美元。为了维持农产品的价格,农业资本家和大农场主大量销毁"过剩"的产品,用小麦和玉米代替煤炭做燃料,把牛奶倒进密西西比河,使这条河变成"银河"。当时纽约流行一首儿歌:"梅隆拉响汽笛,胡佛敲起钟。华尔街发出信号,美国往地狱里冲!"

由此我们了解到,商业资本也有不利于资本主义经济发展的消极方面,商业资本的周转对社会再生产的依赖性和独立性受到生产与消费的双重限制。商业资本周转促进了经济危机的爆发。由于商人资本的独立化,它的运动在一定界限内不受再生产过程的限制。当商品堆积起来卖不出去时,危机就爆发了。如果商业资本的数量超过社会必要的比例,既造成浪费,又会延缓资本周转速度,还会使平均利润率降低。因为商业资本活动的独立性,使它完全有可能超过社会购买力而盲目购进商品,这给产业资本发出虚假的需求信号,促使产业资本扩大生产,导致生产过剩,从而诱发经济危机。商业

1929年10月24日,美国股市崩盘,纽约证券交易所混乱不堪,美国陷入了经济大萧条的困境中。

资本家购进商品后，商品并未最终进入消费，有的商人还把商品囤积居奇或转手倒卖，形成虚假的市场需求，促使产业资本家盲目扩大生产。这就会导致生产和消费的脱节，加深资本主义再生产的矛盾。这个矛盾的尖锐化，会促进经济危机的爆发。

1929 年经济危机期间，一位"黑色星期五"的受害者以 100 美元的价格出售他的汽车，以尽快得到现金。

　　在资本主义经济的发展过程中，经济危机是周期性重演的，危机与危机之间的间隔表现了一定的规律性。自 1825 年英国第一次发生普遍的生产过剩的经济危机以来，随后发生危机的年份是 1836 年、1847 年、1857 年、1866 年、1873 年、1882 年、1890 年和 1900 年。在资本主义自由竞争阶段以及向垄断资本主义阶段过渡时期，差不多每隔 10 年左右就要发生一次这样的经济危机。进入 20 世纪，在 1900 年危机之后第二次世界大战以前，又发生了 1907 年、1914 年、1921 年、1929 ~ 1933 年、1937 ~ 1938 年的经济危机，差不多每隔七八年就发生一次危机。

这幅漫画将经济危机比做一只笼罩全球的巨大章鱼，而美国资金从外国的撤出则加速了危机的蔓延。

　　第二次世界大战后，各主要资本主义国家又发生了次数不等的经济危机。到目前为止，就几个主要资本主义国家看，发生经济危机的次数是：

　　美 国 7 次（1948 ~ 1949 年、1953 ~ 1954 年、1957 ~ 1958 年、1960 ~ 1961 年、1969 ~ 1970 年、1973 ~ 1975 年、1980 ~ 1982 年）

　　日 本 7 次（1954 年、1957 ~ 1958 年、1962 年、1965 年、1970 ~ 1971 年、1973 ~ 1975 年、

1981年)

联邦德国 7次(1952年、1958年、1961年、1966～1967年、1971年、1974～1975年、1980～1982年)

法国 5次(1952～1953年、1958～1959年、1964～1965年、1974～1975年、1980～1982年)

英国 7次(1951～1952年、1957～1958年、1961～1962年、1966年、1971～1972年、1973～1975年、1979～1982年)

关键词：商业利润平均化　流通费用　纯粹流通费用　生产性流通费用　补偿　获利

第九章　生息资本和信用

　　生息资本是资本主义制度下的借贷资本，是资本所有者通过货币借贷关系来获取利息的一种资本形式。生息资本是为了获取利息而暂时贷给职能资本家使用的货币资本。生息资本不是职能资本，不是产业资本运动中货币资本职能的独立化形式，而是由产业资本和商业资本等职能资本运动中游离出的闲置货币资本转化而来的，它的形成同资本主义再生产过程有着密切的关系。

　　信用又称信贷，是从属于商品交换和货币流通的一种经济关系。它是在商品货币关系基础上产生和发展起来的，是商品买卖中的延期付款或货币的借贷行为，是以偿还为条件的价值的特殊运动形式。资本主义信用是生息资本的运动形式，它体现着资本主义的经济关系。信用制度一方面把资本主义生产的动力(用剥削别人劳动的办法来发财致富)发展成为最纯粹最巨大的赌博欺诈制度，并且使剥削社会财富的人数越来越少；另一方面，它又是转到一种新生产方式的过渡形式。

第一节　生息资本

　　现在的市场上，各种商业经营形式越来越丰富，资本的形式也开始复杂起来。我们的生活也更加丰富多彩了。虽然我们的社会体制不是资本主义社会性，但是，世界各国通过"市场"相通，社会主义体制下同样也有银行可以贷款；同样有股票、基金；同样也有着资本主义社会的很多形态，只是社会体制不同，社会主义体制对市场上的宏观调控存在着绝对优势。

　　生息，也就是利息，把钱存在银行，有利息；把钱借出去，也有利息。

　　生产和实现剩余价值的资本叫职能资本，职能资本包括产业资本和商业资本。在社会资本中，除职能资本外，还有生息资本。生息资本是资本所有者通过货币借贷关系来获取利息的一种资本形态。生息资本是为了获取利息而暂时贷给职能资本家使用的货币资本。生息资本不是职能资本，不是产业资本运动中货币资本职能的独立化形式，而是由产业资本和商业资本等职能资本运动中游离出来的闲置货币资本转化而来的。

生息资本的形成及特点

　　生息资本的形成同资本主义再生产过程有着密切的联系。在职能资本循环运动过程中，经常会因各种原因出现一部分暂时闲置的货币资本。企业在生产经营过程中由于逐步折旧、持币待购和逐步进行资本积累等原因，游离出大量的暂时闲置货币资本。与此同时，一些生产企业由于扩大生产经营的规模、范围及其他临时性需要，急需补充货币资本，如木梳厂为了扩大经营范围，或是馒头厂秋天要储备一年的面粉等。

　　资本家是不会放任资本闲置而不用它来谋利的，他们只希望能尽可能多的获取剩余价值。这样,有闲置,有急需,便产生了资本的借贷关系,产业资本和商业资本在运动中分离出来的这部分货币资本就转化成为生息资本。那些从职能资本运动中游离出来的、暂时闲置的货币资本就被其所有者以偿还和付息为条件,贷给急需货币资本的人,转化为生息资本。

生息资本是货币资本家为取得利息而暂时贷给职能资本家使用的货币资本。生息资本与一般职能资本相比,具有以下特点:

1. 生息资本是一种资本商品。

货币在资本主义社会里,具有一种特殊的使用价值——自我增值的能力,起资本的作用,是一种资本商品。贷出者的一定量的货币能够转化为资本,从而为资本家带来利润。这时的货币就作为可能的资本,作为生产利润的手段来说,它变成了商品,不过是一种特别的商品。货币资本家把货币资本贷给职能资本家时,货币资本家实际转让了货币作为资本能够带来剩余价值这一特殊的使用价值,在一定时期以后收回并取得利息,作为转让一段时期的货币资本使用权的报酬,实际上是把货币资本当作资本商品转让的。

也就是说,生息资本的本质在于它是"资本商品"。生息资本的关系在形式上表现为资本作为商品的买卖关系,实际上不是商品所有权转移的买卖关系,而是货币作为资本的使用权出让的借贷关系。货币资本所有者把货币作为资本要素贷出,定期获得利息收入,叫作所有权收益资本化。所以,生息资本的性质只要把它与处于流通过程中的商品资本和货币资本做一个比较,就可以清楚地看出来。生息资本投入流通就是作为资本,成为资本商品。

2. 生息资本是一种所有权资本。

生息资本的贷出和回流,都不是资本现实循环过程中的行为。生息资本的买卖和交换是在不放弃货币资本所有权的情况下,转让了货币资本的使用权:钱归张三所有,但是给李四用。因为生息资本的使用,使资本所有权和使用权分离,同一资本取得了双重存在。生息资本体现了资本所有权与使用权的分离。生息资本的出现,使资本具有双重存在:一方面是所有权资本,另一方面是职能资本。生息资本对货币资本家而言,是货币资本的所有权,

15、16世纪意大利繁荣的商业使商人很容易赚取到贸易资本，钱商们开始经营货币，其操作程序非常类似于现在，包括向外供款、出售保险、处理外汇，以及信用证转账。

并不会自行增值，但可以凭借这种所有权获得利息；这部分货币资本以借贷形式到了职能资本家手中以后，就变成了实际执行资本职能的增值手段，能够生产或实现剩余价值。贷放是一种法律形式的契约关系。生息资本的贷款并不是放弃对货币资本的所有权，而只是暂时转让其使用权。生息资本在货币资本家手中是所有权资本，不是职能资本。货币在货币资本家手里还只是一种可能的资本，要使它成为实际的资本，货币资本家必须把货币借给职能资本家使用。

3. 生息资本具有特殊的运动形式。

生息资本的运动与商业资本的运动不同，与简单商品流通也不同。生息资本既不是被"付"出，也不是被"卖"出，而只是被"贷"出。

生息资本的贷放行为不是一种等价交换行为，有特殊的转让方式，贷款、偿还和付息构成生息资本运动的三要素。生息资本具有特殊的流通形式，表现为G—G—W—G′—G′。即货币资本家把货币贷给职能资本家(G—G)，职能资本家用货币投资，生产出商品(G—W)，由于商品中已包含了剩余价值，所以出售后成了更多的货币(W—G′)，然后，职能资本家将货币还给货币资本家(G′—G′)。但职能资本家一般情况下不可能将自己赚到的所有利润都给货币资本家，因此第一个G′，要大于第二个G′。这里表现为"双重支出"和"双重回流"。

在这里，货币G作为资本两次支出。一次是由货币资本转到职能资本家手里，然后是职能资本家用于购买生产要素或经营商业。与此相应，又作为已经实现价值增值的资本即G的两次回流。一次是带着利润回到职能资本家手里，然后带着利润的一部分即利息回到货币资本家手里。在这种双重的支出和双重的回流中,实际上包含了两种不同形式的运动:G—W—G′是现实资本的运动;而G—G和G′—G′则是资本的贷放和偿还运动,是按法律契约交易的结果。

4.资本拜物教的神秘性。

生息资本的运动公式是G—G′(G+g),g代表利息。从表面看,生息资本的运动似乎可以脱离现实资本的运动,利息似乎与职能资本的运动无关。生息资本的运动直接表现为货币资本自己能够增值,钱能生钱。但实际上,生息资本的运动最终由现实资本运动所决定。因为这个公式省略掉了职能资本运用生息资本的过程,从而造成一种假象,似乎不经过任何生产过程与流通过程,货币本身可以生出更多的货币。这使生息资本最具有资本拜物教性质,它进一步掩盖了资本价值增值的真实过程,资本的拜物教形态和资本拜物教的观念已经完成。

利息的本质和表现

职能资本家是绝不可能把所得的利润全部还给货币资本家的,否则职能资本家就白费劲了。所以,利息只是平均利润的一部分。

资本与一般商品在交易中转让的都是使用价值,但它们之间又存在着不同:把利息当作货币资本的价格是不合理的。作为普通的商品,购买者支付的是它的价值。职能资本家购买的是资本商品的使用价值,但支付的不是它的价值。因为,贷出者和借入者之间不像买者和卖者之间那样,会发生价值的形式变化。价值额、货币,在没有任何等价物的情况下付出去,经过一定时间交回来,贷出者总是同一价值的所有者。因此,把利息看作借贷资本的价格是不合理的,职能资本家向借贷资本家所支付的只是利润的一部分。

中国没有经历过资本主义社会,但是在中国的封建社会也有利息一说,表现得比资本主义社会更加明显。

> 关键词:职能资本　生息资本　利息

第二节　利润和利息

封建地主向外借的是"高利贷"，而资本家借出的是"借贷"。前者没有一个范围规范，可以由封建地主漫天要利息，而后者则定下了一个范围，这也正是资本所有的巧妙之处。

由于利息是平均利润的一部分，利息率的高低首先取决于平均利润率的大小。利润的变动决定利息的变动，利息的变动与利润的变动成正比。在平均利润率已定时，利息率决定于金融市场上生息资本的供求状况。如果生息资本的供给大于需求，利息率就会下降；反之，利息率就会上升。生息资本的供给和需求之间的关系，决定着当时市场的利息状况。如果出现生息资本供求平衡，在一定的平均利润率水平和生息资本供求平衡时，利息率由一个国家的习惯和法律传统来决定。不同国家的习惯和法律传统不相同，利息率的高低也就存在差异。这时利息率就由习惯和法律等因素决定。如预期价格变动率、生息资本风险的大小、借贷时间长短等。

总之，必须把平均利润看成是利息的有最后决定作用的最高界限。利息率的特点在于中等利息率在每个国家的较长期间内都会表现为不变的量。借贷资本的供给和需求之间的关系，决定着当时市场的利息状况。

利息是平均利润的一部分，利息量是资本的借贷者和借入者在生产过程开始之前决定的。在资本主义社会里，根本不存在平均利息率的客观规律。这是因为在生产过程中，资本作为生息资本的性质不起任何作用，因此，利息的量纯粹是经验的、属于偶然性的事情。利息率是一定时期内利息量与生息资本的比率。其计算公式为：

利息率＝(一定时期的利息量/生息资本总量)×100%，利息量＝生息资

本 × 利息率

按10%的利息率计算，1万元一年的利息量是：10000×10%=1000元

利息率的最高界限不能等于而只能低于平均利润。利息率的最低界限不能等于零，即：平均利润＞利息率＞0，中等利息率在每个国家的较长期间内都会表现为不变的量。利息率只能在平均利润与零之间上下波动。

总之，必须把平均利润看成是利息的有最后决定作用的最高界限。这是因为利息是平均利润的一部分而不是平均利润的全部，如果利息率高于或等于平均利润率，表明借入货币资本的企业得不到任何好处，当然就不会去借钱从事经营了，但利息率最低也不会等于零，如果这样，实际上就等于资本所有者把货币资本白白送给企业使用，天下不会有这样的好事！

利息率总是在平均利润率与零之间波动。这就是我们说的资本家巧妙的关键，它既收到了利息，又不打消借贷者的积极性，让借贷者能赚到一些货币，但其中的许多利润却都转移到了资本家的手上。这就像煮青蛙的理论一样：把一只青蛙放到热水里，它会马上本能地跳出来逃跑；可是把一只青蛙放在冷水杯里，在水杯下放上酒精炉，点燃后慢慢加热，青蛙在杯中呆得很舒服，慢慢习惯了这样的温度，最后被活活煮死。资本家相对降低了利息，就像实验中慢慢加热的水一样，相对温和，却后患无穷。

借贷利息出现之后，资本对剩余价值的分配就不单是各职能资本之间的分配，而是职能资本与生息资本对剩余价值的共同分配。生息资本不能参加利润的平均化，借贷利息只能是平均利润的一部分。这是由同一货币资本的所有权和使用权的分离所决定的。货币资本家把货币资本贷放给职能资本家是为了获取利息。职能资本家借钱从事生产或经营，目的是为了获得利润。在这里，由于借贷关系，同一货币资本取得双重存在：资本所有者把货币资本当作资本贷出；企业主作为资本使用者把货币资本作为借入资本。同一资本虽有双重存在，但只能由资本的使用带来平均利润。资本的所有者和使用者只能对同一资本带来的平均利润进行分配。

从使用借入资本的情况看，利润量的分割有质的区别。

　　货币资本家和职能资本家,不仅有法律上的不同身份,而且在生产过程中起着完全不同的作用。由于在再生产过程中的作用不同,量的分割转变为质的区别:利息表现为货币资本所有权的果实;企业利润(企业借用货币资本经营所取得的平均利润,扣除利息以后的余额叫企业利润)则表现为职能资本家发挥职能的果实。在借贷关系中,资本的使用者凭借资本的使用权获得企业利润,而资本的所有者凭借资本的所有权获得利息。

　　从使用自有资本的情况看,量的分割到质的区别:利润由纯粹量的分割转变为质的区别一旦固定下来以后,便对所有资本产生同样的看法。

利润从量的分割转变为质的区别的原因

　　平均利润与资本所有权、使用权分离的分配关系一旦确立,使用自有资本的企业就在观念上把平均利润分为利息和企业利润两个部分,产业资本家从经验中感到这种分割的存在。一旦利息独立存在,企业利润就只是总

由于《银行保密法》颁布,瑞士银行业十分发达,瑞士人的储蓄率十分高,这为瑞士的发展奠定了基础。

利润超过利息的余额所采取的对立形式。因为在这种场合,产业资本家会认为自己既是资本的所有者,又是资本的使用者。作为资本的所有者他要获得利息;作为资本的使用者他要获得企业利润。由于货币资本家的独立存在,从质的方面看,利息表现为资本的单纯所有权提供的剩余价值;从量的方面看,利息量和资本量保持着一定的比率。

以上看法对单个资本家来说是正确的,但对整个资本主义社会就不正确了。因为全社会的资本如果都不投入生产,就不会生产出剩余价值。生息资本的利息是职能资本家因取得贷款而付给货币资本家的一部分平均利润。由于利润是剩余价值的转化形式,所以利息也是剩余价值的特殊形式,利息的本质是职能资本家使用生息资本而让给货币资本家的一部分剩余价值。利息既体现着货币资本家和职能资本家共同剥削雇用工人的经济关系,又体现着货币资本家和职能资本家之间共同瓜分剩余价值的经济关系。

利润分割为利息和企业主收入的后果

在利息形式上,资本与雇佣劳动的对立消失了。就生息资本本身来说,不是以雇佣劳动为自己的对立面,而是以执行职能的资本为自己的对立面,企业主收入也不表现为与雇佣劳动的对立了。似乎利息和企业主收入都不是雇用工人所创造的剩余价值,表现为资本所有权的收入,它似乎是由资本自身产生的果实,利息和企业主收入的对立,掩盖了资本和雇佣劳动的对立。

企业主收入在现象上表现为职能资本家使用生息资本从事生产经营活动带来的收入,它似乎是监督劳动或指挥劳动所获得的报酬。一方面,企业主收入的高低与利息率成反比;另一方面,企业主收入是从事职能活动的结果。企业主收入在资本家头脑中被看成是"监督工资"。剥削者把监督劳动的二重性在理论上混同在一起,作为为剥削辩护的理由。凡是许多人在一起劳动,都应有指挥的职能;同时,建立在对立基础上的劳动,还要有监督的职能。资产阶级把这两种职能混淆在一起,监督劳动由经理担任,资本家已成为多余的了,经理的管理工资同企业主收入无关。他的劳动,其实就是剥削工人的劳动。在监督职能和所有权职能分离的情况下，监督工资与企业主收入是分开的，这样一来，利息和企业主收入本来是剩余价值转化形态的本质就被掩盖了，从而进一步掩盖了资本主义的本质关系。企业主和雇佣劳动的对立消失的原因在于利息和企业主收入的对立，同资本与雇佣劳动的对立是两回事。利息和企业主收入的分割是以资本对雇佣劳动的剥削为前提的。

在中国，利息是市场宏观调控价格的工具之一。在经济增长、就业、物价稳定、国际收支平衡等多个目标之间的全面协调，保持货币信贷合理增长，以实现经济社会可持续发展。

关键词：利息　利息率　平均利润　企业利润

第三节　信用和银行资本

信用

信用又称信贷，是从属于商品交换和货币流通的一种经济关系。信用是在商品货币关系基础上产生和发展起来的。它是商品买卖中的延期付款或货币的借贷行为，是以偿还为条件的价值的特殊运动形式。在不同的社会中，信用所体现的经济关系是不同的。资本主义信用是生息资本的运动形式，它体现着资本主义的经济关系。生息资本可采取多种形式，其中主要是商品形式和货币形式，与之相对应，资本主义信用也分为两大类：商业信用和银行信用。

商业信用和商业货币

商业信用是职能资本家之间采取延期付款的方式赊购商品而形成的借贷关系。商业信用是赊销商品而提供的信用，从而使买卖双方成为债权人和债务人。在赊销交易中，卖者把商品转让给买者，没有取得现款，而是得到约定延期支付的票据，到约定之日，卖者才能凭票据取得货币。赊销商品的价格一般要高于现金购买商品的价格，其差额实际是赊购者支付的利息。商业信用的实质是把资本以商品的形式贷放出去，商业信用是整个资本主义信用的基础。

商业信用产生于货币作为支付手段的职能，在简单商品经济条件下就已经存在，但是，它的广泛发展是在商品经济发达的资本主义社会。商业信用是资本主义再生产过程中不可缺少的条件之一，它对于促进商品流通，加速

277

资本周转，推进资本主义经济的发展，发挥了重要的作用。商业信用是信用制度的基础，在经济生活中会长期存在。

银行信用

当货币资本家和职能资本家从借贷中取得好处后，他们自然不会轻易放弃这个获取利润的方法。

证券和汇兑票据在欧洲早已被人们普遍接受。马里纳斯·范·默雷斯韦勒在这幅《钱商和他的妻子》中描绘了商人大发横财，投机和诈骗大行其道的真实面貌。

但借贷行业得到发展具有一定的局限性：因为它是私人借给私人的，人与人之间就会涉及个人情感、偿还能力等问题，所以信誉较低；还有它只能沿着供给向需求方向提供，所以它的流转方向单一；又因它只限于职能资本家间使用，所以流通范围狭窄。

为了解决这一缺陷，在货币资本家和职能资本家之间，增加了一个银行信用的环节。银行信用是在商业信用发展到一定阶段的基础上形成的，是由货币经营业发展而来的。由于商业信用随着商品经济的发展，由于资本家之间直接借贷的局限，当货币经营资本发展为银行资本，货币的借贷就成为银行信用。所以说银行信用是银行向职能资本家提供贷款时所发生的借贷关系。

当货币经营资本发展为银行资本，货币的借贷就成为银行信用。银行信用活动范围广，不限于商品的赊销和赊购，打破了商业信用要受商品的流转方向的限制，它能广泛地集中社会的闲置资本，提供范围更广的信用。银行信用经营规模大，可以聚集大量货币从事借贷，打破了商业信用要受单个企业资本数量的限制,提供数量更大的信用。银行信用借贷期限较长,打破了商业信用要受资本周转状况的限制,提供时间更长的信用。

银行信用的产生打破了商业信用的局限性。银行制度造成了社会范围的公共簿记和生产资料的公共分配的形式。资本的这种社会性质,只是在信用制度和银行制度有了充分发展时才表现出来并完全实现。因此,信用制度和银行制度扬弃了资本的私人性质,仅仅就其本身来说,已经包含着资本本身的扬弃。银行是专门经营货币资本业务的特殊企业,充当货币借贷中介人、支付中介和发行信用流通工具的结合体。

银行资本与生息资本是有区别的,二者资本形态不同:生息资本是从职能资本的运动中分离出来的一部分,是派生形式的单纯的所有权资本;银行资本是经营货币信用和货币流通技术业务的资本,是货币资本的独立化形式,属于职能资本的范畴。二者分配方式不同:生息资本从职能资本手中获得的利息,只是平均利润的一部分。银行资本经营获得的收入是银行利润。银行资本也是职能资本,同样在部门之间竞争中参与利润率平均化,要求获得平均利润。银行利润的形成是银行存款和贷款的利息差额加上各种非信用业务收入。一般来说,银行的贷款利息率高于存款利息率,其差额扣除银行雇员工资和其他经营管理费用,剩余的部分构成银行利润。银行的贷款利息率不能高于社会平均利润率,银行存款利息率必须低于贷款利息率。银行自有资本的利润率则等于社会平均利润率,银行资本家投资于银行的自有资本部分,也要获得相当于平均利润的利润,否则银行家就不会投资于银行。

在资本主义社会,银行的利润归根结底来源于生产部门的雇用工人所创造的剩余价值的一部分,向银行借款的职能资本家将其作为利息付给银行而形成的。

银行资本的来源包括自有资本和债务资本。与职能资本一样,银行资本的投资目的就是获得利润,至少也要获得平均利润。银行通过存款的形式把社会上分散的闲置货币资本聚集到自己的手里，又以各种贷款形式，把集中起来的货币资本借给企业运用。

总的来说，银行是充当货币资本的所有者和使用者，是贷款人和借款人的信用中介，同时银行也是资本家相互之间的支付中介。银行经营的特殊性，在于它以货币资本经营为业务对象。银行业务主要包括吸收存款的负债业务、放贷、债券经营的资产业务等。

银行的贷款形式和信用形式

银行的负债业务是以吸收存款方式吸收货币，即把社会上大量闲置的货币资本集中到银行。

负债业务包括吸收企业存入的暂时闲置的货币资本、吸收居民的货币储蓄及其他阶层的货币存款、专门靠获取利息的阶层的货币资本等等。小金额货币是不足以单独作为货币资本发挥作用的，但它们结合成为巨额，就形成一个货币力量。这种收集小金额的活动是银行制度的特殊作用，应当把这种作用同银行在真正货币资本家和借款人之间的中介作用区别开来。

银行的资产业务将所支配的大量货币资本通过各种形式贷放出去，即把货币资本贷给职能资本家使用。

资产业务包括：

信用贷款，它是一种不需要任何抵押品做担保，仅凭贷款对象的信誉而发放的短期或长期贷款。

抵押贷款，它是以受贷人的待售商品、提货单、期票、有价证券和其他不动产等做抵押品而进行的银行短期或长期贷款。

票据贴现，它是票据持有者到银行进行的票据贴现。

此外，银行还经营结算、转账、汇兑等业务。

对拥有钞票发行权的银行来说，还可以发行本行的银行券。

信用的作用

第一，信用促进利润率平均化的形成。

资本在不同部门间的自由转移,使得利润平均化。但是,由于各部门的生产资本都有自己特定的自然形态和专门用途,自由转移会受影响。通过信用,资本家有可能依靠赊购商品和银行贷款迅速集中大量货币资本,给职能资本家进行新的投资,克服生产资料转移中的暂时困难,促进了资本在不同部门之间自由流动,从而为资本自由转移创造便利条件,使利润平均化得以实现。

第二,信用节约了流通费用。

1. 减少与货币流通有关的费用。信用货币可以代替贵金属流通,相当于大部分商品交易通过商业票据进行,减少了现金结算,

2. 通过信用关系抵消债权、债务而不使用现金。

3. 信用可以加速流通速度而减少流通领域的货币量。

4. 商业信用的赊购赊销,减少与商品流通有关的费用。

5. 信用加快了资本的周转,减少了货币准备金,也节约了流通资本和费用。

第三,信用促进了股份公司的发展。

股份公司是随着资本主义大工业和信用制度的发展而出现的。股份公司是根据信用制度,通过发行股票的方法把分散的个别资本集中起来进行合资经营的一种企业组织形式。

银行信用贷款为创办股份公司提供了条件,股份公司的发展更离不开信用制度。股票的发行通过银行或是银行本身完成的,发行和购买股票本身

股份公司组织结构图。

也是信用活动。股票通过银行发行，促进股份公司的发展。股份公司是随着资本主义生产社会化和信用制度的发展而产生的。随着生产的社会化程度提高，生产规模和企业规模不断扩大，需要巨额资本才能兴办大型企业，这是单个资本难以办到的，因而要通过集资方式，把单个资本及社会上闲散的资本联合起来组成股份公司。

资本主义信用制度的发展，从两个方面促进了股份公司的产生。一方面，股份公司的股票购买者拥有资本的所有权，而把资本的使用权交给股份公司，由股份公司从事生产经营活动。所以，股份公司的资本所有权和使用权是相分离的，它是信用借贷活动的一种特殊形式。另一方面，股份公司股票的发行，一般是通过银行作为信用机构来进行的，而有时银行也会成为购买股票的投资者，或由银行自己发行股票集资组建股份公司。

股份公司对促进资本主义经济的发展具有重要作用和功能，股份公司和股份经济的发展也使资本关系出现了一些新的特征。

从整个社会来看，单个私人资本已经不适应社会化大生产发展的要求，由于股份公司的形成，促使生产资料和劳动力更加集中，大大推动资本集中，提了资本的社会化程度，使生产规模惊人地扩大。一些新的工业企业的形式发展起来了。这些形式代表着股份公司的二次方和三次方，有利于快速聚集资本和优化投资结构。股份公司通过发行股票，可在短期内集中大量资本，实行规模经营，有利于获取较高盈利，在市场竞争中取胜。

另外，股份公司有利于投资者将资本向市场需求大、经济效益高的部门和企业转移，从而优化投资结构，合理配置社会资源，促进了资本职能与资本所有权的分离。

从股份公司内部来看，经理制度是对职能资本家的扬弃。建立法人治理的组织结构，所有权与经营权分离。实际执行职能的资本家转化为单纯的经理，即别人资本的管理人，而资本所有者则转化为单纯的所有者，即单纯的货币资本家。单纯的货币资本家成为社会生产多余的人，这有利于所有权和经营权的分离，提高企业的运营效率。股份公司的资本所有权与经营权的分离，既能使企业财产所有者的权益得到维护，又能使企业拥有独立的经营权，独立进行生产经营活动，并在企业内部形成一个专业化的经营管理队伍，从而提高企业管理水平和运营效率。

从企业的组织形式来看，股份公司是对私人财产的扬弃。股份公司是一种资本家集团所有制形式，把私人资本转化为集团的财产，资本在这里直接取得社会资本的形式，与私人资本相对立，这是对私人个别资本的否定；因此，企业也表现为社会企业，与私人企业相对立了。这样有利于保持企业财产的完整和稳定。

股份公司对股东投资所形成的全部财产具有法人财产权，这种企业法人财产具有整体性、稳定性和连续性的功能。整体性是指不论企业投资者有多少，企业的法人财产合为一体，由企业法人占有并统一使用。稳定性是指，股东即使将其向企业的投资转让给他人，但企业的法人财产并不发生变动。连续性是指只要公司企业存在，投资者的变动就不会影响企业法人财产权的连续行使。

公司企业财产的完整和稳定，有利于企业进行较长期的经营决策，有计划地从事较长期的生产经营活动。

股份公司是在资本主义关系限度内，适当地改变和调整生产关系，以适应生产力的发展。它是对资本主义的私人产业的扬弃、保留和提高，使资本更集中，更加促进了工人合作工厂的产生和发展。在工人合作工厂中，一方面不可避免地保留着资本主义工厂制度的一些缺点，但另一方面，这种工人的合作工厂内部已经没有资本家和工人的对立，这是对资本和劳动对立的一种"积极"的扬弃，它把资本家独立出去，是在旧形式内对旧形式打开的第一个缺口，这样闲下来的资本家也可以出去工作，而工人也可以通过购买股票的形式掌握公司的股份。股份公司是向社会主义公有制的过渡点。

第四，信用加大了资本集中的力度。

资本主义信用的发展,使单个资本家不仅可以支配自己的资本,还可利用信用,在一定限度内支配别人的资本、财产和劳动。信用制度一方面使分散的小资本联合成为大资本;另一方面,加快了资本兼并的进程,使很大一部分社会资本集中在少数人手中,受少数人支配。集中的结果对世界市场的形成起了积极作用。

资本主义信用的二重性

资本主义信用一方面加速生产力的发展,另一方面又加深资本主义的基本矛盾。

信用制度使少数人拿别人的财产进行冒险。信用发展,使社会财富越来越为少数人所占有,使单个资本家不仅可以支配自己的资本,还可以依靠信用,在一定界限内取得绝对的支配别人财产的权利。这就使少数资本家拿社会的财产而不是拿自己的财产进行冒险,从而加剧了生产各部门之间发展的不平衡性,导致一些部门生产过度膨胀,促使社会资本再生产的比例严重失调,引起信用膨胀和通货膨胀,造成金融风险,从而加速和加强经济危机的爆发。信用制度固有的二重性质是:一方面,把资本主义生产的动力,从用剥削别人劳动的办法来发财致富,发展成为纯粹和巨大的赌博欺诈制度,并且使剥削社会财富的人数越来越少;另一方面,又是转到一种新生产方式的过渡形式。

> 关键词:信用　银行信用

银行资本的组成

资本主义银行所掌握的资本称为银行资本,银行经营必须有银行资本。从物质构成看银行资本,包括现金(金或银行券)和有价证券。从资本来源方面看,银行资本包括自有资本和吸收存款两个部分。自有资本是银行资本家自己投入的资本,也称银行经营资本,它只占银行资本的小部分。银行自有资本是银行的资本金,在经营资本中所占的比重是银行金融安全的指标之一。银行吸收的存款,即借入资本,占银行资本的大部分。

银行资本的物质组成大部分是虚拟资本。虚拟资本是生息资本发展的必然结果。随着借贷关系的发展,特别是利息的普遍化,一切可以获得的固定收入,都被看作是一定数额的资本带来的利息,于是出现了虚拟资本这一经济范畴。

虚拟资本是以有价证券的形式存在、并能给持有者带来一定收入的资本,它是与现实资本相对立的、想象中的资本。虚拟资本的实质是收入的资本化,是生息资本的特殊转化形式。它不同于产业资本、货币资本、生产资本、商品资本这些现实资本,能够为其所有者作为财产所有权获得收入。虚拟资本只是凭借权利证书获得收益。虚拟资本也不同于生息资本,它不是以现实资本生息,而是以有价证券生息。这样,虚拟资本使资金与现实增值过程的联系消失了,使资本是一个自身价值增值的观念牢固建立起来。人们把虚拟资本的形成叫作资本化。商业信用是职能资本家之间采取延期付款的方式赊购商品而形成的借贷关系。代表这种关系的凭证,就是商业货币,即商业票据。由债权人“背书”(在票据背面签字)的商业票据,可以在一定范围作为支付手段流通,执行货币的职能,起到互相抵消债权的作用。

虚拟资本的主要形式包括国债券、股票和基金。

国债券是虚拟资本。国债券是债权人持有的一种书面凭证。债权人因购买国债而得到的书面凭证,可以从国家的年收入中索取一定的余额,债权人可以将它转卖。国家发行国债券所得到的货币收入,不是作为资本支出,而是作为政务开支使用,利息用税收支付。因为国债一般不是用于生产,所以,国债券不是的资本的“纸制复本”,不代表现实资本,只是一种虚拟资本。

股票、基金都是虚拟资本。

股票是向股份公司投入资本,并取得股息收入的凭证,股票这个资本不能有双重存在，也就是说，作为所有权证书即股票的资本价值，和作为在这些企业中实际已经投入或将要投入的资本不能同时存在。

基金是通过发行基金单位将投资者分散的资金集中起来，交由专业的托管人和管理人进行托管、管理，投资于股票、债券、外汇、货币、实业等领域，以尽可以减少风险，获得收益，从而使资本得到增值。而资本的增值部分，也就是基金投资的收益归持有基金的投资者所有，专业的托管、管理机构收取一定比例的托管管理费用。

股票是以"股"为单位的，基金则是以"基金单位"做单位的。在基金初次发行时，其基金总额被划分为若干等额的整数份，每一份就是一个基金单位。例如基金金泰发行时的基金总额共计20亿元，将其等分为20亿份，每一份即一个基金单位，代表投资者1元的投资额。

股票和基金只是对这个资本所实现的剩余价值的相应部分的所有权证书。这就是说，同一资本不可能有两重存在，如果有两重存在，那就只能一重是现实的资本，另一重是幻想的、虚拟的资本。因为股票和基金代表股份公司现实资本的相应部分，与国债券不同，它是"现实资本"的"纸制复本"。股票、基金代表着现实资本，可以买卖，但不能支配现实资本。

现实资本的价格是由资本的价值决定的，而有价证券是虚拟资本，虽然本身没有价值，但可以在金融市场上买卖，其价格由特殊方法

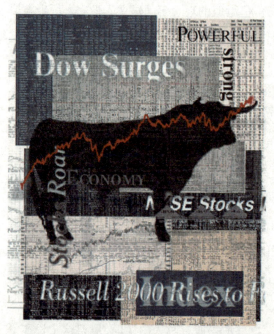

股票属于虚拟资本。

来确定,与股息成正比。

　　虚拟资本的价格,主要取决于两个方面的因素:一是取决于其有权索取的收益的大小和可靠程度;二是取决于现行利息率。它与前者成正比,与后者成反比。以股票为例,股票能够定期取得股息收入,所以它成为一种特殊商品。它的价值表现为在股份公司内部的现实资本的纸制复本,从而股票有名义价值与市场价值之分。股票的买卖实际上是买卖获取股息的权利。股票价格是股息收入的资本化,它等于把一笔货币资本存入银行,所获得的利息与凭这张股票所取得的股息相等。股票价格取决于股息和银行存款利息率两个因素,与股息成正比,与存款利息率成反比。即:

　　股票价格政策＝股息/利息率 × 票面价格

　　作为虚拟资本的有价证券价格独特的运动和决定方法,股票、基金的票面价格往往与市场买卖价格相背离,因而它们必然成为投机的对象。

　　银行存款、银行准备金多为虚拟资本。

　　银行的借入资本主要是存款,包括金、银行券以及支配凭证,如汇票等。银行的存款一般是要贷出去,到达职能资本家或交易经纪人手里。在信用制度下,这些存款有双重作用:一是它可以作为生息资本贷放出去,这些存款只是作为贷款记在账面上;二是在存款人相互间提供的贷款互相平衡时,它们只是作为账面项目起作用。所以银行存款的很大部分不是现实的资本,具有虚拟的性质,只是在银行内部或银行之间的电脑上转换一下数字罢了,而且存款比现实资本要大好几倍。银行的准备金大部分也是虚拟资本。银行自有的准备金一般由金和银行券构成。准备金中真正的黄金很少,大部分是银行券,而银行发行的没有黄金保证的银行券,就是虚拟资本。

关键词:银行资本　虚拟资本　国债券　股票

第四节　货币资本和现实资本

货币资本和现实资本

随着信用制度和证券市场的发展，货币资本积累和现实资本积累间呈现出复杂的关系。

在资本主义信用制度发达的情况下，货币资本的积累实质上就是银行家手中财富的积累。由于银行资本大部分是虚拟资本，所以它并不反映现实资本的积累。国债的积累则完全不反映现实资本的积累，因为它早已被消费掉了，它之所以表现为积累，只是凭借它可以取得收入（利息）。股票与债券不同，它代表了一定数量的现实资本。但它只是现实资本的纸复制品。如果股票是新发行的，由扩大再生产引起，它的积累与现实资本积累就是一致的。但是，股票的价格并不完全反映现实资本的运动变化，而且价格还呈上升的趋势，所以还是虚拟资本。而且在现实中，有价证券的价格波动，已成为少数人赌博的手段，有价证券也集中在少数人手中。

商业信用与现实资本的关系

商业信用的扩大反映现实产业资本的扩大，因为商业信用贷出去的是商品资本。在产业同期的不同阶段上，商业信用同现实资本的运动相一致的情况十分明显。不过，商业信用和银行信用交织在一起时，却发生了变化，因为银行信用克服了商业信用的局限性，使它与现实资本的关系不那么一致了。

货币资本积累与现实资本积累的关系

在经济萧条阶段，借贷货币资本的增加，并不完全表示现实的资本积累或再生产过程的扩大。

在产业周期危机过后的那个阶段中，借贷货币资本的积累与现实资本积累的不一致表现得最为明显。经济萧条，市场不活跃，商品卖不出去，物价下降，企业对市场没有信心，生产处于停滞状态，资本家想要投资，但是市场的购买能

15世纪信贷已经成为主要的商业活动之一。图为热那亚借贷者正在数硬币。

力不断减小，大量货币资本因用不到生产上而游离出来。这时，投资的可能性几乎为零，所以利息率会很低，低微的利息率只起着支配作用。这种低微的利息率仅仅表明：借贷资本的增加，正是由于产业资本的收缩和萎缩造成的。当物价下跌，交易减少，投在工资上的资本收缩时，所需的流通手段就会减少。

在经济危机阶段，货币资本减少，产业资本过剩。反之，在经济复苏和高涨阶段，货币资本增加与产业资本积累表现一致。经济繁荣，市场活跃，市场的购买能力不断扩大，商品销路很好，物价自然上升，企业看到市场的好前景，急于扩大生产，货币资本家急于投资，同时，产业资本也跟着增加，两者相一致。

在萧条阶段，借贷资本的过剩与产业资本的收缩结合在一起；在繁荣阶段，借贷资本的奇缺与产业资本的过剩结合在一起。经济危机的原因不在于货币的缺乏，而在于生产与消费的对立。经济危机往往表现为货币危机和信用危机，但是，货币危机和信用危机不是危机的原因，这一切都是生产过剩造成的。在危机时，商品价值得不到实现，有价证券贬值。这说明，货币危

机加深经济危机。

关键词：信用　货币资本　现实资本

流通手段与贵金属

信用制度与货币流通的关系，说明信用制度在节省流通中的货币量的同时，还创造了新的流通手段，从而阐明信用制度下的货币流通规律。

信用制度节省货币流通量，因为商业汇票所代表的债权可以互相转账、抵消。信用也会作为媒介，提高货币流通速度：一方面，因为信用制度的发展，使企业和个人暂时闲置的货币运动起来；另一方面，由于信用的介入，企业之间的相互支付也能更好地衔接起来。

银行券

银行券作为流通手段和支付手段，也受货币流通规律的支配。由于银行券是金属货币的代表，能够兑换黄金，同流通中的货币起同样的作用，所以也受同样规律的制约，它的数量按交易的需要来调节。在营业繁荣时期，银行券的流通正常、顺畅，但在危机中，大家都需要支付手段，需要银行券的时候，银行券却消失了。

银行发行的银行券包括两部分：一是实际流通的部分；二是当作准备金闲置在银行的部分。

我们从影响银行券作为流通手段的两种情况，说明银行券的发行同资本贷放之间的关系。

第一种情况：在实际营业额不变，因而银行券作为流通手段的需要量不变的情况下，只是由于技术上的原因，例如纳税和国债利息支付时，使银行券流通量发生了变化。

第二种情况：由营业额的变动引起的银行券流通量的变化。在繁荣时期，营业扩大,对借贷资本的需求增加,利息率提高。在危机时期,由于信用的动摇,人们产生了对贮藏手段的需要,流通手段的不足和借贷资本供给不足结合在一起,使利息率提高。除经济危机阶段以外,通货的绝对量不会影响利息率。银行券作为流通手段的发行和资本贷放之间的差别,在现实的再生产过程中看得最清楚,因为流通手段的发行只与商品交换有关。

贵金属

贵金属运动与中央银行贵金属贮藏的关系 贵金属输入超过输出或输入少于输出的现象,大体可以用其国内中央银行的金属准备的增加或减少来测量。当然,这要看一国银行业集中到什么程度。即使如此,也不会完全反映。因为在一定的情况下,输入的贵金属可以投入国内流通或制造奢侈品(金银饰品等);同时,即使没有追加的输入,而国内流通需求增加,也会使贮藏减少。贮藏减少成为一种趋势,贵金属的输出就会采取流出的形式。

贵金属的流入和流出与经济危机的关系贵金属运动多发生在萧条和复苏时期,因为危机时国内商品价格低,国外的价格相对较高,资本家便将其输往国外获利;在复苏时,为了恢复生产需要贷入大量货币,所以国外资本家将货币转入以求获利。

贵金属的输入如果是为了摆脱危机,尽可能地获得利润,实行固定资本更新,使生产规模扩大,资本回流,也容易吸收国外投资。但危机前夕(繁荣阶段),大量贵金属的外流,必然加速危机的爆发,因为在危机前夕,每个人都想尽可能多地获得现金和信用手段。这时市场商品过剩,信用收缩,加上银行提高贴现率,如果这时贵金属外流,必然会加速危机的爆发,但它不是危机产生的根本原因。

在资本主义制度下,金银与其他财富形式的区别在于,它们是财富社会性质的独立体现和表现。在商品生产统治一切的情况下,只有拥有货币才使得自己拥有所需要的使用价值。所以,金银是社会财富的代表。

离我们最近,使我们感受最深的经济危机,当然就是20世纪末的亚洲金融风暴了。1997年7月2日,亚洲金融风暴席卷泰国,泰铢贬值。不久,这场风暴扫过了马来西亚、新加坡、日本和韩国等地。打破了亚洲经济急速发展的景象。亚洲　些经济大国的经济开始萧条,一些国家的政局也开始混乱。

在亚洲金融风暴中,中国承受了巨大的压力,坚持人民币不贬值,为地区和世界经济的稳定发挥了重要作用,树立了一个负责任的大国的良好形象,博得了国际社会的高度评价,同时也高度体现了社会主义的优越性。

汇兑率

一国的货币换成他国货币的比率叫汇兑率。决定汇率的因素一是货币的平价,即两种货币的含金量之间的比价。二是货币供求关系。

汇兑率是货币金属在国与国之间运动的晴雨表。如果中国对德国的支付多于德国对中国的支付,那么,在中国的货币市场上,向德国开出的欧元汇票的需求就会大于它的供给,从而这种汇票的人民币价格就会上涨。如果中国多于德国的这种支付不能由德国对中国的超额购买恢复平衡,欧元汇票的人民币价格最终必然会上涨到某一点,使得中国的债务人与其购买欧元汇票向德国的债权人支付,不如输出贵金属(包括支付输出贵金属所需的运费、保险费等各种费用)来支付更为合算,这时就会发生贵金属的输出。这也就是说,在汇兑率变得对本国不利时,就会引起贵金属的输出。

关键词:银行券　贵金属　汇兑率